서강학술총서
081

색의 제국

트라클 시의 색채미학

류신 지음

서강대학교출판부

서강학술총서 081

색의 제국

트라클 시의 색채미학

초판 발행 | 2016년 3월 4일
지 은 이 | 류신
발 행 인 | 유기풍
편 집 인 | 우찬제
발 행 처 | 서강대학교 출판부
등록 번호 | 1978년 9월 28일 제313-2002-170호

주 소 | 서울특별시 마포구 백범로 35번지
전 화 | (02) 705-8212
팩 스 | (02) 705-8612

ISBN 978-89-7273-304-1 94850
ISBN 978-89-7273-139-9(세트)

값 24,000원

* '서강학술총서'는 SK SUPEX 기금의 후원으로 제작됩니다.

류신

1968년 인천에서 태어나 중앙대학교 독어독문학과를 졸업한 후 독일 브레멘 대학교에서 독일 현대시 연구로 박사학위를 받았다. 2007년부터 중앙대학교 유럽문화학부 독일어문학전공 교수로 재직하고 있다. 2000년 경향신문 신춘문예 문학평론이 당선되었고, 2002년 대산창작기금을 받았으며, 2015년 한국독일어문학회 '올해의 논문상'을 수상했다. 단독 저서로 『Ikarus, Dädalus, Sisyphus. Drei mythische Modelle des Widerstands bei Wolf Biermann』, 『다성의 시학』, 『수집가의 멜랑콜리』, 『장벽 위의 음유시인 볼프 비어만』, 『서울 아케이드 프로젝트. 문학과 예술로 읽는 서울의 일상』이 있고, 공저로 『통일독일의 문화변동』, 『독일 신세대 문학』이 있다.

색의 제국

트라클 시의 색채미학

책머리에

1

20세기 초 표현주의의 광풍 속에서 27살의 짧은 생을 불사른 게오르크 트라클(Georg Trakl, 1887~1914)의 시로 들어가는 안락한 길은 어디에도 없다. 절망과 비탄 속에 허덕이며 트라클이 구축한 문학의 성채는 좀처럼 진입을 허락하지 않는다. 밖으로는 1차 세계대전의 파국을 예감하며 전율하고, 안으로는 누이동생과의 비극적인 사랑으로 자신을 경멸하던, 이 처절한 운명의 시인 트라클이 빚어낸 이미지는 낯선 암호처럼 당혹스럽고 불편하다. 릴케는 트라클의 시를 읽고 "거울 속 공간처럼 발을 들여놓을 수 없다."고 평가했다. 인과관계가 배제된 초현실주의적 이미지, 공감각적 표현과 당착어법, 여러 차례의 개작이 초래한 상호 모순적인 변화 구문, 개념적 사유를 정지시켜 해석을 무효화하는 절대 은유, 알코올 중독과 환각제 복용이 낳은 정신분열성 언어 등이 트라클의 시를 신비로운 수수께끼로 만들었다. 하지만 이러한 요소들은 꼭 트라클 시만의 개성이라고 주장하기는 힘들다. 이것은 보들레르, 베를렌, 랭보 등 프랑스 상징주의 시인들을 위시해서 게오르크 하임, 에른스트 슈타들러, 고트프리트

벤 등 독일 표현주의 시인들의 작품 세계에서도 발견되는 현대시의 창작 원리이자 기본 문법이기 때문이다. 현대시의 좌표에서 트라클이 차지하는 독보성은 무엇보다도 그의 남다른 색채미학에 의해서 결정된다.

트라클은 언어로 그림을 그린다. 그에게 펜은 곧 붓이다. 그의 독창적인 상상력의 팔레트 위에서 고도의 상징적인 색채 언어가 빚어진다. 푸른색, 붉은색, 노란색과 같은 기본 삼원색을 비롯해 보라색, 초록색, 갈색, 황금색, 은색과 같은 유채색에서부터 검은색, 흰색, 회색과 같은 무채색에 이르기까지 다양한 색채 이미지들이 작품 도처에서 수시로 출몰한다. 색은 때론 제각각 독립적으로, 때론 다른 색과의 절묘한 조합 속에서 다채로운 의미를 방사한다. 트라클의 색은 대상이나 현상의 외관을 장식하는 수사 그 이상이다. 색은 외부 세계에 대한 감각적 인상을 묘사하기 위한 표현 수단을 넘어 내면의 감정, 심리상태, 가치관, 현실인식 등을 이미지화한다. 요컨대 색은 시인의 예민한 감각이 세계와 맞닥뜨려 생성된 최초의 표정이자, 시인의 영혼이 드러나는 낯빛이다. 트라클의 시적 상상력은, 빛을 흡수하고 반사하는 결과로 사물의 거죽에 나타나는 물리적 현상인 색을 이용해 추상적인 것, 정신적인 것, 형이상학적인 것을 가시화하며, 이러한 색채 이미지에 의해서 시적 대상들은 진부함으로부터 해방된다.

이처럼 트라클의 색은 색다르다. 그가 창조한 색채 이미지는 단순한 비유의 보조 관념 그 이상이다. 색은 특정 의미에 종속되지 않는다. 오히려 색이 다의적인 시적 전언을 만든다. 색채 이미지의 표현이 시의 핵심 주제를 발화하는 것이다. 트라클의 텍스트를 다스리면서 동시에 풀어놓는 '황제'는 바로 색이다. 그의 시세계를 '색의 제국'이라 불러도 과언은 아닐 것이다. 에드워드 호퍼가 "말로 표현할 수 있었다면 색을 칠할 이유는 없었을 것"이라고 단언했듯이, 색은 언어로 표현 불가능한 것을 표현한다. 따라서 트라클의 시를 이해하기 위해서는 무엇보다도 색의 함의를 해독하는 일이 전제되어야 한다.

2

한 시인의 영혼을 투시하기 위해서는 그의 작품 속에 가장 빈번하게 등장하는 단어들을 찾아내야 한다. 어휘는 그가 무엇에 사로잡혀 있는지를 보여주기 때문이다. 트라클의 전 작품에서 가장 많이 출연하는 색상어는 푸른색(348회)이다. 다음으로 검은색(327회), 황금색(204회), 흰색(176회), 붉은색(172회), 보라색(148회), 초록색(143회) 등이 이어진다. 1908년 4월 등단한 이래 1914년 11월 코카인 과용으로 전장에서 생을 마감하기까지 7년 남짓한 창작기간 동안 트라클이 쓴 시가 300여 편임을 고려할 때, 상당히 많은 색상어가 사용된 것이다.

이 책의 목적은 트라클의 시세계를 지배하는 일곱 가지 색채, 즉 푸른색, 검정색, 황금색, 흰색, 빨강색, 보라색, 초록색의 상징적 의미와 기능을 추적해 봄으로써 난해하기로 정평이 있는 트라클의 시세계를 헤아릴 수 있는 단초를 제시하는 데 있다. 그렇다고 등장 횟수가 많은 순서대로 목차를 서열화하지 않았다. 일곱 가지 색을 재배치해 트라클 시세계의 내부에서 작동하는 '시학의 질서'를 구체화하고 싶었다. 트라클 시의 '색채 생태계'를 구조화하기 위해 제1부의 각 장을 다음처럼 구성해 보았다.

1. 흰색은 트라클 시학의 기본색이다. 흰색에는 순수, 시원, 도취, 영혼, 방랑, 공포, 불안, 파멸, 죽음 등 트라클 시의 핵심 주제가 잉태되어 있다. 무한한 가능성의 '백지'(tabula rasa)가 흰색이다. 흰색은 빛의 색이다. 이 태초의 빛이 트라클의 시적 상상력이란 프리즘을 통과하면 붉은색, 황금색, 푸른색, 초록색, 보라색으로 부챗살처럼 분광된다.
2. 붉은색은 트라클 시세계의 심장이다. 피와 불의 색인 붉은색은 시쓰

기의 욕망을 추동한다. 붉은색은 동요하는 색채이다. 긍정적인 차원에서든(생명력), 부정적인 차원에서든(폭력) 트라클의 색 가운데 가장 역동적이고 폭발적이다.

3. 황금색은 트라클 시가 동경하는 낙원의 빛이다. 희망, 연대, 완성, 풍요를 대변하는 황금색은 타락한 인류 문명의 대척점에 선 유토피아를 상징한다. 이 아득한 정토(淨土)에서 충만한 광채와 신의 은총이 빛난다.
4. 푸른색은 트라클이 추구하는 긍정적인 가치를 지향한다. 원죄 없는 순수성, 목가적 낭만성, 초감각적 정신성, 심오한 신성함 등을 상징한다. 붉은색이 욕망의 색이라면 푸른색은 영혼의 색이다. 푸른색은 트라클 시혼의 주권을 지키는 청기사이다.
5. 초록색은 양가적이다. 붉은색과 황금색이 결합되어 만들어진 초록색에는 환희와 권태, 안정과 부동, 성령과 악령, 생명과 부패가 종이의 앞뒤처럼 맞닿아 있다. 초록색은 변신의 제왕이다.
6. 보라색도 이중적이다. 붉은색과 푸른색이 혼합되어 생성된 보라색에는 고통, 불안, 죽음, 소멸과 같은 부정적 가치와 환희, 도취, 신성과 같은 긍정적 가치가 혼재한다. 보랏빛 피는 고통의 진액이자 구원의 성혈이다.
7. 검은색은 트라클 시학의 최종 집결지이다. 모든 색이 혼합되면 검은색이 된다. 슬픔, 비애, 우울, 상실, 위협, 공포, 죄의식, 운둔, 죽음, 소멸, 부패 등 트라클의 시가 내포한 부정성의 총화가 검은색의 정체이다. 검은색은 트라클 시의 궁극이다. 그의 마지막 시 「그로덱」의 시구처럼 "모든 거리는 검은 부패로 흘러든다."

트라클 시의 또 다른 난해함은 두 겹의 상호텍스트성에 기인한다. 트라클의 시는 구성주의적이다. 시인이 사용하는 독창적인 어휘와 이미지들은

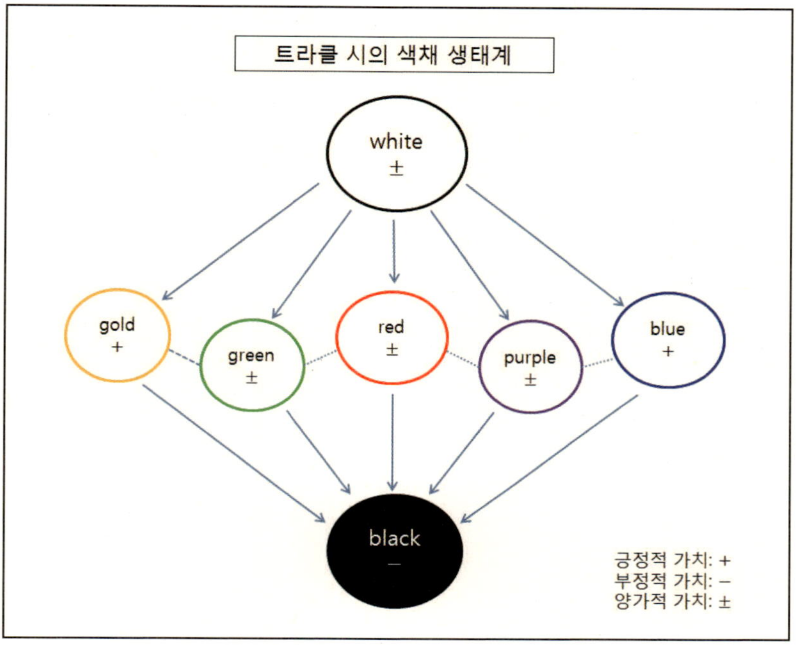

고도로 회귀적이기 때문에 작품 곳곳에서 특정 맥락에 따라 변용되어 반복적으로 나타난다. 따라서 트라클 시 텍스트의 의미는 다른 시 텍스트와의 상호 연관성 속에서만 비로소 파악된다. 이와 같은 '내적' 상호텍스트성뿐만 아니라 '외적' 상호텍스트성도 함께 고려해야 할 경우가 적지 않다. 이러한 문제 인식 아래 제2부에서는 네 편의 시를 집중적으로 분석했다.

1. 「밤」은 오스카 코코슈카의 유화 〈바람의 신부〉를 언어적으로 재창조한 작품이라면, 「겨울에」는 피테르 브뢰겔의 그림 〈눈 속의 사냥꾼들〉에서 영감과 자극을 받아 탄생한 '형상시'이다. 말과 형상, 언어와 그림, 문학과 회화의 상호매체성이 구현된 사례이다.
2. 「몰락」은 니체의 『차라투스트라는 이렇게 말했다』와의 비판적인 대화

를 통해 만들어진 '철학시'이다. "모든 텍스트는 다른 텍스트를 받아들이고 변형시킨 것이다."라는 줄리아 크리스테바의 상호텍스트성 테제를 검토할 수 있는 자리이다.

3. 「소냐」는 도스토예프스키의 장편 『죄와 벌』의 여주인공 소냐 모티브를 시적으로 변용한 '인물시'이다. 소설의 서사가 어떻게 시적 이미지로 압축될 수 있는지를 살펴볼 수 있는 기회이다.

시와 색에 이어서 시와 회화, 시와 철학, 시와 소설이 서로 어떻게 매체와 장르의 경계를 넘나들며 소통하는지를 살피는 이 시도가 트라클의 시를 입체적으로 이해하고, 나아가 다매체 시대 문학의 새로운 활로를 모색하는 데 도움이 되길 바란다.

3

트라클의 색을 온전히 이해하는 것은 애초부터 불가능한 일이었다. 색을 쪼개고 분석하려고 애면글면했지만 나는 좀처럼 색의 위력을 감당할 수 없었다. 붉은색 열정에 달아올랐다가 불현듯 푸른색 신성으로 침잠해 들어갔고 결국 검은색 절대성 앞에 무릎을 꿇고 말았다. 황금색 우수에 휩싸여 있다가 돌연 초록색 기쁨에 환희했고 종국에는 흰색 무한에 아연실색하고 말았다. 트라클의 색이 나를 쥐락펴락했다. 하지만 트라클의 색에 제압당하면서 나는 모종의 미학적 쾌감을 느끼곤 했다. 색이 시에 편입되는 것이 아니라 색이 곧 시가 되는 경지를 부지불식간 체험해 볼 수 있었던 것이다.

나는 트라클이 구축한 색의 제국에서 종종 그림을 떠올렸다. 트라클의 시를 읽으며 '색즉시'(色卽詩)의 사태를 목도할 때면, 어떤 그림들이 내 심중에 시나브로 어룽거리곤 했다. 중세 고딕시대 화가 시모네 마르티니, 독일 르네상스의 대가 알브레히 뒤러, 매너리즘 종교화가 루이스 데 모랄레스, 낭만주의 화가 윌리엄 터너와 카스파 다비드 프리드리히, 아르누보 예술가 구스타프 클림트, 표현주의 화가 오스카 코코슈카, 에밀 놀데, 프란츠 마르크, 초현실주의의 선구자 앙리 루소 등의 작품들은 트라클의 색채미학을 좀 더 실감 있게 이해할 수 있게 해주었다. '시 속에 그림이 있고 그림 속에 시가 있다'(詩中有畵 畵中有詩)는 옛 현자의 '상호매체적' 통찰이 결코 빈 말이 아님을 통감했다. '시는 말하는 그림이고 그림은 말 없는 시이다'라는 기원전 그리스 시인의 말을 곱씹으며 무릎을 쳤다. 이것은 분명 흥미진진한 모험이자 행복한 경험이었다.

이 책을 기획하고 쓰기 시작한 2014년은 트라클 타계 100년 주년이 되는 해였다. 이 책이 요절한 천재 시인의 불우한 삶을 '문학적'으로 추모하고, 색채 인문학의 차원에서 그의 시가 지닌 현대성과 현재성을 재조명하는 데 조금이나마 기여하길 희망한다. 이제야 간신히 트라클의 색의 제국으로 들어갈 수 있는 징검돌 몇 개를 놓았을 뿐이다. 트라클의 생은 짧았지만 그가 축성한 색의 제국은 영원하다.

끝으로 어려운 상황에서도 집필을 지원해 준 서강학술총서 기획위원회와 서강대학교출판부에게 감사의 말을 전한다. 2년 전 그림 공부를 시작한 아내가 이 책을 기념하기 위해 트라클 초상화를 그려주었다. 책을 '내조'해 준 황지영에게 고마움의 꽃다발을 바친다.

2015년 겨울

류신

일러두기

1. 이 책에서 빈번이 인용되는 게오르크 트라클의 시, 산문, 편지의 출처는 오토 뮐러 출판사에서 1987년 두 권으로 발간된 트라클 역사비평본이다.(Georg Trakl, Dichtungen und Briefe, Historisch-Kritische Ausgabe. Herausgegeben von Walther Killy und Hans Szklenar. 2 Bänden, Salzburg 1987.) 트라클 역사비평본은 약호 'HKA'로 표시했고, 인용한 텍스트의 권수와 쪽수는 약호 옆에 병기했다.

2. 트라클 시의 우리말 번역은 트라클 시선집 『꿈속의 제바스치안』(신철식 옮김, 울력, 2014)을 따르되, 필요한 경우 필자가 일부 수정했다. 시선집 『꿈속의 제바스치안』에 실리지 않은 작품들은 필자가 우리말로 옮겼다. 원문을 존중하여 직역하되, 경우에 따라서는 시의 의미를 살리기 위해 의역했다.

3. 성서를 인용하는 경우, 한국천주교주교회의 성경을 참고했다.

4. 단행본 저작물은 『 』, 시는 「 」, 회화작품과 잡지는 〈 〉로 표시했다.

목 차

제3장 황금색

제4장 푸른색

제5장 초록색

제6장 보라색

제7장 검은색

제2부 트라클 시의 상호매체성

제1장 시와 그림: 트라클과 코코슈카/ 브뢰겔

그림 1. 황지영, 〈게오르크 트라클〉, 2015년

그림 2. 카지미르 말레비치, 〈검은 원〉, 1913년

러시아 절대주의 회화의 창시자 말레비치의 〈검은 원〉은 트라클 시학의 시작과 끝을 구현한다. 하얀 사각형이 트라클 시의 무한한 가능성을 잉태한 시원이라면, 검은 원은 트라클이 추구하는 부정의 미학의 궁극을 상징한다.

그림 3. 카지미르 말레비치, 〈하양 위에 하양〉, 1918년

모든 색을 배제하고 남은 단 하나의 색으로서의 흰색과 모든 형상을 제거하고 남은 유일한 사각형은 물질적 세계를 초월한 순수 정신의 절대성을 대변한다. 이 중첩된 하얀 사각형은 트라클의 시혼이 추구하는 자의식의 영도(零度) 상태를 떠올리게 한다.

그림 4. 아르놀트 쇤베르크, 〈붉은 응시〉, 1910년

트라클의 시세계에 사용된 붉은색은 세기전환기 인류의 파멸과 문명의 몰락을 가시화한다. 쇤베르크의 눈동자 주위로 번진 붉은색에서 세계 몰락의 징후를 예감한 자의 내적 공포가 불길하게 드러난다.

그림 5. 오스카 코코슈카, 〈음악의 힘〉, 1919년

붉은색은 피의 색이다. 붉은색에서 생명의 원초적 힘이 약동한다. 붉은색은 초록색과의 보색대비를 통해 그 힘이 극대화된다. 초록색 옷을 입은 남자가 연주하는 나팔 소리에 도취되어 붉은색 옷을 입은 여인이 황홀하게 춤을 추고 있는 모습에서 트라클 시 특유의 강렬한 색조 대비 효과를 느낄 수 있다.

그림 6. 에밀 놀데, 〈촛불 댄서〉, 1912년

붉은색은 아폴론적 사회질서 속에 금지된 디오니소스적 파토스를 상징한다. 생명을 억압하는 서구 문명사회에서 벗어나 원시 자연의 낙원에서 절대적인 자유를 만끽하며 영적인 세계와 교접하고자 갈구하는 무희의 몸부림이 붉은 색채 속에서 소용돌이친다.

그림 7. 구스타프 클림트, 〈아델레 블로흐 바우어의 초상〉, 1907년

12년간 클림트의 연인이었던 아델레의 몸을 금빛으로 휘감은 고혹적인 의상과 드레스에 장식된 아르누보 특유의 물결 문양, 점, 눈모양의 기하학적 패턴들은 트라클의 시에서 자주 등장하는 금빛 포도송이를 연상시킨다. 트라클 시에서 황금색은 가을의 풍요로움과 성숙함을 상징한다.

그림 8. 윌리엄 터너, 〈황금가지〉, 1834년

황금의 '영원성'은 인간의 '유한성'을 역설적으로 증명한다. 불멸의 황금은 인간은 '죽음으로 가는 존재'라는 불변의 진실을 웅변한다. 황금은 권력의 허무함, 생의 유한함, 만물의 덧없음을 찬란한 빛을 통해 체화한다. 죽음이라는 인간의 유한성을 반증하는 상징물로 그려진 터너의 황금가지에서 트라클의 황금빛 우울의 광채가 감지된다.

그림 9. 요셉 마이부르거, 〈해질녘 잘츠부르크〉, 1870년

트라클의 고향은 바로크의 고도(古都) 오스트리아 잘츠부르크이다. 잘츠부르크는 트라클의 시에서 황금빛과 푸른빛에 깊이 침잠해 있는 낙원으로 묘사된다. 유년기 고향에 대한 노스탤지어를 대변하는 황금색과 순수, 행복, 영혼 등을 상징하는 푸른색의 절묘한 결합은 잘츠부르크 출신 화가 마이부르거의 그림 속 하늘에 잘 표현되어 있다.

그림 10. 구스타브 클림트, 〈생명의 나무〉, 1905~1909년

오스트리아 건축가 요제프 호프만의 스토클레 저택 식당 벽면을 장식한 클림트의 모자이크 벽화 〈생명의 나무〉에서 땅 속 깊이 뿌리내린 나무의 줄기는 지상과 천상을 연결하고, 하늘을 향해 소용돌이치는 가지는 황금빛 생명의 에테르를 내뿜는다. 이 황금빛 나무는 트라클 시의 화자인 정처 없는 방랑자에게 실존의 좌표를 제시한다. 황금빛 나무는 구원의 등대이다.

그림 11. 프란츠 마르크, 〈푸른 말 I〉, 1911년

푸른색은 트라클 시혼의 주권을 지키는 청기사이다. 푸른색은 원죄 없는 순수성, 목가적 낭만성, 초감각적 정신성, 심오한 신성함 등 트라클 시의 긍정적 가치를 대변한다. 예술의 무지갯빛 원시림에 서 있는 마르크의 푸른 말은 트라클이 동경하는 '푸른 야수'의 변용으로 읽힌다.

그림 12. 게오르크 프리드리히 케르스팅, 〈수놓는 여인〉, 1812년

초록색이 제공하는 평안과 휴식의 감정은 권태와 우울의 정서를 낳을 수도 있다. 초록빛 벽에 걸린 액자 속 남자는 그림 속 수놓은 여인과 결혼을 약속했던 프랑스 출신 군의관인데, 그는 1808년 나폴레옹의 스페인 원정에 참전했다가 불귀의 객이 되었다. 비더마이어적 일상의 평온함에 잠복한 여인의 슬픔과 상실감이 초상화 액자틀을 휘감은 초록색 넝쿨과 초록색 치마에 으밀아밀 배어 있다.

그림 13. 앙리 루소, 〈꿈〉, 1910년

트라클이 생의 긍정적 에너지로 묘사한 "초록의 기쁨"은 초현실주의의 선구자 루소가 〈꿈〉에서 형상화한 이국적인 원시림의 세계, 즉 아름다운 새와 사자와 코끼리, 신비로운 꽃과 과일과 수풀로 가득찬 초록의 유토피아를 연상시킨다.

그림 14. 카스파 다비드 프리드리히, 〈산속의 십자가〉, 1808년

트라클의 시에서 초록색은 성령의 색이다. 프리드리히의 그림에서 사계절 푸른 전나무에 둘러싸인 산 정상의 십자가의 기부를 타고 올라가는 초록색 담장이가 예수의 희생과 부활을 상징하듯이, 트라클의 초록색은 참회를 통한 구원의 의지로 충만하다.

그림 15. 존 윌리엄 워터하우스, 〈질투하는 키르케〉, 1892년

초록색은 죽음을 촉발하는 독의 색이다. 19세기 영국 화가 워터하우스의 그림에 잘 표현되어 있듯이, 크레타 섬의 왕 미노스의 아들 글라우코스를 연모하던 마법사 키르케가, 글라우코스가 짝사랑하던 스킬라를 죽이기로 작심하고 스킬라가 사는 푸른 바다에 뿌리는 독즙은 초록색이다.

그림 16. 작자미상, 〈뢰트겐 피에타〉, 1360년경

중세 독일 고딕풍 목재 조각 피에타상은 예수의 죽음을 미화하지 않는다. 피골이 상접해 마치 뻣뻣한 나무토막처럼 보이는 예수는 가시면류관을 쓴 채 목을 축 늘어뜨리고 있다. 여기서 주목해야 할 지점은 십자가 책형의 상처로부터 흘러나오는 피의 모습이다. 옆구리, 손등, 발등에서 샘솟듯 흐르는 보랏빛 피의 형태가 '포도송이'처럼 형상화되었다. 트라클의 시에서 보랏빛 포도주는 피의 색이자 구원의 색이다.

그림 17. 알브레히트 뒤러, 〈멜랑콜리아 I〉, 1514년

박쥐는 침울함이 점점 고조되는 시간대인 저녁의 반복적인 도래를 알리는 어둠의 사자(使者)이다. 박쥐는 뒤러의 그림 전체를 지배하는 여인, 즉 한 손으로 머리를 괸 채 깊은 상념에 빠져 있는 천사의 우울한 심리 상태를 가시화하는 역할을 한다.

그림 18. 〈베네치아 리도 해변의 게오르크 트라클〉, 1913년, 인스브루크 대학 〈브렌너 아카이브 연구소〉 소장

트라클은 모래사장을 터덜터덜 걷고 있다. 머리카락은 뻣뻣하고 까칠까칠하고, 피부는 땅속 깊은 동굴에 사는 도롱뇽처럼 창백하다. 베네치아의 화창한 날씨도, 따뜻한 해수도 그의 침울함을 명랑함으로 바꾸기에는 역부족이었다.

그림 19. 루이스 데 모랄레스, 〈피에타〉, 1560년

트라클이 사랑했던 누이동생은 트라클의 시에서 인류의 죄를 등에 업고 희생당한 자를 품어 안는 성모의 이미지로 등장한다. 트라클의 시에서 누이는 신화적 신비함과 종교적 숭고함을 동시에 지닌 존재로 묘사된다. 피 흘리는 머리를 품어 안는 누이의 모습에서 16세기 스페인 매너리즘 종교화의 대가 모랄레스의 〈피에타〉가 연상된다.

그림 20. 카지미르 말레비치, 〈검은 사각형〉, 1915년

검은색은 몰락으로 경도된 트라클 시의 마지막 기착점이다. 세상에 존재하는 모든 색들을 혼합하면 검은색이 된다. 슬픔, 우울, 비애, 상실, 위협, 공포, 절망, 죄의식, 속죄, 은둔, 죽음, 소멸, 부패 등 트라클의 시학이 추구했던 모든 부정성을 단 하나의 색채로 표현한다면 검은색이다. 27살에 요절한 시인 트라클의 영혼의 최후를 독점했던 단 하나의 절대적인 이미지가 있다면 말레비치의 〈검은 사각형〉과 흡사할 것이다.

그림 21. 오스카 코코슈카, 〈바람의 신부〉, 1913년

트라클의 시 「밤」은 코코슈카의 유화 〈바람의 신부〉의 창작 과정을 직접 지켜보면서 쓴 형상시이다. 트라클은 코코슈카의 작품에 나타난 선 굵게 휘몰아치는 회오리바람, 즉 에로스와 타나토스, 열락과 우울, 화염과 냉기, 상승과 하강이 합치되는 마성적인 돌풍을 다음과 같은 시적 이미지로 치환했다. "거무스름한 암벽 위로/ 죽음에 취하여/ 작열하는 돌풍이 추락한다/ [……]/ 불꽃이여, 저주여/ 그리고 육욕의/ 음울한 유희,/ 석화(石化)된 머리가/ 하늘로 돌진한다."

그림 22. 프란츠 마르크, 〈동물들의 운명〉, 1913년

동물들이 직면한 운명은 가혹하다. 벼락에 의해 점화된 불길이 날카로운 칼날처럼 두 마리 초록색 말을 공격한다. 이들의 몸에서 핏줄기가 솟구친다. 1차 세계대전 발발 전인 1913년, 물질문명이 전쟁이라는 야만적인 형태로 폭발하기 직전의 악몽전야에 이 그림이 그려졌다는 사실은 의미심장하다.

그림 23. 피테르 브뢰겔, 〈눈 속의 사냥꾼〉, 1565년

트라클은 오스트리아 빈 미술사 박물관에 전시된 브뢰겔의 그림에서 영감을 얻어 「겨울에」를 썼다. 브뢰겔의 그림은 트라클의 언어 기호 체계로 전환되어 새로운 의미의 지평을 연다. 동시에 트라클의 시어는, 자신의 텍스트 속에 전시된 브뢰겔의 그림과 융합되어 새로운 시학의 길을 연다. 이것이 바로 상호매체의 미학이 지닌 상생의 힘이다. 말하자면 트라클은 350년이 넘는 시차를 극복하며 브뢰겔과 심미적인 교감을 나눈 것이다. 이 내밀한 대화록의 축도(縮圖)가 트라클의 「겨울에」이다.

제1부

트라클 시의 색채미학

제1장

흰색

제1장
흰색

1. 하얀 빵: 순수와 결백

흰색은 순수한 빛의 색이다. 색채 심리학자 하랄드 브램(Harald Braem)이 정리한 색과 점성술의 연관성 도표에 따르면 노랑은 태양의 색(위엄)이고, 검정은 토성의 색(우수)이라면, 하양은 달의 색(결백)으로 분류된다.[1] 예부터 사람들은 유채색 가운데 가장 밝고 강력한 색을 노랑으로, 무채색 가운데 가장 밝고 깨끗한 색을 흰색이라고 생각했고, 이런 맥락에서 태양을 권위적인 남성성의 근원으로, 달을 순수한 여성성의 본령으로 상상했다.

흰색에는 색상과 채도가 부재한다. 엄밀히 말하자면 흰색은 색이 없는 무색이다. 괴테는 『색채론』(*Zur Farbenlehre*)에서 다른 색의 혼합으로 만들 수 없는 흰색의 생성과정을 이렇게 설명한다. "순수한 물이 눈으로 결정화(結晶化)되면 흰색이 된다."[2] 괴테가 상정한 흰색의 물리적

---

1 하랄드 브램, 『색의 힘. 컬러의 의미와 상징』, 이재만 옮김, 일진사, 2010, 213쪽 참조.

깨끗함은 육체의 순결함과 영혼의 순수함을 시각적으로 구현하는 문화적 상징기호로 기능해 왔다.

> 역사의 주체는 그때그때 달라졌지만, 중세와 근대, 그리고 현대에 이르기까지 순결과 천상적 존재라는 하얀색의 의미는 좀처럼 변하지 않았다. [……] 세례 의식과 '주의 어린 양'(agnus dei)이 상징하는 하얀색도 그렇다. 어린 아이와 어린 양은 때가 묻지 않았다. 그래서 순결하다.[3]

종교적 차원에서 흠이 없는 흰색이 갖는 결백과 순수의 이데올로기는 트라클의 서정시에서도 발견된다. 예컨대 「변용」(*Verklärung*)에서 동정녀 마리아를 지키는 수호천사는 흰색으로 묘사된다.[4]

> 하얀 천사가 마리아를 방문한다.
> Ein weißer Engel sucht Marien heim. (HKA I, 120)

트라클의 시세계에서 마리아와 같은 성녀는 누이 그레테(Grete, 1891~1917)이다. 트라클은 6남매의 막내인 4살 손아래 누이동생을 사랑했다. 피아노를 전공하여 남다른 예술적 재능을 소유한 그레테는 외모적으로도 트라클과 가장 많이 닮았다. 여동생을 사랑하는 근친상간의 죄의식이 트라클의 영혼을 지배하는 암흑의 힘이었다. "스스로 만든 고통의 지

---

2 요한 볼프강 폰 괴테, 『색채론』, 장희창 옮김, 민음사, 2003, 180쪽.

3 신항식, 『색채와 문화 그리고 상상력』, 프로네시스, 2007, 54~55쪽.

4 하얀 천사의 이미지는 트라클의 일상에서 각인된 중요한 심상 중 하나로 보인다. 1905년부터 1908년까지 3년 동안 트라클이 견습생으로서 일했던 약국의 상호는 '하얀 천사'였다.(Vgl. Hans Szklenar, Georg Trakl. Ein biographischer Abriß. In: Heinz Ludwig Arnold(Hg.), Georg Trakl, Text+Kritik, Heft 4/4a, Sttutgart 1969, p. 43.)

옥"(HKA I, 254)에서 누이를 소유하고픈 욕망이 강해질수록 트라클은 자신을 타락한 존재로 방기했다. 자신을 저주받은 존재로 모멸할수록 누이는 순수와 결백의 우상으로 격상되었다. 죄악의 나락으로 침몰할수록 순수한 영혼의 세계에 대한 동경은 더욱더 강렬해졌던 것이다. 트라클의 시에서 흰색은 죄책감에 시달리는 시인이 자기 단죄를 통해 희구하는 결백의 세계를 의미한다. 예컨대 타락과 순결의 첨예한 대립은, 자신의 생애를 고대 신화와 기독교의 구원사에서 재구성한 「헬리안」(*Helian*)에서 검은색(어둠/추위/악)과 흰색(밝음/온기/선) 이미지의 선명한 대조 속에서 오롯이 표현된다.[5]

> 추운 밤 누이의 하얀 뺨
> in kalter Nacht die weißen Wangen der Schwester (HKA I, 70)

검은색이 "암흑의 대리자"라면 흰색은 "빛의 대리자"[6], 즉 신의 대리자이다. 이런 맥락에서 보면, 누이의 하얀 뺨은 암흑 속에서 현현하는 광명으로 읽힌다. 누이의 볼만 하얀 것이 아니다. 누이의 얼굴도 순백이다. "누이의 하얀 얼굴"(HKA I, 170). 또한 결백과 순수의 결정체인 누이의 아우라 역시 흰색이다.

5 트라클 시의 색채 이미지를 높이 평가했던 릴케는 「헬리안」에 대해 다음처럼 언급한 바 있다. "트라클이 만들어낸 이미지는 알 수 없는 신화 속 형상입니다. 나는 「헬리안」에서 직관으로 그 이미지를 붙잡았습니다. 그것은 파악될 수 없는 것으로서 아마도 헬리안 자체에 의해서도 파악되기 불가능한 것 같습니다. 그럼에도 불구하고 나는 여러 행에서 그에 대한 암시를 찾을 수 있기를 희망했습니다. 단어 그대로 이해하기 위해서가 아니라, 단지 직관 속에서 그 이미지를 확인하기 위해서 말입니다."(Ignaz Zangerle(Hg.), *Erinnerung an Georg Trakl: Zeugnisse und Briefe*, Salzburg 1966, p. 10f.)

6 요한 볼프강 폰 괴테, 같은 책, 52쪽.

유리문 앞에서 부드럽게 그리고 하얗게 기다리고 있는 그녀

Die vor der Glastür wartet sanft und weiß (HKA I, 103)

여기서 흰색의 시각적 이미지는 '부드러움'이라는 촉각적 이미지와 결합해 이상화된 순수한 여성성을 표현하는 시적 장치로 사용된다. 또한 부드러움과 결합된 흰색은 청정한 푸른 하늘의 낭만적 풍경을 부각시키는 역할을 한다. 「미라벨 궁에서 울리는 음악」(*Musik im Mirabell*)의 다음 시구가 그 예이다.

분수가 노래한다. 희고 보드라운 구름은
청명한 푸름 속에 서 있다.
Der Brunnen singt. Die Wolken stehn
Im klaren Blau, die weißen, zarten. (HKA I, 18)

허공을 향해 춤추듯 치솟는 물줄기의 율동("노래하는 분수")은 창공에 둥실 떠 있는 가벼운 흰 구름의 이미지와 행복하게 조응하면서 아름다운 공감적 이미지를 창출한다. 한편 "진리의 하얀 대제사장"(「칼 크라우스」(*Karl Kraus*), HKA I, 123)이나 "하얀 머리는 연륜에 차 고개 숙인다"(「마을에서」(*Im Dorf*), HKA I, 63)와 같은 시구에 잘 나타나듯이, 성숙한 연륜의 겸손과 지혜를 상징하기 위해 백발 이미지가 사용되기도 한다.[7]

이처럼 트라클의 시에서 흰색은 여성성, 순결, 청초, 청정, 원숙함 등 긍정적 가치를 대변한다. 그러나 '하얀 기다림'이란 개성 있는 상상을

7 빛나는 광채의 본질은 현명함이다. 공교롭게도 독일어로 '흰빛'(Weiß)과 '현자'(Weis)는 발음이 유사하다.(하랄드 브램, 『색의 힘. 컬러의 의미와 상징』, 171쪽 참조.)

제외하고 "하얀 천사", "하얀 뺨", "하얀 얼굴", "하얀 눈썹", "하얀 구름", "하얀 머리" 등은 참신한 시적 비유로 평가하기 어렵다. 트라클의 시세계만이 갖는 독창적인 색채 이미지로 보기에는 진부하다. 흰색 이미지가 기성의 문화적, 종교적 상징의 맥락 속에 안주하고 있기 때문이다. 트라클 문학의 현대성을 증명하기 위해서는 다른 흰색을 주목해야 한다.

2. 하얀 달빛: 공포와 불안

트라클의 시에서 달빛의 의미는 이중적이다. 우선 달빛은 가을의 쓸쓸한 정취를 낭만적으로 재현한다. 「호엔부르크」(*Hohenburg*)의 첫 연을 읽어 보자.

> 집에는 아무도 없다. 방 안 가을
> 달빛 소나타
> Es ist niemand im Haus. Herbst in Zimmern;
> Mondeshelle Sonate (HKA I, 87)

인간의 온기가 없는 방안을 달빛의 선율이 보듬는다. 달빛은 존재의 고독을 위로하는 희망의 손길로 읽힌다. 트라클은 「저녁」(*Der Abend*)에서 초승달의 양 끝을 서로 얼싸안은 연인의 팔로 상상하기도 한다.

> 초승달
> 연인들의
> 부드러운 포옹으로

Sichelmond
Mit der sanften Umarmung
Der Liebenden (HKA I, 159)

이런 달빛의 상징적 기능은 괴테의 『리다 시편』(*Verse an Lida*) 중 「달에게」(*An den Mond*)에서 묘사된 달빛을 떠오르게 만든다.

그대 나의 벌판 위로 펼쳐지는구나
어루만지듯 그대 눈길을,
친구의 눈처럼 온화하게
내 운명 위로.[8]

괴테의 달빛은 시적 화자의 영혼을 자연과 호흡케 만들고 그의 고단한 운명애를 다정한 벗의 눈빛처럼 "어루만지듯" 위무한다. 그러나 트라클의 시에서 달빛은 부드러운 낭만적 서정성을 고취하는 시적 표상으로만 기능하지 않는다. 예컨대 「마을에서」에서 달빛은 거칠고 사납다.

달아오른 침대에서 임신한 몸이 얼어붙는다.
그 몸을 달이 야수처럼 뻔뻔하게 취급한다.
Im Fieberbette friert
Der schwangere Leib, den frech der Mond bestiert. (HKA I, 64)

태음월이 월경주기와 상응하기 때문에 달은 여성의 생리적 특성과 결부되어 여성적 창조성(잉태와 출산)의 수호자를 대변해 왔다. 고대인들

---

8 요한 볼프강 폰 괴테, 『시 전집』, 전영애 옮김, 민음사, 2009, 235쪽.

은 달을 은혜를 하사하는 풍요의 분배자로 인식했다. 그들은 달빛에 수태를 가능하게 만드는 주술적인 힘이 있다고 믿었던 것이다.[9] 그러나 트라클의 상상력은 전통적인 달의 상징성을 잔인하게 배반한다. 트라클의 달빛은 임신을 축복하기보다는 회임을 타락한 성의 부정한 산물로 경멸한다. 그래서 달빛은 성적 환락의 열기를 차갑게 식힌다. 달빛은 생명의 신비로운 씨앗이 아니라 생명을 모독하는 폭압적인 마성이다. 칼 루트비히 슈나이더(Karl Ludwig Schneider)의 표현처럼 트라클의 시에서 "달은 타자를 사냥한다."[10]

달에 대한 트라클의 부정적 상상력은 흰색 이미지와 결합해 문명 비판론적 차원으로 증폭된다. 「쥐들」(*Die Ratten*)에서 차가운 가을 달빛은 곧 직면할 위험을 예시한다. 십자각운(a-b-a-b)을 엄격하게 지킨 4행 정형시 「쥐들」의 전문은 다음과 같다.[11]

> 안마당에 가을달이 하얗게 빛난다.
> 지붕 테두리에서 환상적인 그림자들이 떨어진다.
> 텅 빈 창문 안에는 침묵이 살고 있다.
> 그때 쥐들이 살며시 나타난다.

---

9 융의 제자인 심리학자 에스터 하딩(Esther Harding)은 달 신화와 여성성의 관계를 분석한 『사랑의 이해』에서 달이 여성 수태의 원천이라는 원시 종족들의 믿음을 이렇게 설명한다. "옛날에는 달만이 여성을 임신시킬 수 있는 능력을 가지고 있었으며, 오늘날까지도 어떤 아기들은 인간인 아버지에 의해서가 아니라 달에 의해 잉태된다고 생각한다."(에스터 하딩, 『사랑의 이해. 달 신화와 여성의 신비』, 김정란 옮김, 문학동네, 1996, 52쪽.)

10 Karl Ludwig Schneider, *Der bildhafte Ausdruck in den Dichtungen Georg Heyms. Georg Trakls und Ernst Stadlers*, Heidelberg 1961, p. 118.

11 「쥐들」에서 트라클은 압운뿐만이 아니라 두운도 고려했다. 2연과 3연의 1~2행은 "그리고"(Und)로 시작한다. 4번 반복되는 접속사 '그리고'는 두려움의 강도를 점층적으로 고조시키는 음향 효과를 낸다.

찍찍 소리를 내며 여기저기 휙휙 지나간다
그리고 소름 끼치는 악취가
뒷간에서부터 쥐들을 뒤쫓는다.
그 냄새를 달빛이 유령처럼 전율케 한다.

그리고 쥐들은 미친 탐욕으로 날카롭게 운다.
그리고 그들은 곡식과 과일로 가득 찬
집과 창고들에 꽉 차 있다.
어둠 속에서 얼음처럼 싸늘한 바람이 흐느껴 운다.
In Hof scheint weiß der herbstliche Mond.
Vom Dachrand fallen phantastische Schatten.
Ein Schweigen in leeren Fenstern wohnt;
Da tauchen leise herauf die Ratten

Und huschen pheifend hier und dort
Und ein gräulicher Dunsthauch wittert
Ihnen nach aus dem Abort,
Den geisterhaft der Mondschein durchzittert

Und sie keifen vor Gier wie toll
Und erfüllten Haus und Scheunen,
Die von Korn und Früchten voll.
Eisige Winde im Dunkel greinen (HKA I, 52)

사소한 기미는 전체성에 대한 예고이다. 농가의 뜰을 하얗게 물들이는 가을 달빛은 혼돈의 도래와 공포의 임박을 암시하는 징후이다. 하얀 달빛은 환영을 만든다. 그리고 이 음산한 그림자는 쥐들을 호출한다. 계속해서 달빛은 집 전체로 악취를 퍼뜨리고 이 냄새는 쥐들의 난동을 도발한다. 쥐들은 탐욕의 광기로 허기를 채우면서 집과 창고를 유린한다. 트라클의 시에서 쥐는 인간 문명을 파괴하고 악의 저주를 유포하는 미물이다.[12]

살찐 쥐는 문과 상자를 갉아먹고
Benagt die fette Ratte Tür und Truh (「연옥」(*Vorhölle*), HKA I, 132)

악의 작열하는 감정.
쥐가 후벼 놓은 쓰레기 위로
젖은 이마는 차갑고 창백하게 숙인다.
glühendes Gefühl
Des Bösen. Die feuchte Stirn beugt kalt und bleich
Sich über Unrat, drin die Ratte wühlt. (「저주받은 자들」(*Die Verfluchten*), HKA I, 104)

이처럼 쥐는 문명 속에 매복한 위험을 폭로한다.[13] 쥐는 "재앙의 사자(使者)"[14]이다. 쥐들의 소요로 집과 창고로 상징되는 인간의 문명은 공포

12 트라클의 쥐는 하인리히 하이네의 「시궁쥐들」(*Die Wanderratten*)을 연상시킨다. 하이네는 헐벗고 배고픈 무산계급의 돌발적인 과격성을 쥐의 행동양식에 다음처럼 비유한다. "잠시도 쉬지 않고 머물지 않고,/ 쏜살같이 달리고 격분하여 날뛰며,/ 그들은 수천 마일을 싸돌아다니고,/ 바람도 뇌우도 그들을 멈추지 못한다."(Heinrich Heine, *Sämtliche Schriften*. Herausgegeben von Klaus Briegleb, Bd., 6-I, München 1997, p. 306f.)

13 트라클 시에서 뱀과 거미도 공포의 상징으로 기능한다. "공포여, 너 독사여!"(「뇌우」(*Das Gewitter*), HKA I, 158), "거미는 내 심장을 찾는다."(「심연에서」(*De profundis*), HKA I, 46)

14 Friedrich Georg Jünger, *Trakls Gedichte*. In: Heinz Ludwig Arnold(Hg.), *Georg Trakl*, Text+Kritik, Heft 4/4a, Sttutgart 1969, p. 11.

의 저수지로 돌변한다. 이런 맥락에서 보면 「쥐들」은 방향감각을 상실한 세기전환기 표현주의자들의 종말론적 위기의식이 반영된 작품으로 읽힌다. 쥐들의 광기어린 폭동으로 모든 것이 뒤죽박죽된 혼돈의 공간에서 "얼음처럼 차가운 바람이 흐느껴 운다." 마지막 시행에 등장하는 "얼음처럼 차가운 바람"은 첫 행의 '하얀 달빛'과 상호 관계를 맺는다. 하얀 달빛은 결코 풍요로운 축복도 따뜻한 은총도 아니다. 하얀 달빛은 차가운 바람처럼 냉혹하고 무자비하다. 미지의 공포를 얼음처럼 차갑게 계시하기 때문이다. 지그문트 바우만(Zygmunt Bauman)이 간파했듯이 공포의 진앙은 '불확실성'이다.

> 공포가 가장 무서울 때는 그것이 불분명할 때, 위치가 불확정할 때, 형태가 불확실할 때, 포착이 불가능할 때, 이리저리 유동하며, 종적도 원인도 불가해할 때다. 어떤 규칙성도 합리적 이유도 없는 공포, 그 낌새가 여기저기서 선뜻선뜻 나타나지만, 결코 통째로 드러나지 않는 공포야말로 가장 무시무시하다. 공포란 곧 불확실하다는 것이다. 위협의 정체를 모른다는 것, 그래서 그것에 대처할 방법이 없다는 것이다.[15]

트라클의 시에서 하얀 달빛은 어떤 이성적 판단이나 합리적인 질서 체계로 통일될 수 없는 불확실한 세계의 도래를 암시한다. 트라클이 상상한 이와 같은 하얀 달빛은 발터 벤야민이 『1900년경 베를린의 유년시절』에서 묘사한 창백한 달의 이미지와 흡사하다.

> 나무 블라인드 틈새로 내게 밀려온 창백한 빛을 보면서 나는 그것을

15 지그문트 바우만, 『유동하는 공포』, 함규진 옮김, 산책자, 2006, 11~12쪽.

> 이해하게 되었다. 불안 때문에 나는 잠을 설쳤다. 들락날락하면서 달은 내 잠을 토막 내버렸다. [……] 그런데 하늘에 떠 있던 보름달이 갑자기 점점 빠르게 커지고 있었다. 달은 점점 다가오면서 우리의 행성을 갈라놓았다. 우리 가족이 자리 잡고 앉아 있던 거리 위 철제 발코니의 난간이 산산조각 났고, 그 발코니를 차지하던 육신들 역시 사방팔방으로 찢겨져 순식간에 흩어졌다. 달의 궤적이 만들어낸 깔때기는 모든 것을 빨아들였다. 어느 것도 무사히 깔때기를 피할 수 있다는 희망을 품을 수 없었다.[16]

달은 유년의 단잠을 용납하지 않을 뿐만 아니라 기성의 질서를 해체하고 파괴하여 자신의 내부로 흡수한다. 점점 거대해지는 달의 크기는 인간의 무의식에 내재된 공포와 불안의 강도와 비례한다. 지나치게 하얘서 창백한 달은 미지의 위험으로 해석될 수 있다.

흰색은 미지의 색이다. 흰색에는 아직 어떤 형상도 표현되어 있지 않다. 그래서 침묵하는 백색 앞에서 인간은 원인을 알 수 없는 두려움에 휩싸인다. 흰색은 "공포의 유령"(「뇌우치는 저녁」(*Der Gewitterabend*), HKA I, 27)이다. 흰색에는 불안이 장전되어 있는 것이다. 인간은 공포 앞에 얼굴이 하얗게 질린다. 트라클은 「시편」(*Psalm*)에서 흰색에 잠재된 미지의 공포를 붉은색과의 선명한 대조 속에서 다음처럼 표현한다.

> 운하의 하얀 증기선이 핏빛 전염병을 옮겨온다.
> Ein weißer Dampfer am Kanal trägt blutige Seuchen herauf. (HKA I, 55)

16 발터 벤야민, 『1900년경 베를린의 유년시절. 베를린 연대기』, 윤미애 옮김, 도서출판 길, 2007, 145～147쪽.

곧 피로 얼룩질 백색의 미래가 두려움을 극대화하고 있다. 이 하얀 증기선이 도착하면 이런 사태가 벌어질 것이다.

피로 얼룩진 아마포 돛이
운하 위에 부풀어 있다.
Blutbefleckte Linnen blähen
Segel sich auf dem Kanal. (「겨울 해질녘」(*Winterdämmerung*), HKA I, 20)

그리고 이런 고통의 신음이 들릴 것이다.

환자들이 병원에서 비명을 지른다.
Kranke kreischen im Spitale. (「뇌우치는 저녁」, HKA I, 27)

3. 하얀 장벽: 소외와 도취

흰색은 눈의 색이다. 트라클의 시에서 흰색은 혹한의 겨울 풍경을 묘사하는 데 동원된다. 「겨울에」(*Im Winter*)를 여는 두 행을 보자.

들판은 희고 차갑게 빛난다.
하늘은 외롭고 섬뜩하다.
Der Acker leuchtet weiß und kalt.
Der Himmel ist einsam und ungeheuer. (HKA I, 39)

흰 눈으로 뒤덮인 들판이 차갑게 빛난다. 생명의 대지를 수의(壽衣)처럼 덮은 흰 눈은 냉혹하다. 태양빛에 반사된 눈부신 하얀 눈은 겨울의 풍경을 더욱 냉랑하게 만든다. 흰 눈으로 덮인 밭은 공허한 하늘("외롭고")의 이미지와 상응하고, 번뜩이는 흰 눈의 냉기는 무서운 하늘("섬뜩하다")의 이미지와 조응한다. 나아가 흰색의 차가움은 심장을 응고시킨다.

심장은
눈처럼 하얀 정적 속에서 응고한다.
Ein Herz
Erstarrt in schneeiger Stille. (「연옥」, HKA I, 133)

생명이 박동하는 뜨거운 심장이 눈처럼 싸늘하게 굳는다. 흰색은 생의 의지를 상실한 시인의 황폐한 내면을 대변한다.

우울하고 비사교적인 성격과 돌출 행위로 인해 사회로부터 외면당했던 트라클은 성실한 시민으로 사는 것을 애초부터 포기했을 뿐만 아니라 비정한 대도시를 혐오했다. 피해 망상적 정신분열증에 시달렸던 그는 자신을 사회로부터 철저하게 고립된 단독자로 규정했고, 이런 트라클의 심중에 도시의 삶은 부정적인 이미지로 각인되었다. 그는 친구 에르하르트 부쉬벡(Erhard Buschbeck)[17]에게 보낸 1912년 11월 21일자 편지에서 자신이 체류하고 있는 인스부르크를 "가장 야만적이고 비열한 도시"(HKA I, 487)로 혹평했다.

---

17 에르하르트 부쉬벡(1889~1960)은 트라클이 학창시절부터 교제한 몇 안 되는 친구로서 1939년 트라클의 작품을 모아 시선집 『황금빛 성배』(*Aus goldenem Kelch*)를 출간했다.

금속성의 임종소리
그리곤 하얀 동물 한 마리 쓰러진다.
Sterbeklänge von Metall;
Und ein weißes Tier bricht nieder. (HKA I, 54)

트라클에게 도시는 원초적 순수성("하얀 동물")[18]이 압살되는 공간으로 인식되었다. 칼 루트비히 슈나이더의 지적처럼 트라클에게 도시는 "부패와 생명 파괴의 장소"[19]인 것이다. "멸망하는 강철 도시들"(「잠」(*Der Schlaf*), HKA I, 156)이라는 직설적인 표현에서 잘 드러나듯이, 문명에 대한 시인의 적개심은 도시가 곧 내파(內波)될 것이라는 종말론적 환상으로 이어지기도 했다. 급속한 산업화가 초래한 모순들이 집약된 도시 공간이 인간의 영혼을 파괴한다는 생각은 당시 표현주의 시인들이 공유했던 현실인식이었다. 예컨대 표현주의 시인 알베르트 에렌슈타인(Albert Ehrenstein)의 「빈」(*Wien*)은 도시 문명에 대한 분노와 증오를 다음처럼 보여준다.

내가 너희들에게 청하건대, 도시들을 파괴하라
내가 너희들에게 바라건대, 기계를 부서 버려라
모든 레일을 끊어버려라
너희들이 있는 곳은 신성이 모독된 곳.
Ich bitte euch, zerstöret die Städte.
Ich bitte euch, zerstöret die Maschinen.

---

18 신화와 종교에서 하얀 동물은 순수함을 간직한 신성한 존재로 숭배되었다. 흰 소는 제우스를, 하얀 유니콘은 처녀성을, 흰 비둘기는 성령을 상징하는 동물로 여겨졌다.(Vgl. Margarete Bruns, *Das Rätsel Farbe. Materie und Mythos*, Stuttgart 2006, p. 187f.)

19 Karl Ludwig Schneider, *Der bildhafte Ausdruck in den Dichtungen Georg Heyms,* p. 107.

Zerreißt alle Wahnschienen.

Entheiligt ist euer Ort.[20]

또한 트라클은 자신을 영혼이 고갈된 현대 문명사회에서 태어난 불우한 후손으로 상상했다. 그에게 도시는 "하얀 손자들의/ 어두운 미래가 마련되는 곳"(HKA I, 159)일 뿐이다. 하얀 손자들은 대도시의 삶 속에서 철저하게 소외당한 존재의 은유이다. 이들의 과거는 폐기되고 미래는 보장받지 못한다. 하얀 손자들은 릴케가 「두이노의 비가」(*Duineser Elegien*)에서 영혼 없는 도시 속에서 정당한 삶의 상속권을 박탈당한 사람들로 비유한 "폐적자(廢嫡者)"의 처지와 흡사하다.

이 세상이 묵직하게 방향을 틀 때마다 폐적자들이 생기는 법,

이들은 과거의 것도 그리고 미래의 것도 소유하지 못한다.

Jede dumpfe Umkehr der Welt hat solche Enterbte,

denen das Frühere nicht und noch nicht das Nächste gehört.[21]

하얀 손자, 혹은 폐적자로서 트라클이 자기 소외의 담장을 높이 쌓아올릴수록 사회와의 단절의 장벽은 높아만 갔다. "언제나 소리 나는 도시의 하얀 장벽들."(「어느 요절한 이에게」(*An einen Frühverstorbenen*), HKA I, 117) 여기서 하얀 장벽의 함의는 이중적이다. 하얀 장벽은 시인의 파격적 상상력과 이탈적 행동을 용납하지 않는 보수적인 시민사회의 권위의 장벽이자, 번잡하고 복잡한 도시에서 절대 침묵의 공간을 확보하

20 Albert Ehrenstein, *Mein Lied*, Berlin 1931, p. 198.

21 Rainer Maria Rilke, *Sämtliche Werke*. Herausgegeben vom Rilke-Archiv in Verbindung mit Ruth Sieber-Rilke. Bd., I, Frankfurt am Main 1987, p. 712.

기 위해 시인 스스로가 쌓은 자기 소외의 장벽이기도 하다. 전자가 오스트리아 작가 마를렌 하우스호퍼(Marlen Haushoffer)의 장편 『벽』(*Die Wand*)에 등장하는 보이지 않는 장벽, 즉 "인간의 두뇌가 생각해낸 가장 인간적인 악행"[22]의 산물인 격리의 벽을 연상시킨다면, 후자는 표현주의 화가 바실리 칸딘스키(Wassilij Kandinsky)가 언급한 하얀 장벽, 즉 일체의 소음으로부터 해방된 "무한으로 들어가는 차가운 장벽"을 떠올리게 한다. 칸딘스키는 『예술에서의 정신적인 것에 대하여』(*Über das Geistige in der Kunst*)에서 흰색의 상징성을 이렇게 분석했다.

> 흰색은 물질적인 성질이나 실체로서 모든 색들이 사라진 세계의 상징과 같다. 이 세계는 우리들로부터 너무 높이 떨어져 있기 때문에 우리는 거기에서 아무런 음향도 들을 수 없다. 거기에는 커다란 침묵이 흐른다. 그것을 물질적으로 표현하면, 뛰어넘을 수 없고, 파괴할 수 없는, 무한으로 들어가는 차가운 장벽이 우리 앞에 나타나는 것과 같다.[23]

트라클의 시는 하얀 장벽으로 둘러싸인 침묵의 공간에서 기록된 자기 유폐의 산물이다. 자기 유폐의 밀실에 갇힌 시인에게 밤은 하얗게 다가온다. "조용히 새하얀 밤은 이끌려온다."(「푄 바람」(*Föhn*), HKA I, 121) 여기서 하얀 밤은 불면의 밤을 상징한다.[24] 트라클은 20대 초에 이미 수면제와 마약에 중독되었다. 약을 마음대로 취급할 수 있었던 약사라는 그의 직업이 환각제 상습 복용을 용이하게 만들었지만,[25] 누이와의 근친

---

22 마를렌 하우스호퍼, 『벽』, 박광자 옮김, 문학동네, 2009, 51쪽.

23 바실리 칸딘스키, 『예술에서의 정신적인 것에 대하여』, 권영필 옮김, 열화당, 2010, 94쪽.

24 Vgl. Eva Heller, *Wie Farben wirken. Farbpsychologie, Farbsymbolik, Kreative Farbgestaltung*, Hamburg 2004, p. 160.

상간이라는 죄의식에서 비롯된 극심한 우울증과 무절제한 폭음이 약물 중독의 심리적 동인이었다. 초현실주의의 선구자로 평가받는 로트레아몽(Comte de Lautréamont)의 『말도로로의 노래』(*Le Chant de Maldoror*)를 연상시키는 트라클의 「잠」은 약물 복용으로 인해 환각에 빠진 시인의 내면세계를 보여준다.

> 하얀 잠이여!
> 저주 받을지니 너희 어두운 독이여,
> 석양빛에 물든 나무들의
> 이 끝없이 오묘한 정원은
> 뱀과 나방
> 거미와 박쥐로 가득 찼다.
> Verflucht ihr dunklen Gifte,
> Weißer Schlaf!
> Dieser höchst seltsame Garten
> Dämmernder Bäume
> Erfüllt von Schlangen, Nachtfaltern,
> Spinnen, Fledermäusen. (HKA I, 156)

25 트라클은 현실 도피의 수단으로 환각제를 복용했던 것으로 보인다. 1905년 친구 칼 폰 칼마(Karl von Kalmar)에게 보낸 편지에는 학업부진으로 김나지움을 중퇴하고 약국 견습생으로 들어가 환각제에 중독된 당시 트라클의 심적 상태가 고스란히 나타나 있다. "나는 여드레나 앓고 있어. 아주 절망적인 기분이야. 처음에는 열심히 정말 열심히 공부했어. 그 이후 신경을 안정시키기 위해 별 수 없이 클로로포름을 다시 도피처로 삼았지. 그 효과는 끔찍했어. 여드레 내내 그 때문에 시달리고 있지. 내 신경이 갈가리 찢어지는 느낌이야. 그러나 클로로포름을 복용해 다시 안정되고 싶은 충동을 억제하고 있어. 그것은 파멸로 다가서는 길이란 것을 아니까 말이야."(HKA I, 469)

시인의 무의식에서 분출되는 악몽 같은 음산한 이미지들이 밤의 정원을 가득 채운다. 여기서 '하얀 잠'은 "마약 중독에 대한 암시"[26]로 해석할 수 있다. 하얀 잠은 자기학대와 자기도취, 죄책감과 쾌락, 공포와 환락, 현실과 초현실 사이에서 요동하는 시인의 불안정한 정신 상태를 상징한다. 말하자면 "깨어 있음과 꿈 사이, 혹은 의식과 무의식 사이의 상태"[27]를 의미한다 하겠다. 트라클에게 디오니소스적 무아경은 영혼이 육체를 떠나 현실과는 다른 차원을 여행하는 시간이다. 말하자면 하얀 잠은 죽음의 리허설이다. 산문시 「꿈과 착란」(*Traum und Umnachtung*)에서 도취적 광기에 휩싸인 시인은 절규한다. "오 죽음의 환각이여."(HKA I, 149) 약물 과다 복용으로 사망한 1914년 겨울에 쓴 「탄식」(*Klage*)에서 잠과 죽음은 하나의 머리가 된다.

> 잠과 죽음, 섬뜩한 독수리들은
> 밤새 이 머리를 싸고돌며 소리 지른다.
> Schlaf und Tod, die düstern Adler
> Umrauschen nachtlang dieses Haupt. (HKA I, 166)

26 Iris Denneler, *Konstruktion und Expression. Zur Strategie und Wirkung der Lyrik Georg Trakls*, Salzburg 1984, p. 233.

27 Rong Wang, *Bunte Welt im Verfall. Farben in der Lyrik Georg Trakls*, Heidelberg 2012, p. 129.

4. 하얀 목소리: 죽음과 피안

색이 결여된 흰색은 슬픔의 색이자 애도의 색이다. 죽은 자에게 입히는 수의는 하얗고, 죽은 이를 장례하기 위해 입는 상복에는 검은색 다음으로 흰색이 많이 사용된다. 실례로 아들을 잃은 슬픔에 잠긴 성모 마리아가 두른 망토는 흰색이다. 망자를 추모하기 위한 양초나 꽃도 대부분 흰색이다. 호엔촐레른 왕가에서는 저승에서 안식을 찾지 못한 망자의 혼을 '하얀 여인'이라 일컬었다 한다. 요컨대 흰색은 죽음을 의인화한다. 트라클의 작품에서 흰색은 이러한 죽음의 이미지와 연동되어 있다.

> 그 노래는 또한 소년을 기억나게 한다
> 그의 망상과 하얀 눈썹과 그리고 그의 죽음을.
> Lasset das Lied auch des Knaben gedanken
> Seines Wahnsinns, und weißer Brauen und seines Hingangs. (「헬리안」 (*Helian*), HKA I, 72)

죽은 소년의 망상은 백색 이미지("하얀 눈썹")로 시각화된다. 흰색이 광기와 죽음을 매개하는 다른 경우를 산문시 「계시와 몰락」(*Offenbarung und Untergang*)에서 발견할 수 있다. 이 작품에서 "하얀 목소리"는 죽음의 전령이다.

> 그러나 내가 암석 사이 오솔길을 내려갔을 때 망상이 나를 사로잡았다. 나는 밤에 크게 소리쳤다. 그리고 내가 은빛 손가락으로 침묵하는 물위로 몸을 굽혔을 때, 나는 내 얼굴이 나를 떠났음을 알았다. 그리고 하얀 목소리는 내게 말을 걸었다. 죽어버려라!

Aber da ich den Felsenpfad hinabstieg, ergriff mich der Wahnsinn und ich schrie laut in der Nacht; und da ich mit silbernen Fingern mich über die schweigenden Wasser bog, sah ich daß mich mein Antlitz verlassen. Und die weiße Stimme sprach zu mir: Töte dich! (HKA I, 169)

트라클의 시에서 오솔길은 묵상의 여유로운 산책로로서만 기능하지 않는다. 특히 한밤중에 걷는 차가운 바위틈 사이 좁은 길은 시적 화자를 죽음의 하계로 유도한다. 죽음의 모티브를 환기하는 '오솔길', '암석', '밤'의 모티브는 트라클의 시에 반복적으로 회귀한다.

죽음의 끔찍한 오솔길, [……]
밤의 암석들
die furchtbaren Pfade des Todes, [……]
die Felsen der Nacht. (「영혼의 봄」(*Frühling der Seele*), HKA I, 141)

이 길을 따라 시적 화자가 도착한 곳은 연못이다. 그러나 나르시스를 연상시키는 시적 화자는 수면 위에 비친 자신의 아름다운 얼굴을 볼 수 없다. 신화 속 나르시스처럼 손가락을 물에 집어넣어 침묵하는 물에 파문을 일으키지만 어디에서도 자신의 얼굴을 발견할 수 없다. "나는 내 얼굴이 나를 떠났음을 알았다." 더 이상 수면은 바라보는 이의 모습을 재현하는 미메시스의 거울이 아니기 때문이다. 자아와 세계, 주체와 대상 사이의 상호관계는 이미 붕괴되었다. 얼굴의 부재, 즉 주체의 소멸을 자각하는 순간 시적 화자는 자살 충동에 빠진다. 원래 신화 속 나르시스는 물에 비친 모습이 자신이라고 미처 생각하지 못하고 자신과 깊은 사랑에 빠져 결국 그 모습을 따라 물속으로 들어가 죽는다. 자기도취가 자살의 원인이었던 것이다. 그러나 이 시의 화자는 자살을 강요하는 "하얀 목소리"에 이끌려 죽음의 충동에 빠진다. 하얀 목소리의 정체는 죽음의 환청과 환각(하얀 목소리는 청각이 시각화된 공감적 표현이다)에 나포된 공포어린 시적 자아의 내면의 절규이다. 정체성 상실이 낳은 자기모멸이 자살 충동을 부추긴 것이다. 유령 같은 하얀 목소리가 섬뜩한 이유는 여기에 있다. 하인리히 골드만(Heinrich Goldmann)은 하얀 목소리를 이렇게 해석한다. "하얀색은 자살을 명령하는 목소리에게 비모방적 공감각으로서 비정상적인 아우라를 부여한다. 이 아우라는 밝고 순수하지 않고 창백한 유령과 같다. 흰색은 섬뜩하고 유령 같은 색이며 위협적인 죽음의 영역에 속하는 색이다."[28]

트라클은 「저녁노래」(*Abendlied*)에서 죽음의 전령인 "하얀 목소리"가 깃든 연못의 물도 "하얗다"고 상상한다.

> 우리는 목이 마르면,
> 연못의 하얀 물을 마신다,
> 죽은 사람들인 우리는 홀룬더 숲 밑에 안식한다.
> Wenn uns dürstet,
> Trinken wir die weißen Wasser des Teichs,
> Erstorbene ruhen wir unterm Hollundergebüsch. (HKA I, 65)

망자가 마시는 "하얀 물"은 푸른 생명의 물이 아니다. 「헬리안」에서 하얀 물은 백골로 스며들기도 한다. 하얀 물과 하얀 영혼의 만남 속에서

---

28 Heinrich Goldmann, *Katabasis. Eine Tiefenpsychologische Studie zur Symbolik der Dichtungen Georg Trakls*, Salzburg 1957, p. 41.

흰색에 장전된 죽음의 종교적 상징성이 극대화된다.

> 저녁에 하얀 물은 백골단지로 침하한다.
> Am Abend sinkt das weiße Wasser in Graburnen. (HKA I, 69)

한편 트라클의 시세계에서 흰색은 망자의 혼령을 위로하는 백화(白花)의 이미지로 변용되기도 한다.

> 죽은 이의 하얀 속눈썹 위에 미르테가 조용히 피어 있다.
> Stille blüht die Myrthe über den weißen Lidern des Toten. (「영혼의 봄」, HKA I, 141)

미르테는 순결한 영혼을 상징하는 은색 혹은 백색 매화꽃이다. 따라서 죽은 사람의 영혼의 창("하얀 속눈썹")에 핀 미르테(Myrthe)는 타락한 인간의 영혼이 죽음의 통과제의를 거쳐 완전히 정화되었음을 알리는 위령(慰靈)의 꽃으로 읽힌다. 미혹의 현세 너머 피안에 핀 흰 꽃이 미르테의 정체인 것이다. 고통 없는 세계에서 안식하는 정화된 영혼은 평안할 수밖에 없다. 미르테가 "조용히" 피어 있다고 묘사한 이유는 여기에 있다. 그러나 흰색의 이미지가 항상 망자의 영혼을 위무하는 애도의 기능을 수행하는 것은 아니다.

> 그의 무덤 속에서 하얀 마술사가 뱀을 가지고 놀고 있다.
> In seinem Grab spielt der weiße Magier mit seinem Schlangen. (HKA I, 56)

「시편」에 등장하는 하얀 마술사는 망자의 백골을 상징한다. 여기서 흥미로운 사실은 이 혼백이 사악한 뱀과 놀고 있다는 것이다. 이 시구는 파울 첼란(Paul Celan)의 「죽음의 푸가」(*Todesfuga*)를 연상시킨다. 뱀은 유대인을 학살한 독일군 장교의 사악함을 상징한다.

> 그는 뱀을 가지고 놀고 꿈꾼다 죽음은 독일이 낳은 명인이다
> er spielt mit den Schlangen und träumet der Tod ist ein Meister aus Deutschland."[29]

이렇게 보면, 흰색은 죽음 이후의 영생과 안식에 대한 기독교의 믿음을 우롱하는 악령의 색채 이미지로 기능한다. 「밤을 위한 로맨스」(*Romanze zur Nacht*)의 마지막 연에 등장하는 "하얀 손"도 내세에 대한 경건한 신앙과 죽음이 지닌 숭고한 종교적 위엄을 조롱한다.

> 사자(死者)는 하얀 손으로
> 벽에 히죽히죽 침묵을 그린다.
> Der Tote malt mit weißen Hand
> Ein grinsend Schweigen an die Wand (HKA I, 16)

이처럼 흰색은 망자의 영혼을 정화하기도 하고 타락시키기도 한다. 트라클의 흰색에서는 기독교적 구원에 대한 뜨거운 갈망과 죄악의 심연에서 해방될 수 없다는 허무주의적 절망이 대치하고 있다. 흰색은 신성의 색이자 악령의 색인 것이다. 하인리히 골드만이 적시한 것처럼, "죽

---

29 Paul Celan, *Gedichte in zwei Bänden*, Bd. 1, Frankfurt am Main 1981, p. 42.

음 모티브와 연관된 트라클의 흰색은 양가적이고 양극적이다."[30]

한편 트라클의 시에서 흰색이 갖는 죽음의 상징성은 검은색과의 대조를 통해서 더욱 또렷해진다. 칸딘스키의 색채 이론에 따르면, 흰색은 기쁨과 순수를 상징하고 검은색은 슬픔과 죽음을 상징한다. "흰색이 순수한 기쁨과 때 묻지 않은 순결의 의상으로 선택되는 것은 당연하다. 또 검은색이 가장 크고 깊은 슬픔의 의상으로서, 죽음의 상징으로서 선택되는 것도 마찬가지이다."[31] 그러나 트라클의 시에서 흰색과 검은색은 모두 죽음의 이미지를 시각화하기 위해 선택된다. 트라클 시의 미학적 현대성이 발현되는 지점은 여기이다. 흑백 이미지의 대비가 극명한 「길 따라서」(*Entlang*)의 2연을 읽어 보자.

> 어두운 울타리에 과꽃들
> 하얀 아이에게 가져오렴.
> 우리 오래 전에 죽었음을 말하려무나.
> 태양은 검게 나타나려 한다.
> Astern von dunklen Zäunen
> Bring dem weißen Kind.
> Sag wie lang wir gestorben sind;
> Sonne will schwarz erscheinen. (HKA I, 106)

"어두운 울타리"는 죽음의 검은색을 강하게 환기한다. 그 안에 핀 "과꽃"의 색은 명기되어 있지 않지만 흰색으로 가정한다면, 과꽃 역시 죽음

30 Heinrich Goldmann, *Katabasis. Eine Tiefenpsychologische Studie zur Symbolik der Dichtungen Georg Trakls*, Salzburg 1957, p. 57.

31 바실리 칸딘스키, 『예술에서의 정신적인 것에 대하여』, 95쪽.

을 상징하는 흰 조화(弔花)로 해석할 수 있다. 이렇게 추론할 수 있는 근거를 이어지는 두 행에서 찾을 수 있다.

> 하얀 아이에게 가져오렴.
> 우리 오래 전에 죽었음을 말하려무나.

보이지 않는 시적 화자는 아이에게 오래 전에 죽은 사람들에게 과꽃을 헌화하라고 명령한다. 요컨대 과꽃은 추모의 꽃인 것이다. 망자에게 흰 꽃을 바치는 "하얀 아이"의 이미지도 죽음의 흰색으로 채색된다. 그리고 죽음의 아우라로 가득 찬 세상에 "검은 태양"이 뜬다. 죽음의 서클인 "검은 태양"은 "어두운 울타리"와 은유적 결속 관계를 맺고 있다. 정리해 보면, 이 시의 색조 구성은 검은색(울타리) ─ 흰색(과꽃) ─ 흰색(아이) ─ 검은색(태양)으로 이루어졌다. 트라클 특유의 죽음의 미학이 흑백의 대조적 이미지를 통해 표현된 작품으로 평가할 수 있다. 죽음의 모티브와 연관된 흑백의 대립적 이미지를 「저주받은 자들」에서도 볼 수 있다.

> 밤은 검다. 유령처럼 푄은 팽창한다
> 방랑하는 소년의 하얀 잠옷
> 그리고 나직이 그의 입속으로 죽은 여인의 손이 파고든다.
> 소냐는 부드럽고 아름답게 웃는다.
> Die Nacht ist schwarz. Gespenstisch bläht der Föhn
> Des wandelnden Knaben weißes Schlafgewand
> Und leise greift in seinen Mund die Hand
> Der Toten. Sonja lächelt sanft und schön. (HKA I, 104)

「길 따라서」의 2연은 러시아 절대주의 회화의 창시자 카지미르 말레비치(Kazimir Malevich)의 <검은 원>(*Black Circle*)을 연상시킨다. 모든 색을 완전히 배제하고 마지막으로 남은 흰색과 검은색은 각각 트라클이 추구하는 부정의 미학의 시원이자 궁극으로 읽힌다. 모든 구체적인 형상을 제거하고 남은 단순한 기학학적 형태는 트라클 시학이 지향하는 정신의 절대성을 대변하고 있는 것으로 보인다. 흰 사각형 오른편 상단에 위치한 검은 원은 '하얀' 아이 위에 뜬 '검은' 태양으로 읽힌다.

그림 2. 카지미르 말레비치, 〈검은 원〉, 1913년 참조 (p. 18)

5. 하얀 이방인: 영혼과 방랑

우리는 가시덤불 울타리에서
하얀 발걸음으로 방랑한다.
Wandern wir mit weißen Schritten
An der dornigen Hecke hin (「편력」(*Wanderschaft*), HKA I, 401)

트라클의 시에서 흰색은 영혼의 색조이자 고난의 길을 편력하는 이방인의 색채이다. 트라클에게 지상의 물질적 현실은 덧없고 세속적인 것으로, 정신세계의 입법자인 영혼은 신성한 불멸의 존재로 인식된다. 따라서 영혼은 현실의 논리와 타협할 수도 없고, 지상에 편안히 정착할 수도 없다. 그래서 영혼은 방랑한다. 트라클이 그토록 죽음의 문제에 천착한 사정도 지상에는 영혼의 안식처가 없다는 그의 신념에서 찾을 수 있다. 마르틴 하이데거는 트라클의 시를 분석한 「시에서의 언어」(*Die Sprache im Gedicht*)에서 시인의 영혼이 왜 몰락을 향해 순례할 수밖에 없었는지를 다음처럼 간파했다.

> 몸은 영혼의 감옥이다. 플라톤 식으로 보면, 감각적인 것의 영역은 참으로 존재하는 것이 아니라 소멸하는 것에 지나지 않기에, 영혼은 가능한 한 빨리 감각적인 것의 영역을 떠나는 것 이외에 달리 아무런 전망이 없는 것처럼 보인다.[32]

감각적인 현실의 세계에서 해방된 영혼은 지상에서 '낯선 것'이다. 트라클의 시세계에서 '낯선 것'은 이질적인 것, 친밀하지 않고 불편한 것 그 이상을 뜻한다. 낯선 것은 기성의 현실 논리와 가치 체계에 정착하는 것을 단호히 거부하고 삶의 고유한 본성을 찾아 편력하는 방랑자를 상징한다. 하이데거는 형용사 '낯선'(fremd)의 어원에서 트라클 시의 선천적 기질인 방랑을 도출한다.

> 고대 고지 독일어 'fram'에서 유래한 'fremd'라는 낱말은 본래, '다른 곳을 향해 나아가는', '향해 가는 도상에서', '이전에 간직된 것을 향하여'를 뜻한다. 낯선 것은 먼저 방랑한다. 그러나 그것은 아무런 예정도 없이 어찌할 바를 모른 채 주변을 떠돌아다니는 것이 아니다. 낯선 것은 방랑하는 것으로서 자신이 머무를 장소를 향해 찾아 간다. '낯선 것'은, 자신에게는 거의 드러나 있지 않지만, 자신의 고유함을 찾아 길을 떠나가라는 부름을 이미 따르고 있다.[33]

---

32 마르틴 하이데거, 『언어로의 도상』, 신상희 옮김, 나남, 2012, 59쪽.

33 마르틴 하이데거, 『언어로의 도상』, 60쪽.

‘낯선 것’의 내부에서 울리는 존재의 명령은 길을 떠나라는 것이다. ‘낯선 것’의 권리가 보장되는 곳은 길 위의 고독이다. 말하자면 낯선 것의 정체는 지상을 편력하는 이방인인 것이다.

시간의 혼잡에서 멀리 떠나
[……]
그 이방인은 어둠 속에서 몸을 떤다
그가 인간적인 것 너머로 눈꺼풀을 조용히 떠올릴 때
Ferne dem Getümmel der Zeit
[……]
Also zittert im Dunkel der Fremdling,
Da er leise die Lider über ein Menschliches aufhebt. (「호엔부르크」, HKA I, 87)

이방인은 세속의 시간의 굴레(“시간의 혼잡”)에서 벗어나기 위해, 지상의 가치(“인간적인 것”)로부터 이탈하기 위해 암중모색한다. 이방인은 떠남의 부름을 받고 전율하고 있는 것(“몸을 떤다”)이다. 여기서 흥미로운 지점은, 이방인의 본성이 흰색 이미지로 표현되고 있다는 것이다. 「죽음의 일곱 노래」(*Siebengesang des Todes*) 중 다섯 번째 노래는 다음과 같다.

빛나는 자 자기별을 향해 두 손을 들었다
하얀 이방인
죽은 이는 침묵하며 몰락한 집을 떠난다.
Strahlender hob die Hände zu seinem Stern
Der weiße Fremdling;

Schweigend verläßt ein Totes das verfallene Haus. (HKA I, 126)

하얀 이방인은 죽은 사람이다.(혹은 지상에서는 이미 죽은 것과 진배없는 사람이다.) 요컨대 하얀 이방인은 혼령이다. 이 혼령의 안식처는 집이 아니다. 집은 이미 몰락했다. 그래서 그는 집을 떠나 밤의 나라로 방랑을 시작한다. 이 영혼이 도달하고픈 최종 기착지는 별이다. 빛나는 영혼("빛나는 자")이 자신의 별을 향해 나가는 것은 당연하다.

천천히 그 뜨거운 이마는
하얀 별들에 고개 숙인다.
Langsam beugt die heiße Stirne
Sich den weißen Sternen zu (「어느 황량한 방에서」(*In einem verlassenen Zimmer*), HKA I, 25)

별은 트라클 시학의 형이상학적 좌표이다. 그렇다고 별은 구원의 메시아가 아니다. 트라클의 시학은 선불리 종교와 화해하지 않는다. 오히려 별은 절망의 광원이다.

그들의 숙환은 유령처럼 틀어박혀 있다.
별들은 하얀 슬픔을 퍼뜨린다.
Ihr Siechentum schließt geisterhaft sich ein.
Die Sterne wieße Traurigkeit verbreiten. (「황혼」(*Dämmerung*), HKA I, 48)

요컨대 몰락을 향한 '낯선 것'(이방인)의 신성한 순례가 트라클 시의 궤적이다. 하이데거는 트라클 시의 본질에 이렇게 다다른다.

시인은 영혼이라는 '낯선 것'이 몰락 속으로 나아가는 저 오솔길 위로 파송되어 있는 것을 바라보고 있다. 이른 시기에 죽은 이가 먼저 죽어간 저 엄청난 죽음에게 그 몰락은 몸을 숙여서 순응한다. 노래하는 이로서 형제는 먼저 죽은 이를 따라 죽어간다. [……] 영혼은 저녁의 나라를 향해 방랑한다. 그 나라는 결별한 곳의 정신에 의해 철저히 지배되고 그 정신에 따라 성스럽게 존재한다.[34]

트라클은 어두운 절망의 심연조차도 순수한 예술적 가치를 지닌 언어로 승화시킨다. 흰색 이미지를 통해 트라클 시의 운동 방향을 이렇게 정리할 수 있다. 시인 트라클을 체현하는 "하얀 이방인"은 "하얀 슬픔"의 진앙인 "하얀 별"을 향해 "하얀 발걸음"으로 편력한다. "정신에 의해 철저히 지배되고 그 정신에 따라 성스럽게 존재"하는 백색의 왕국을 향한 시혼의 고통스러운 순례가 트라클 시학의 동선이다. 이렇게 트라클의 시세계에서 하얀색은 중첩됨으로써 독보적인 상징성을 획득한다. 트라클의 흰색 이미지에서 말레비치의 <하양 위의 하양>(*White on White*)이 떠오르는 이유는 여기에 있다. 말레비치는 흰색의 의미를 이렇게 피력한다.

나는 흰색의 세계로 탈출했다. [……] 나는 절대주의의 신호기를 꽂았다. 헤엄쳐라! 자유롭게 흰 바다, 무한대가 그대 앞에 놓여 있다.[35]

모든 색을 배제하고 남은 단 하나의 색으로서의 흰색과 모든 형상을 제거하고 남은 유일한 사각형은 물질적 세계를 초월한 순수 정신의 절대성을

---

34 마르틴 하이데거, 『언어로의 도상』, 111~112쪽.

35 진중권, 『서양미술사. 모더니즘 편. 미학의 눈으로 보는 아방가르드 시대의 예술』, 휴머니스트, 2011, 112쪽.

대변한다. 요컨대 정신의 영도(零度) 상태가 하얀 사각형의 정체인 것이다. 이 하얀 사각형 속에 트라클의 시혼이 잉태되어 있다. 이 무한대의 흰색이 트라클 시학의 자궁이다. 그림 3. 카지미르 말레비치, 〈하양 위의 하양〉, 1918년 참조 (p. 18)

* * *

지금까지 언급한 흰색의 함의를 정리해 본다.

첫째, 흰색은 트라클 시학의 기본색으로 해석될 수 있다. 순수에 대한 동경, 미지의 공포에 대한 불안, 도시 문명에 대한 환멸, 존재의 소외, 꿈과 환각, 소멸과 죽음, 방랑하는 영혼 등 트라클 시의 핵심 주제가 흰색 이미지 속에 내재되어 있기 때문이다. 흰빛이 프리즘을 통해 다양한 색으로 분광되듯이 트라클의 흰색은 주제 변용의 다양한 가능성이 잉태된 잠재태이다. 흰색에 대한 칸딘스키의 상상은 트라클의 흰색이 갖는 본질을 잘 대변한다. "흰색은 죽은 것이 아닌, 가능성으로 차 있는 침묵인 것이다. 정확히 말하자면 시작하기 전의 무(無)요, 태어나기 전의 무인 것이다."[36]

둘째, 흰색은 양가적이다. 흰색은 기성의 문화적, 종교적 의미 자장(磁場) 속에서 형성된 긍정적 가치(순결, 결백, 가벼움, 밝음, 지혜 등)와 트라클의 시적 상상력 속에서 창조된 부정적 가치(공포, 불안, 소외, 절망, 슬픔, 소멸, 죽음)를 동시에 갖는다. '죽음'이라는 단일한 소재 안에서도 상반된 두 의미가 병치한다. 흰색은 파멸을 계시하고("하얀 목소리") 동시에 죽음을 애도한다("하얀 속눈썹"). 말하자면 악마성("하얀 손")과 신성("하얀 빵")이라는 두 얼굴을 지닌 야누스인 것이다.

---

36 바실리 칸딘스키, 『예술에서의 정신적인 것에 대하여』, 94쪽.

제2장

붉은색

제2장
붉은색

1. 붉은 숲: 서정과 성찰

트라클의 시세계에서 붉은색은 가을의 색이다. “기타소리 가득한 붉은 숲에서”(「기타소리 가득한 붉은 숲에서」(*Im roten Laubwerk voll Guitarren*), HKA I, 17)라는 시구가 보여주듯이, 단풍으로 붉게 물든 숲의 고독을 청명한 기타소리가 위무한다. 낭만적 서정성을 고무하는 전형적인 가을 풍경이다. 가을의 정취를 표현하기 위해 동원된 색조 형용사 ‘붉은’은 「저녁 내 마음」(*Zu Abend mein Herz*)에서도 발견된다.

> 붉은 단풍나무는 살랑거린다.
> 나그네에게 길가 조그만 주막이 보인다.
> Der rote Ahorn rauscht.
> Dem Wanderer erscheint die kleine Schenke am Weg. (HKA I, 32)

붉은 단풍잎의 시각적 이미지는 독일 낭만주의 문학을 대표하는 ‘살랑거리다'(rauschen)라는 동사의 음향적 율동과 호응을 이루며 가을의 서정성을 한껏 고조시킨다. 바람결에 흔들리는 붉은 잎은 나그네에게 잠시 쉬어 갈 곳을 가리켜 주는 배려의 손짓, 말하자면 방랑하는 영혼의 고독과 피로를 보듬어 주는 연민의 손길로 읽힌다.

또한 붉게 물든 낙엽은 존재의 외로운 거처를 따뜻하게 밝혀 주는 불빛의 이미지로 전환되기도 한다. 트라클의 초기시 「미라벨 궁에서 울리는 음악」의 다음 시구가 그 실례이다.[1]

> 잎은 고목에서 붉게 떨어져
> 열린 창문을 통해 돌며 들어온다
> 불빛이 방에서 달아오른다
> Das Laub fällt rot vom alten Baum
> Und kreist herein durchs offne Fenster
> Ein Feuerschein glüht auf im Raum (HKA I, 18)

시인은 잎이 '붉다'고 표현하는 대신 잎이 "붉게" 떨어진다고 묘사하고 있다. 붉은색을 형용사가 아니라 부사로 사용한 것이다. 떨어지는 낙엽의 움직임을 붉은 이미지로 채색함으로써 낙엽의 퇴로에 참신한 활력을 불어넣으려는 의도로 읽힌다. 낙엽은 땅바닥으로 추락하지 않고 바람

1 레기네 블라스(Regine Blass)는 트라클 창작기를 4단계로 구분했다. 제1기(1906~1909) '습작기'는 아직 시어의 선택과 이미지 활용이 미숙한 단계라면, 제2기(1909~1912) '초기'는 서정시의 운율과 각운을 따르며 분명한 주제와 구성적 특징을 보여준다. 초기 작품들은 대부분 1913년 간행된 『시집』(*Gedichte*)에 수록되었다. 제3기(1912~1913) '중기'에 쓴 작품은 대부분 자유리듬 형식의 시로서 『꿈속의 제바스치안』(*Sebastian im Traum*)(1914년)에 수록되었다. 제4기(1914) '후기'는 불완전한 문장 형태, 이미지의 극단적인 비약, 절대은유, 표현주의적 강렬함의 특징을 지닌다. 대부분 <브렌너>(*Der Brenner*)에 게재됐다.(Vgl. Regine Blass, *Die Dichtung Georg Trakls. Von der Trivial Sprache zum Kunstwerk*, Berlin 1968, p. 24~45.)

을 타고 집 안으로 들어온다. 여기서 흥미로운 것은, 붉은 낙엽의 이미지가 실내를 밝히는 불빛 이미지와 조응한다는 점이다. 붉은 낙엽은 불씨와 새로운 전이의 계약을 맺는다. 낙엽의 하강("붉게 떨어져")이 온도의 상승("달아오른다")으로 연결되는 것이다.

붉게 물든 나뭇잎과 불의 연관성은 「변신」(*Verwandlung*)에서 좀 더 분명히 드러난다.

> 정원들을 따라, 가을답게, 붉게 그을린다.
> 여기 침묵 속에서 유용한 삶이 나타난다.
> Entlang an Gärten, herbstlich, rotversengt:
> Hier zeigt im Stillen sich ein tüchtig Leben. (HKA I, 41)

트라클은 가을 정원에 늘어선 나무들의 단풍 진 잎을 불에 그을린 잎으로 상상한다. 그러나 이 홍엽(紅葉)은 더 이상 쓸모없는 퇴물을 의미하지 않는다. 오히려 그을린 잎은 계절의 진정성, 즉 가을을 가을답게 만드는 데 기여한다. 여기서 가을다움이란 계절의 변화에 따른 풍경의 변화만을 의미하지 않는다. 붉은 색조로 상징되는 가을은 번잡한 일상에서 벗어나 바람직한 삶("유용한 삶")을 성찰하는 시간을 제공한다는 측면에서 가을답다는 것이다.

그러나 붉은색과 가을의 서정을 연계하는 트라클의 시적 상상력을 참신하다고 평가할 수 없다. 낭만주의 문학 전통에 기댄 트라클의 붉은색 사용법은 관습적이다. 미적 인상주의 색조 표현법의 범주를 크게 벗어나지 못한 붉은색은 장식적 차원에 머무는 한계가 있다. 따라서 트라클의 붉은색이 지닌 다른 상징성에 주목해야 한다. 트라클의 시에서 전형적인 가을색인 붉은색이 긍정적인 함의만을 갖는 것은 아니다. 「고독한 자의 가을」(*Der Herbst des Einsamen*)에서 묘사된 "붉은 숲"은 더 이상 위안과 성찰의 공간을 제공하지 못한다.

> 붉은 숲에서 한 떼의 가축이 길을 잃는다.
> Im roten Wald verliert sich eine Herde. (HKA I, 109)

트라클의 시에서 붉은색은 항상 가을의 낭만과 고독을 존중하기 위해 동원되는 것은 아니다. 붉은 숲에서 가축의 무리는 좌표를 잃고 헤맨다. 말하자면 붉은색은 혼돈의 공간을 시각적으로 암시한다. 붉은색이 지닌 이와 같은 부정적인 상징성에 주목할 필요가 있다.

2. 붉은 사냥꾼: 공포와 파괴

"자연은유(Naturmetapher)에서 사회은유(Sozialmetapher)로의 전향"[2]은 트라클 시학의 특징이다. 예컨대 불안정한 기상 상태는 문명 사회의 불길한 미래를 예고한다. 「서양」(*Abendland*)에서 폭풍우를 동반한 낙조는 서구 문명의 위기와 인류 파멸을 예보한다.

> 폭풍 실은 구름 속에
> 섬뜩한 저녁놀.
> 너희 죽어가는 민족이여!

---

2 William Rey, *Georg Trakl: Die Nacht. In: Poesie der Antipoesie. Moderne deutsche Lyrik. Genesis, Theorie, Sturktur*, Heidelberg 1978, p. 237.

Schaurige Abendröte
Im Sturmgewölk.
Ihr sterbenden Völker! (HKA I, 139)

두려워 몸서리치는 붉은 저녁놀은 세계 파국의 징후이자, 그 몰락을 지진계처럼 예감하고 있던 시인의 정신 상태를 상징한다. 제1차 세계대전 최전선에 투입되어 전쟁의 처참함을 경험했던 트라클은 「마을에서」에서 임박한 유럽 문명의 폭발을 붉은색 이미지로 계시한다.

창문을 통해 붉은 저녁바람이 덜컹거린다.
검은 천사가 그곳에서부터 등장한다.
Durchs Fenster klirrt der rote Abendwind;
Ein schwarzer Engel tritt daraus hervor. (HKA I, 64)

붉은 바람은 타락천사이자 지옥의 제왕인 루시퍼("검은 천사")의 등장을 현시한다. "그때 주님께서 당신이 계신 곳 하늘에서 소돔과 고모라에 유황과 불을 퍼부으셨다. 그리하여 그 성읍들과 온 들판과 그 성읍의 모든 주민, 그리고 땅 위에 자란 것들을 모두 멸망시키셨다."(창세기 19장 24절)는 성경의 구절처럼 붉은색은 묵시록적 파멸의 배후로 기능해왔다. 이러한 종말론적 환시(幻視)를 촉발하는 공포의 붉은색은 「뇌우치는 저녁」에서도 발견된다.

오, 붉은 저녁 시간이여!
열린 창가에서 번쩍이며 흔들리는
포도넝쿨이 푸름 속으로 어지럽게 뒤엉켜 있고,
그 안에 공포의 유령이 둥지를 틀고 있다.

먼지는 하수 도랑의 악취 속에서 춤춘다.
바람은 덜거덕거리며 유리창에 부딪친다.
번개는 거친 준마(駿馬)의 행렬을,
굉음을 내는 구름을 몰아친다.

연못의 수면이 시끄럽게 파열한다.
갈매기들은 창틀에서 울어댄다.
화염의 기사들은 언덕에서 뛰어올라
전나무 숲에서 불꽃으로 부서진다.

환자들은 병원에서 비명을 지른다.
밤의 깃털이 파랗게 붕붕거린다.
번쩍이며 한꺼번에
비가 지붕 위로 쏟아져 내린다.

O die roten Abendstunden!
Flimmernd schwankt am offenen Fenster
Weinlaub wirr ins Blau gewunden,
Drinnen nisten Angstgespenster.

Staub tanzt im Gestank der Gossen.
Klirrend stößt der Wind in Scheiben.
Einen Zug von wilden Rossen
Blitze grelle Wolken treiben.

Laut zerspringt der Weiherspiegel.
Möven schrein am Fensterrahmen.

Feuerreiter sprengt vom Hügel
Und zerschellt im Tann zu Flammen.

Kranke kreischen im Spitale.
Bläulich schwirrt der Nacht Gefieder.
Glitzernd braust mit einem Male
Regen auf die Dächer nieder. (HKA I, 27)

형식과 내용의 대치가 극명하다. 이 시는 매연 십자각운(a-b-a-b)을 철저하게 지켜 음악성을 극대화한 4연 4행시(Vierzeiler)이다. 율각도 엄격히 따랐다. 총 16개의 시행은 예외 없이 8음절 4각 강약격(trochäischer Tetrameter)으로 이루어졌다. 그러나 전통적인 시 형식의 조화로운 질서에 담겨 있는 시적 전언은 아름답지 않다. 도처에서 혼돈과 불안이 번개처럼 요동치고 울음과 비명이 천둥처럼 울린다. 내용과 형식의 불일치라는 측면에서 보면, 이 작품은 표현주의 시의 효시로 공인된 야콥 판 호디스(Jacob van Hoddis)의 「세계종말」(*Weltende*)의 변주로 읽힌다.[3] 호디스의 시를 비롯해 트라클 시가 보여주는 형식과 내용의 부조화는, 자아와 세계 사이의 상호 관계가 해체된 상태, 즉 혼란에 빠진 인간의 불안정한 내면과 방향을 상실한 유럽 문명사회를 언어적 차원으로 재현한 것이다. 표현주의 작가 프란츠 베르펠(Franz Werfel)은 「올해에 부치는 잠언」(*Aphorismus zu diesem Jahr*)에서 세기전환기 유럽에 팽배해 있던 말세적 분위기를 조화를 중재하는 접속사 '그리고'가 역모를 일으킨 상황으로 묘사한다.

3 포옹각운과 십자각운으로 이루어진 2연 4행시 「세계종말」은 폭풍우, 해일 등과 같은 천재지변의 비유를 통해 빌헬름제국의 속물화된 시민계층의 붕괴를 예언한다.

우리는 아무것도 조망할 수 없는 무시무시한 상황으로 내몰렸다. 우리 내면으로 광기와 절망이 실려 온다. 우리는 어떠한 질서의 힘으로도 통일될 수 없는 개별성 앞에 무력하게 서 있을 뿐이다. 인간과 인간, 사물과 사물, 인간과 사물들 사이를 이어주던 '그리고'가 반란을 일으켰다.[4]

트라클의 「뇌우치는 저녁」에서 전망부재의 "무시무시한 상황"의 임박을 알리는 불길한 깃발은 붉은색이다. "붉은 저녁 시간"은 저녁노을로 하늘이 붉게 물드는 낭만적인 일몰의 시간이 아니라 강력한 뇌우를 동반한 소나기구름, 즉 붉은 적운(積雲)의 진군으로 인해 하늘이 점령당한 공포의 시간을 뜻한다. 이 붉은 시간은 곧 지상으로 침투한다. 인간의 거처를 먼저 공격한다. 방어는 애당초 불가능하다. 바람을 타고 하강한 붉은 공포의 기습에 대책 없다.("열린 창가에서 번쩍이며 흔들리는") 인간이 경작하는 포도밭도 예외가 될 수 없다. 어지럽게 꼬여 있는 포도넝쿨은 혼돈의 시간이 지상으로 내려왔음을 상징한다. 트라클의 시세계에서 푸른색은 "원초적 순수성", "초감각적 정신성", "심오한 신성"과 같은 긍정적인 가치를 대변한다. 그러나 강력한 붉은색의 공격 앞에 푸름의 아우라도 속수무책이다. 자고이래로 붉은색은 "모든 색의 왕"[5]으로 인식되었다.[6] 동물의 야성과 자연의 원시성을 표현하기 위해 붉은색을

4 Franz Werfel, *Aphorismus zu diesem Jahr*. In: *Die Aktion*, 4/1914, p. 903. zitiert nach Thomas Anz u. Michael Stark(Hg.), *Manifeste und Dokumente zur deutschen Literatur 1910～1920*, Stuttgart 1982, p. 115.

5 Margarete Bruns, *Das Rätsel Farbe. Materie und Mythos*, Stuttgart 2006, p. 41.

6 힌두교 우파니샤드 경전의 다음 구절은 붉은색이 우주의 근원색임을 보여준다. "타오르는 불의 붉은색은 불의 색이고, 불의 흰색은 물의 색이고, 불의 검은색은 흙의 색이다."(파버 비렌, 『색채의 영향』, 김진한 옮김, 시공사, 1996, 13쪽.)

애용한 표현주의 화가 프란츠 마르크는 붉은색의 위력을 이렇게 언급했다.

> 빨강은 잔인하고 무겁고 혹독하기 이를 데 없어서 파랑과 노랑은 끊임없이 빨강과 싸워서 이기지 않으면 안 된다.[7]

트라클의 시세계에서 붉은색의 동세를 압도하는 색은 없다. 붉은 공포의 유령은 푸른색을 제압하며 어둠 속 넝쿨에 새로운 진지를 구축한다.("그 안에 공포의 유령이 둥지를 틀고 있다") 「마음」(*Das Herz*)에서도 붉은색은 푸른색과의 대비를 통해 세계 몰락과 파멸의 이미지를 극대화한다.

> 저녁의 푸른 비둘기는
> 화해를 가져오지 못했다.
> [……]
> 찢겨진 깃발 하나
> 피로 연기되어 오른다.
> Des Abends blaue Taube
> Brachte nicht Versöhnung.
> [……]
> Eine zerfetzte Fahne
> Vom Blute rauchend. (HKA I, 154)

---

7 Franz Marc, *Brief an A. Macke*. In: Werner Haftmann, *Die Malerei im 20. Jahrhundert*, München 1965, p. 155.

2연과 3연에서는 위기의 징후가 구체적으로 나타난다. 흥미로운 점은, 두 연의 시행이 정확히 대구를 이루고 있다는 사실이다. 2연과 3연의 1~2행은 모두 뇌우가 몰아치기 직전의 상황을 묘사한다. 광풍이 불어 배수구의 먼지(2연 1행)와 연못의 수면(3연 1행)이 미친 듯이 뒤흔들린다. 계속해서 질풍은 유리창을 타격하고(2연 2행) 창틀에 앉은 갈매기의 불안(3연 2행)을 증폭시킨다. 집(문명)과 자연, 사물과 동물 모두 몰락의 공포에 사로잡혀 있는 것이다. 한편 2연과 3연의 3행~4행은 천둥번개 치는 장면으로 대구를 이룬다. 2연의 3~4행은 천둥번개 치는 불안정한 대기의 동태를 묘사하고 있다면, 3연의 3~4행은 번개를 맞아 불타는 숲의 풍경을 그린다. 2연에서 귀청이 떨어질 듯 내려치는 번개를 품고 빠르게 이동하는 적운이 "거친 준마의 행렬"로 비유된다면, 준마는 빠르게 움직이는 맹렬한 붉은 적운의 은유이다. 준마는 모든 것을 무자비하게 파괴하는 파멸의 집행자이다. 준마는 아테나가 예술의 여신 뮤즈에게 선사한 천마 페가수스가 아니다. 뮤즈의 사랑을 한 몸에 받은 축복의 천마가 아니다. 3연에서 숲을 강타한 번개로 인해 발생한 화재를 끄기 위해 황급히 돌진하는 "화염의 기사들"의 죽음은 "불꽃"으로 형상화된다. 여기서 화염의 기사 모티브는 에두아르트 뫼리케(Eduard Mörike)의 「화염의 기사」(*Der Feuerreiter*)에서 차용한 것이다.

거기 붉은 모자가 또다시?
봐라! 그가 분노하며 재빨리 뛰어오른다.
Dort die rote Mütze wieder?
Schaut! da sprengt er wütend schier.[8]

8 Eduard Mörike, *Werke und Briefe*, Historisch-Kritische Gesamtausgabe. Herausgegeben von Hubert Arbogast, Bd. I: Gedichte, Stuttgart 2003, p. 79.

뫼리케는 불이 난 물레방앗간을 진화하기 위해 말을 타고 달려가는 화염의 기사와 그의 의로운 죽음을 애도한다. 화염의 기사는 민간 신앙에서 붉은 모자를 쓰고 화재 현장에 나타나 불을 끄는 전설 속 소방관이다. 뫼리케의 화염의 기사처럼 트라클의 기사도 결국 장렬히 산화한다. 이처럼 트라클의 시에서 붉은색 이미지는 공포의 전조("붉은 저녁 시간")이자 공포의 결과("불꽃", 즉 죽음)를 형상화하기 위해 사용된다.

공포의 파급력은 막강하다. 4연에서 공포의 불꽃은 전나무 숲을 넘어 도시로 번진다. 환자들은 위기를 직감하며 비명을 지른다. 밤의 여린 속살("밤의 깃털")도 공포에 치를 떤다. 그 순간 뇌우가 친다. 천둥과 번개를 동반한 비가 내리기 시작한다. 여기서 비가 쏟아지는 장면도 붉은색 이미지로 표현된다. 트라클은 붉은 적운에서 내리는 비가 붉다고 생각한 것이다. 번개에 의해 번쩍번쩍 빛나는 빗방울을 불꽃으로 상상한 것이다. 물과 불의 상극이 결합되면서, 말하자면 지상의 모든 것을 집어삼키는 화염과 폭우가 하나의 이미지로 상봉하면서 공포는 극대화된다. "파랗게" 질린 대기와 그 속에서 사방으로 튀기는 붉은 비의 선명한 색조 대비를 통해 공포가 전면화된다.[9] 결국 붉은색 이미지("붉은 저녁 시간")로 시작한 이 작품은 붉은색 이미지에서 절정에 도달한다. 불꽃은 정지된 붉은색이 아니라 움직이는 붉은색이다. 그런 만큼 불꽃은 강력한 공포의 메시지를 설파하는 상징으로 적합하다. 이 붉은 공포에 나포된 인간의 눈은 어떤 모습일까? 아르놀트 쇤베르크(Arnold Schönberg)는 <붉은 응시>(*Der rote Blick*)에서 세계 몰락의 기미를 응시하는 눈주위를 붉

9 트라클은 보색대비 효과를 활용해 독자의 심중에 강렬한 인상을 남긴다. 예컨대 「악의 변신」(*Verwandlung der Bösen*)의 다음 시구는 보색관계에 있는 붉은색과 초록색의 대치를 통해 인간에 내재한 악마성을 선명한 이미지로 가시화한다. "개암나무 숲 아래서 초록색 사냥꾼은 어떤 짐승의 내장을 끄집어낸다. 그의 양손에서 피의 연기가 나고 있다."(HKA I, 97)

게 그렸다. 그림 4. 아르놀트 쇤베르크, 〈붉은 응시〉, 1910년 참조 (p. 19)

지금까지 살펴보았듯이 「뇌우치는 저녁」에서는 전통적인 서정적 자아가 부재한다. 그러나 요에르크 셰퍼(Joerg Schaefer)가 트라클의 자연시의 특징으로 언급한 "무자아성"(Ichlosigkeit)에서 트라클의 심정이 드러난다.

> 트라클의 시에는 자아가 나타나지 않는다. 서정시의 관습적 요소인 자아를 통한 대상의 제압이 사라지면서 사물은 갑자기 희귀하고 낯선 자신의 특성을 지니게 된다. [……] 그러나 여기서 '사물시'가 탄생하는 것이 아니라 여과된 표현으로서의 인간정신의 체험이 나타난다.[10]

트라클의 시는 시적 자아의 개입을 부인하지만 그럼에도 불구하고 시인의 정신 상태를 표현한다. 이 역설의 미학이 트라클 시의 개성이다.

한편 산문시 「계시와 몰락」에서 불꽃같은 '빗방울' 이미지는 속죄의 '핏방울' 이미지로 변주되기도 한다.

> 그리고 누이의 은빛 상처로부터 피가 흘러내렸고 불같은 비가 내 위로 떨어졌다.
>
> Und leise rann aus silberner Wunde der Schwester das Blut und fiel ein feuriger Regen auf mich. (HKA I, 169)

트라클은 손아래 누이동생 그레테를 사랑했다. 이 근친상간의 욕망이 낳은 죄책감이 트라클 시 도처에서 발견된다. 트라클에게 누이의 고

---

10 Joerg Schaefer, *Georg Trakl. Der Herbst des Einsamen*. In: *Gedichte der Menschheitsdämmerung. Interpretationen expressionistischer Lyrik*, München 1971, p. 23f.

통은 곧 자신의 고통이었다. 그래서 누이가 흘리는 피는 트라클의 원죄의식을 자극한다. 트라클에게 고통과 죄는 붉은색 이미지로 각인되어 있다.("모든 죄와 붉은 고통", 「가을의 영혼」(*Herbstseele*), HKA I, 107) 누이의 영혼의 생채기에서 떨어지는 피는 "불같은 비"가 되어 트라클을 향해 신의 심판처럼 떨어진다. 트라클에게 붉은색은 외면하고 싶은 정신적 외상을 부단히 환기시키는 공포의 악령인 것이다.

붉은색은 공포를 조성할 뿐만 아니라 파괴를 주도한다. 트라클의 시에서 짐승을 잡는 유렵(遊獵) 행위인 사냥은 붉은색으로 가시화된다.

> 숲에서부터 붉게 사냥은 내려간다.
>
> Rot vom Wald niedersteigt die Jagd. (「탄생」(*Geburt*), HKA I, 115)

붉은색은 사냥과 밀접한 연관성이 있다. 붉은색은 사냥의 표적인 포유류의 피를 상징하며 사냥의 성공을 기원하며 치러지는 의식에서도 중요한 역할을 수행한다.[11] 트라클의 산문 「꿈과 착란」(*Traum und Umnachtung*)에서도 사냥 행위의 주체인 사냥꾼은 붉은색으로 채색된다.

> 폭풍 같은 전나무들이 황혼 위로 무겁게 스러졌고 붉은 사냥꾼이 숲속에서 나타났다.
>
> Schwer sanken die stürmischen Tannen über Dämmerung und der rote Jäger trat aus dem Wald. (HKA I, 148)

---

11 안느 바리송, 『세계를 물들인 색』, 채인아 옮김, 도서출판 이종, 2012, 104～105쪽 참조. 많은 사냥 부족들은 붉은색이 사냥 능력을 강화시켜 준다고 믿었기 때문에 사냥을 떠나기 전 몸과 머리카락에 적토나 붉은 안료를 바른다.

전나무가 스러진 사건과 붉은 사냥꾼이 등장한 사건 사이에 연관성을 찾기 어렵다. 서사의 개연성을 부정하고 이미지의 논리적 연속성을 해체하는 전형적인 "표현주의 병렬문체"(expressionistischer Reihenstil)[12]가 사용된 것이다. 하지만 두 사건 사이에 보이지 않는 내적 관계맺음을 추론해 볼 수 있다. 우선 사냥꾼은 숲속에서 짐승을 살해하고 귀환했으리라고 추측할 수 있다. 그의 손에 피가 묻었을 것이다. 그래서 "붉은 사냥꾼"이다. 그가 신성한 숲의 질서를 교란한 결과 전나무는 전복된다. 여기서 흥미로운 측면은, 쓰러진 전나무도 붉은색 이미지로("황혼") 묘사된다는 것이다. 붉은색은 파괴의 집행자이자 희생자를 상징하는 것이다. 붉은색의 양면성은 「가을의 영혼」의 다음 시구에서도 나타난다.

> 사냥꾼들의 외침과 피의 울부짖음
> Jägerruf und Blutgebell (HKA I, 107)

붉은 피의 울부짖음의 의미는 이중적이다. 파괴의 욕망으로 들끓는 사냥꾼의 피를 뜻할 수도 있고, 사냥의 희생물이 흘리는 피로 해석할 수도 있기 때문이다.

---

12 Karl Eibl, *Expressionismus*. In: Walter Hinderer(Hg.), *Geschichte der deutschen Lyrik vom Mittelalter bis zur Gegenwart*, Stuttgart 1983, p. 425.

3. 붉은 망치: 활력과 욕망

붉은색은 활력의 색이다. 붉은색은 생명의 피를 상징한다. 색채 심리학자 안느 바리숑(Anne Varichon)은 붉은색이 생명의 색으로 수용된 신화적 배경을 다음처럼 설명한다.

> 히브리에서 전승되는 이야기에 따르면, 최초의 인간은 붉은 점토로 만들어졌다고 한다. 신이 최초의 인간을 아담이라 이름 지은 것은 히브리어로 'dom'이 '피'를, 'adama'가 '인간의 대지'를 의미하기 때문이다. 라틴어로 'adamus'는 '붉은 흙으로 만든'이란 의미가 있다. 폴리네시아에서는 신이 어느 섬 해변의 붉은 모래로 최초의 생명체인 여성을 만들었고, 티베트에서는 신들이 붉은 피부를 가진 남자를 만들었다고 한다.[13]

이처럼 태초의 인간탄생 신화는 붉은색과 연동되어 있다. 붉은색이 생명의 시원이라는 상상에는 동서양의 경계가 없다.

트라클의 시에서 붉은색은 살아있는 생명의 힘을 상징한다. 세계 몰락과 파멸에 대한 예감, 심리적 불안과 우울로 점철된 트라클의 암울한 시세계에서 유독 활기를 띠는 색은 붉은색이다. 「헬리안」의 다음 시구가 예이다.

> 복숭아는 붉게 잎 속에서 작열한다
> 부드러운 소나타, 즐거운 웃음
> Rötlich glüht der Pfirsich im Laub;

13 안느 바리숑, 『세계를 물들인 색』, 85~86쪽.

Sanfte Sonate, frohes Lachen. (HKA I, 69)

붉은색은 뜨겁고 자극적이다. 붉은색은 사람의 눈에 가장 잘 띄는 색이다. 빛의 스펙트럼 색 가운데 붉은색이 가장 빠르게 망막에 도달하기 때문이다. “사람에게 빨강은 혈압, 맥박 수, 호흡, 피부 반응(땀)을 높이고 뇌파를 자극하는 경향이 있다. 또한 눈에 띄게 근육이 반응(수축)하고, 매우 자주 눈을 깜박거리게 된다.”[14] 그래서 붉은색은 사람의 마음을 동요하게 만든다. 트라클의 시에서도 붉은색은 강력한 유혹의 신호이다. 위에 인용한 시에서 붉게 익은 복숭아는 초록색 잎과의 선명한 보색대비를 이루며 보는 이의 마음을 붙잡는다. 한여름 작열하는 복숭아의 붉은색은 “소나타”의 선율처럼 사람의 영혼을 유쾌하고 활발하게 만든다.

붉은색과 초록색의 보색대비를 통해 생명의 원초적 힘을 극대화한 다른 사례를 「태양」(*Die Sonne*)에서 발견할 수 있다.

초록색 연못에서 물고기가 붉게 솟구친다.
Rötlich steigt im grünen Weiher der Fisch. (HKA I, 134)

청기사파의 기수였던 표현주의 화가 칸딘스키는 자신의 독창적인 색채이론을 정립한 『예술에서의 정신적인 것에 대하여』에서 붉은색의 상징적 의미를 다음처럼 규정한다.

초록색과의 보색: 빨강은 원시적이고 민예적인 장식에 즐겨 사용되었으며 민족 고유의 복장에도 많이 이용되었다. 왜냐하면 빨강은 야외에서

14 파버 비렌, 『색채의 영향』, 40쪽.

초록의 보색으로서 각별히 아름답게 작용하기 때문이다. 이처럼 빨강은 주로 물질적이고 대단히 능동적인 성격을 갖는다.[15]

트라클의 시에서 물고기는 떠오르는 붉은 태양처럼 초록빛 수면을 박차고 솟구친다. 붉은색은 지상과 하늘, 물과 불을 연결하는 원초적인 생명력을 대변한다. 잔뜩 움츠렸다가 폭발적인 에너지로 튀어 오르는 강력한 생의 의지가 물고기를 붉게 만드는 것이다. 초록색과 이웃한 붉은색의 역동적인 울림이 가장 잘 표현된 시구는 「농부들」(*Die Bauern*)에서 발견된다.

창문 앞에서 울리는 초록과 빨강
Vorm Fenster tönendes Grün und Rot. (HKA I, 33)

이 장면은 오스카 코코슈카의 <음악의 힘>(*Die Macht der Musik*)을 떠올리게 한다. 초록색 옷을 입은 남자가 연주하는 나팔 소리에 도취되어 붉은색 옷을 입은 여인이 황홀하게 춤을 추고 있는 모습을 그린 작품이다. 그림 5. 오스카 코코슈카, 〈음악의 힘〉, 1919년 참조 (p. 19)

「작은 음악회」(*Kleines Konzert*)에서도 붉은색은 열정적인 태양의 이미지와 포개지면서 강력한 마력을 방사한다.

꿈처럼 너를 뒤흔들어 움직이게 만드는 빨강
네 두 손을 통해 태양이 빛난다.
넌 환희에 도취되어 네 심장을 느낀다

15 바실리 칸딘스키, 『예술에서의 정신적인 것에 대하여』, 권영필 옮김, 열화당, 2010, 97쪽.

Ein Rot, das traumhaft dich erschüttert

Durch deine Hände scheint die Sonne.

Du fühlst dein Herz verrückt vor Wonne (HKA I, 42)

붉은 태양은 붉은 심장을 상징한다. '너'를 향한 '나'의 사랑의 열정이 붉게 타오른다. 이처럼 붉은색은 타오르는 구애의 심장처럼 생기 넘치고 활동적이며 적극적이다. 붉은색은 사람의 마음을 나포하는 강렬한 에너지이다. 붉은색은 욕망을 자극한다. 이런 맥락에서 하이데거는 트라클의 시에 나타난 붉음을 "육체의 진홍빛"[16]이라 표현했다.

트라클의 시에서 붉은색은 남성의 성적 욕망에 대한 은유이다.

남성적인 것이 침묵하는 물 위로 붉게 구부린다.

Männliches rot über schweigende Wasser geneigt. (「세월」, HKA I, 138)

남성의 성적 욕망은 생명의 모태이자 여성성의 핵심인 "물"을 지향한다. 여기서 주목해야 할 사실은, 트라클의 시가 남성중심주의적이라는 측면이다. 트라클의 시세계에서 대개 남성은 행위의 적극적인 주체로 설정된다면, "침묵하는 물"이란 표현이 암시하듯이 여성은 수동적인 객체로 묘사된다. 이러한 여성상은 「젊은 하녀」(*Die junge Magd*) 10연에서도 발견된다.

대장간에서 망치소리 요란하고

16 마르틴 하이데거, 『언어로의 도상에서』, 신상희 옮김, 나남출판사, 2012, 104쪽.

그리고 그녀는 문 곁을 스쳐 지나간다.
하인은 벌겋게 달아올라 망치를 흔들고
그리고 그녀는 죽은 듯이 넘겨본다.
In der Schmiede dröhnt der Hammer
Und sie huscht am Tor vorüber.
Glührot schwingt der Knecht den Hammer
Und sie schaut wie tot hinüber. (HKA I, 13)

트라클 초기시의 전형인 십자각운(a-b-a-b)의 4행시이다. 남성의 성적 욕망이 붉은색(대장간의 불꽃)을 통해 선정적으로 분출되는 1연과 3연의 마지막 시어는 "망치"이다. 강력한 남성성을 상징하는 단어로 각운을 통일한 시적 전략으로 읽힌다. 트라클은 각운뿐만이 아니라 두운(Alliteration)의 음악성도 치밀하게 고려했다. 거의 매 시행에서 출현하는 초두음(<u>Sch</u>miede/<u>sch</u>wingt/<u>sch</u>aut)이 동일음으로 발성된다. 2연과 4연의 5번째 단어의 초두음(<u>T</u>or/<u>t</u>ot)도 일치한다. 또한 2연과 4연의 서두에서 반복적으로 사용된 접속사 '그리고'(Und)와 인칭대명사 '그녀'(sie)는 여성의 수동적 자세를 음향적으로 부각시킨다. 남성의 행동을 보고 난 이후에 비로소 반응하는 수동적인 존재로 여성을 부각시키기 위한 의도적인 단어 배치로 읽힌다. 남성은 풀무로 화로의 불을 피워 쇠를 달군 뒤 망치로 메질과 담금질을 반복하는 활동 주체라면 여성을 남성 옆을 스쳐 지나가며 그를 엿보는 관찰자일 뿐이다. '그녀'(하녀)에게서 자율적 행동의지를 발견하기는 어렵다. 대장장이의 욕망의 덫에 걸린 하녀는 이미 죽은 존재("죽은 듯이")와 다름없기 때문이다. 괴테가 『색채론』에서 규정한 붉은색의 특징은 대장장이와 붉은색의 내적 연관성을 뒷받침한다.

능동적인 영역에서 최대한의 에너지에 도달하며, 정열적이고 건강하며 거친 사람들이 특히 이 색을 좋아한다는 것은 놀라운 일이 아니다.[17]

「풍경」(*Landschaft*)에서도 남성의 성적 욕망은 붉은색 이미지로 노골적으로 표현된다. 권병준의 분석처럼 "적색은 남근의 힘을 상징"[18] 한다.

> 대장간에서 불꽃이 튀긴다.
> 검은 말 한 마리 힘차게 뒷발로 선다.
> Feuer sprüht in der Schmiede.
> Gewaltig bäumt sich ein schwarzes Pferd. (HKA I, 83)

대장간은 남성의 힘이 전시되는 곳이다. 전쟁에 필요한 무기를 제작함으로써 지배의 욕망을 벼리고 담금질하는 곳이다. 그리고 이와 같은 남성의 호전성은 성적 욕망과 연결되어 있다. 인용한 시에서 대장간의 "불꽃" 이미지는 "검은 말" 이미지와 연계되면서 남성의 성적 욕망이 선명하게 가시화된다. 시인은 붉은색이 검정색과 만나면 선동적으로 변하는 색채 대비 효과를 노린 것이다. 검은색과 붉은색의 대비는 「젊은 하녀」의 다음 시구에서 잘 드러난다.

> 그리고 그녀는 고통으로 응고되어 전율한다.
> 피가 어둠을 관통하여 방울져 떨어진다.

---

17 요한 볼프강 폰 괴테, 『색채론』, 장희창 옮김, 민음사, 2003, 252쪽.

18 권병준, 「게오르크 트라클 문학에 나타난 은유의 색채상징」, 『독일언어문학』, 제31집, 2006, 249쪽.

Und sie starrt von Schmerz geschüttelt.
Röte träufelt durch das Dunkel. (HKA I, 13)

이처럼 고통을 상징하는 붉은색의 이미지는 밤의 어둠 속에서 선명하게 가시화된다. 이런 풍경은 「겨울 해질녘」에서도 발견된다.

금속의 검은 하늘.
붉은 폭풍 속에 십자가들이 펄럭인다.
Schwarze Himmel von Metall.
Kreuz in roten Stürmen wehen. (HKA I, 20)

그렇다면 트라클의 시에서 강력한 성적 욕망이 암약하는 이유는 무엇인가? 트라클은 유년기 절제력이 부족했던 신경과민의 어머니 슬하에서 심각한 정신 분열을 체험했다.[19] 트라클은 어머니의 자궁을 갈망하는 오이디푸스가 될 수 없었다. 대신에 그는 여동생에게서 결핍된 사랑의 욕망을 보상받고자 했다. 하지만 여동생과의 근친상간은 시민사회에서 결코 허용될 수 없는 윤리적 금기였다. 트라클의 죄의식은 우울증과 자기파괴적 정신착란증으로 이어졌다. 트라클이 이른 나이부터 알코올과 약물중독에 빠진 이유는 여기에 있다. 따라서 트라클의 시에서 나타나는 왜곡된 성벽, 즉 여성을 지배하려는 욕망은 어머니의 사랑을 받지 못하고 성장한 유년기의 트라우마를 보상받으려는 무의식적 소원 충족의 표현이자, 누이와의 결코 이루어질 수 없는 사랑에 대한 집착과 억압된 충동이 타자, 특히 사회적 약자(하녀, 창녀)를 향해 발현된 것으로 해석할

19 Vgl. Hans Szklenar, *Georg Trakl. Eine biographischer Abriß*. In: Heinz Ludwig Arnold(Hg.), *Georg Trakl*, Text+Kritik, Heft 4/4a, Sttutgart 1969, p. 43f.

수 있다. 트라클의 시에서 누이는 여성의 절대적인 이상으로 숭배되지만 나머지 여인들은 성적 희생물이자 멸시받는 약자로 그려진다. 따라서 트라클의 여성관에 대한 조두환의 다음과 같은 분석은 의미심장하다.

> 어머니의 사랑을 제대로 받아보지 못한 트라클은 대인관계, 특히 여성에 대한 정상적인 감성 표현에 장애를 느낀다. 그의 작품에 나타난 여인상은 고통의 암어인 누이동생 이외에는 매우 거칠게 표현되고 있다. 그는 자신의 공허감을 정상적인 이성이 아니라 하녀나 창녀들 같은 대리모적 대상들에게서 채우려 한다.[20]

4. 진홍빛 깃발: 축제와 정화

붉은색은 축제의 색이다. 중국의 결혼식장을 치장한 붉은 천은 기쁨과 축복을 상징한다. 인도의 홀리 축제에서는 풍요를 기원하며 적토에서 추출한 붉은 물감을 서로에게 뿌린다. 프랑스 축제의 개막식장은 붉은색 깃발로 장식된다.[21] 무엇보다도 붉은색은 군중심리를 자극하여 사람들을 흥분시키기 위해 효과적인 색이다. 칸딘스키의 생각도 흡사하다. 그는 붉은색의 축제적 성격을 튜바의 저음과 트럼펫의 팡파르에 비유한다. "빨강은 음악적으로 말하면 완강하게 파고드는 강한 음색과 같은 튜바의 배음적(陪音的) 음향과 함께 트럼펫의 팡파르의 음향을 상기시킨다."[22] 공교롭게도 붉은색에 대한 트라클의 상상력은 칸딘스키의 색채론

---

20 조두환, 『게오르크 트라클. 검은 바람 속의 방랑자』, 건국대학교출판부, 1996, 72~73쪽.

21 안느 바라송, 『세계를 물들인 색』, 90~95쪽 참조.

과 유사하다. 두 연의 각 4행이 포옹각운(a-b-b-a)으로 결합된 「트럼펫」(*Trompeten*)의 전문을 읽어보자.

갈색 아이들이 놀고 있고 나뭇잎이 휘날리는
가지 친 버드나무 아래에서 트럼펫이 울린다. 교회묘지의 전율.
진홍색 깃발이 단풍나무의 슬픔을 헤치며 추락한다
호밀밭, 인적 없는 물방앗간을 따라서 달리는 기사.

혹은 밤이면 목동들이 노래 부르고 사슴의 무리 찾아든다
그들의 모닥불 둘러앉은 자리로, 숲속 태고의 슬픔 속으로.
검은 담에서 춤추는 자들 일어선다.
진홍색 깃발, 웃음, 광란, 트럼펫.
Unter verschnittenen Weiden, wo braune Kinder spielen
Und Blätter treiben, tönen Trompeten. Ein Kirchhofsschauer.
Fahnen von Scharlach stürzen durch des Ahorns Trauer,
Reiter entlang an Roggenfeldern, leeren Mühlen.

Oder Hirten singen nachts und Hirsche treten
In den Kreis ihrer Feuer, des Hains uralte Trauer,
Tanzende heben sich von einer schwarzen Mauer;
Fahnen von Scharlach, Lachen, Wahnsinn, Trompeten. (HKA I, 47)

대조적인 이미지들의 병치가 눈에 띈다. 놀고 있는 아이들의 천진함과 묘지가 내뿜는 두려움, 말 타고 달리는 기사의 역동성과 인적 없는

---

22 바실리 칸딘스키, 『예술에서의 정신적인 것에 대하여』, 96쪽.

방앗간의 고요함, 목동의 노래와 숲의 슬픔, 웃음과 광기가 맥락 없이 병치하고 있다. 1연과 2연에서도 첨예한 대치 형국이 보인다. 서로 다른 두 공간에 이질적인 시간대(낮과 밤)가 특별한 연관성 없이 대면하고 있다. 그럼에도 불구하고 두 연은 내밀히 소통한다. 두 연에 각각 한 번씩 반복 출현하는 "진홍색 깃발", "슬픔", "트럼펫" 덕분이다. 따라서 서로 관련 없어 보이는 세 시어 사이의 '은유적 결속'을 살피는 것이 이 작품을 이해하는 관건이다.

1연의 진홍색 깃발의 의미는 이중적이다. 먼저 진홍색 깃발은 붉게 물든 단풍잎을 가리킨다. 붉은색이 가을의 시각적 상징으로 사용된 것이다. 동시에 펄럭거리는 진홍색 깃발의 움직임은 공중에 울려 퍼지는 트럼펫 소리를 상징한다. 진홍색 깃발은 청각을 시각화한 공감각적 표현인 것이다. 여기서 진홍색 깃발은 모두 슬픔의 정서와 상통한다. 망자의 영혼을 진혼하기 위해 교회 공동묘지에서 울리는 트럼펫 소리와 나무에서 떨어지는 잎의 처지는 모두 허망하게 슬프다. 슬픔의 정조가 짙게 배어 있는 묘지 주변에서 노는 아이들의 표정도 명랑해 보이지는 않는다. 아이들의 유희를 "갈색"으로 묘사한 이유는 여기에 있다. 트라클의 시에서 갈색은 황량함, 불행, 죽음 등을 대변한다.[23] 아이들의 놀이터도 아름답지 않다. "가지 친 버드나무 아래"는 쓸쓸하고 황량해 보인다. 추수한 곡식을 빻는 "물레방앗간"에도 인적이 없다. 황급히 그곳을 스쳐 지나가는 기사의 질주도 공허하다. 이런 맥락에서 보면, 1연의 트럼펫 소리는 축

23 칸딘스키는 붉은색에 검은색이 첨가되어 만들어지는 갈색을 이렇게 규정한다. "검은색에 의해 침잠되는 것은 위험하다. 왜냐하면 죽음의 검은색은 작열하는 열기를 가라앉혀 최소한으로 감소시키기 때문이다. 이때 무디고, 생경하고, 거의 운동이 불가능한 갈색이 생겨난다. 그리고 이 갈색에서 빨강은 거의 듣기 힘든 부글거리는 소리를 낸다."(바실리 칸딘스키, 『예술에서의 정신적인 것에 대하여』, 98쪽.)

제의 시작을 알리는 팡파르가 아니다. 짙은 붉은색 이미지로 채색된 트럼펫 소리는 죽음과 슬픔과 공허를 알리는 신호이다.

그러나 2연의 진홍색 깃발은 축제의 깃발이다. 붉은색은 축제 분위기를 고조시킨다. 목동들이 지펴 놓은 모닥불이 어둠을 삼킨다. 트라클의 시에서 목동은 불결한 지상에서 해방된 순결한 존재의 표상이다. 양치기는 세상의 모든 소란과 불안으로부터 벗어나 자연 속에서 자신의 존재론적 고독과 대화한다. 트라클이 추구하는 방랑하는 영혼, 즉 시인의 상징인 것이다. 이 목동이 함께 모여 노래를 부른다. 트라클이 추구하는 예술의 향연, 시혼의 축제를 벌인 것이다. 시인의 신화적 시조(始祖)인 오르페우스의 칠현금이 자연과 동물들을 감흥 시켰듯이, 목동의 노래는 숲속에 사는 사슴들의 영혼과 교감한다. 자연과 인간이 예술을 매개로 '신비적 합일'(unio mystica)을 이루는 장면으로 읽힌다.

목동들이 벌린 은밀한 축제의 현장을 방문한 사슴의 무리는 "태고의 슬픔"을 상징적으로 체현한다. '태고의 슬픔'은 1연의 슬픔과는 차원이 다르다. 1연의 슬픔이 죽음과 쇠락이 낳은 비통과 유사하다면, 2연의 슬픔은 결코 구원될 수 없는 세계에 사는 생명체의 존재론적 비애에 가깝다. 후자의 슬픔은 초역사적이다. 이런 근본적인 슬픔은 극복되거나 지양될 수 없다. 트라클이 슬픔 앞에 '태고의'라는 형용사를 덧붙인 까닭은 여기에 있다. 트라클에게 시인의 본분은 이 태고의 슬픔을 노래하는 것이다. 목동들은 태고의 슬픔 앞에 결코 절망하지 않는다. 오히려 이 근본적인 우울을 축제의 환희로 승화시킨다. 목동들은 자리에서 일어나 춤을 추기 시작한다. 모닥불에 비친 목동의 그림자들도 덩달아 춤을 춘다.

　　검은 담에서 춤추는 자들 일어선다.

질 들뢰즈는 『니체와 철학』(*Nietzsche et la Philosophie*)에서 춤의 기능을 "전환의 긍정적 힘"으로 설명한다.

> 춤은 무거움을 가벼움으로 전환시키고, 웃음은 고통을 기쁨으로 전환시킨다.[24]

이렇게 춤과 함께 고통이 기쁨으로 승화되는 순간 "진홍색 깃발"이 펄럭인다. 그리고 환희의 웃음은 도취의 광기와 뒤섞인다. 에마뉘엘 레비나스(Emmanuel Levinas)는 춤의 자동성이 갖는 본질을 이렇게 언급한다. "자신의 자유 속에서 마비된 의식이 놀이하며, 존재는 완전히 이 놀이 속에 흡수되어버린다."[25] 춤은 자아를 망각하게 만든다. 춤은 의식을 마비시킨다. 춤은 리듬에 정신과 몸을 위탁하게 만든다. 춤은 존재를 도취상태에 빠지게 한다. 이 축제의 현장에서 팡파르가 울린다. 칸딘스키가 붉은색에서 상상한 "완강하게 파고드는 강한 음색"을 지닌 트럼펫 소리가 울려 퍼지는 것이다.

지금까지 설명한 축제의 과정이 마지막 시행에 압축되어 있다. "진홍색 깃발, 웃음, 광란, 트럼펫." 진홍색 깃발의 펄럭임과 트럼펫의 '붉은' 소리가 하나로 이어지면서 축제의 환희(웃음)와 도취(광란)가 결합된다. 이 순간 존재는 슬픔과 고통으로 점철된 기성의 세계로부터 해방되어 다른 세계로 진입할 수 있는 자유를 획득한다. 트라클이 표현하고자 했던 축제의 본질적 기능은 여기에 있다.

---

24 질 들뢰즈, 『니체와 철학』, 이경신 옮김, 민음사, 2001, 332쪽.

25 에마뉘엘 레비나스, 『존재와 다르게. 본질의 저편』, 김연숙, 박한표 옮김, 인간사랑, 2010, 245쪽.

이처럼 트라클은 춤에서 도구적 이성에 의해 희생된 삶의 본성을 발견한다. 아폴론적 사회질서 속에서 금지되고 배척되던 디오니소스적 파토스, 순수 감각, 원시적 생명력을 목도한다.26 이런 트라클의 문제의식은 동시대 표현주의 화가들의 생각과 흡사하다. 예컨대 「시편」의 다음 시구는 에밀 놀데(Emil Nolde)의 <촛불 댄서>(*Candle Dancers*)를 연상시킨다. 공교롭게도 1912년 「시편」이 쓰였고 같은 해 <촛불 댄서>가 그려졌다. 그림 6. 에밀 놀데, 〈촛불 댄서〉, 1912년 참조 (p. 20)

> 태양신을 영접하는
> 남쪽 바다의 어느 섬. 사람들이 북을 두드린다.
> 여인들은 덩굴 식물과 개양귀비 꽃 속에서 엉덩이를 흔들대고,
> 바다가 노래 부를 때, 오 우리의 잃어버린 낙원이여!
> Es ist eine Insel der Südsee,
> Den Sonnengott zu empfangen. Man rührt die Trommeln.
> Die Frauen wiegen die Hüften in Schlinggewächsen und Feuerblumen,

---

26 붉은색을 생의 파토스와 연결하는 상상력의 전범은 니체의 시 「이 사람을 보라!」(*Ecce homo!*)에서 발견할 수 있다. "그렇다! 나는, 나의 태생을 알고 있다!/ 불꽃처럼 싫증내지 않고 작열해서는,/ 나는 자신을 먹어치우는 것이다./ 내가 움켜잡는 것은 모두 빛이 되고,/ 내가 버린 것은 모두 숯이 된다./ 틀림없이 나는 불꽃이다."(Friedrich Nietzsche, *Sämtliche Werke*. Kritische Studienausgabe in 15 Bänden. Bd. 3, München 1988, p. 367.) 오르한 파묵의 소설 『내 이름은 빨강』에서도 붉은색은 세밀화가 엘레강스의 생에 대한 열정과 투혼을 상징한다. 이 소설의 다음 구절은 니체의 시 「이 사람을 보라」의 붉은색 모티브의 변용으로 읽힌다. "나는 빨강이어서 행복하다! 나는 뜨겁고 강하다. 나는 눈에 띈다. 그리고 당신들은 나를 거부하지 못한다. 나는 숨기지 않는다. 나에게 있어 섬세함은 나약함이나 무기력함이 아니라 단호함과 집념을 통해 실현된다. 나는 나 자신을 밖으로 드러낸다. 나는 다른 색깔이나 그림자, 붐빔 혹은 외로움을 두려워하지 않는다. 나를 기다리는 여백을 나의 의기양양한 불꽃으로 채우는 것은 얼마나 즐거운 일인지! 내가 칠해진 곳에서는 눈이 반짝이고, 열정이 타오르고, 새들이 날아오르고, 심장 박동이 빨라진다. 나를 보라!"(오르한 파묵, 『내 이름은 빨강 1』, 이난아 옮김, 민음사, 2009, 333쪽.)

Wenn das Meer singt, O unser verlorenes Paradies. (HKA I, 55)

붉은 태양 아래 붉게 만개한 개양귀비 꽃 속에서 춤을 추는 여인들의 모습에서 놀데가 그린 춤추는 여인들의 생의 에너지가 감지된다. 트라클의 시와 놀데의 그림에서 공히 생명을 억압하는 서구 문명사회에서 벗어나 원시 자연의 낙원에서 절대적인 자유를 만끽하며 영적인 세계와 교접하고자 갈구하는 몸부림이 붉은 색채로 소용돌이친다.

한편 트라클의 시에서 붉은색은 정화의 기능을 갖는다. 기독교 신자들은 예수의 몸을 상징하는 빵을 먹고 예수의 피를 상징하는 포도주를 마신다. 예수의 피는 인간의 죄를 사해 주는 정화의 힘을 갖고 있다고 믿기 때문이다. 또한 구약시대 번제(燔祭)에서 불순하고 타락한 것을 태움으로써 신에게 봉헌하고 속죄하는 공희(供犧)의 수단으로 불이 사용되기도 했다. 이러한 성서의 모티브는 트라클 후기시에 자주 반복된다. 알프레드 도플러(Alfred Doppler)가 적시했듯이, "후기시에 묘사된 자연풍경은 성서의 원초적인 요소들로 되돌아감으로써 종교적인 특성을 부여받는다."[27] 예컨대 후기시 「뇌우」에서 붉은색 이미지는 종교적 정화의 상징성을 갖는다.

그때 눈물의 거친 물결이
낙하한다
위협하는 천둥소리 속에서
폭풍 같은 긍휼이 울린다
눈 덮인 순백의 정상 둘레에

27 Alfred Doppler, *Bemerkungen zur poetischen Verfahrensweise Georg Trakls*. In: *Sprache und Bekenntnis. Sonderband des literaturwissenschaftlichen Jahrbuchs*, Wien 1971, p. 358.

불이
찢어진 밤을 정화(淨化)한다.
Da stürzen der Tränen
Wilde Ströme herab,
Sturm-Erbarmen,
Hallen in drohenden Donnern
Die schneeigen Gipfel rings.
Feuer
Läutert zerrissene Nacht. (HKA I, 158)

앞서 분석한 「뇌우치는 저녁」에서 천둥번개와 함께 세차게 퍼붓는 폭우가 세계 파괴의 전령사였다면, 「뇌우」에서 비는 구원 없는 세계에 직면한 실존의 처절한 회한의 눈물("눈물의 거친 물결")이다. 또한 「뇌우치는 밤」에서처럼 천둥소리가 인간을 위협하는 것만은 아니다. 천둥소리 속에서 인간을 긍휼히 여기는 신의 음성, 인간의 죄를 용서하는 신의 연민이 들리기 때문이다. 번개의 역할도 다르다. 번개의 섬광으로 점화된 불꽃이 암흑의 상처를 치유한다. 이 작품에서 찢어진 밤하늘은 고통받는 존재로 의인화되어 있다. 여기서 불은 정화의 힘을 상징한다. 하지만 불이 지닌 정화력이 기동하기 위해서는 기성의 모든 것이 온전히 소각되는 죽음의 희생이 전제되어야 한다.[28] 찢어진 밤하늘의 상처에서 흐르는 붉은 피를 붉은 불이 정화한다. 그때 밤하늘에서는 이슬이 지상으

28 트라클의 심중에 각인된 뇌우라는 강력한 이미지가 촉발하는 정화와 파괴의 변증법은, 트라클이 1914년 칼 하인리히(Karl B. Heinrich)에게 보낸 편지에서도 고스란히 드러난다. "우수와 도취 사이에 길을 잃고 날마다 치유불가능해지는 상황을 바꿀 만한 힘과 욕망이 내게는 없다. 뇌우가 밀어닥쳐 나를 정화하고 파괴하길 바라는 소망만이 여전히 내 안에 있을 뿐이다."(HKA I, 532)

로 떨어질 것이다.

> 어두운 이슬은 피흘린다.
>
> Niederblutet dunkler Tau (「밤의 귀의」(*Nachtergebung*), HKA I, 164)

트라클은 맑고 영롱한 이슬조차 세계고의 상처에서 떨어지는 핏방울로 상상한다. 트라클은 현실세계에서 인간은 결코 구원받을 수 없다고 생각했다. 그는 전존재가 온전히 소각된 후에야, 즉 죽음의 문을 통과한 후에야 인간은 순수한 영혼의 세계, 비유하자면 "눈 덮인 순백의 정상"에 도달할 수 있다고 믿었던 것이다.

트라클 시에서 붉은색이 갖는 정화의 기능을 이해할 때 「서양의 노래」(*Abendländlisches Lied*)에 등장하는 "붉은 야수"의 상징성을 짐작할 수 있다.

> 오, 영혼이 밤에 날갯짓 하는 소리에
> 우리 목동들은 예전에 해지는 숲속으로 들어갔었다.
> 그리고 붉은 야수가 뒤따랐다.
> O der Seele nächtlicher Flügelschlag:
> Hirten gingen wir einst an dämmernden Wäldern hin
> Und es folgte das rote Wild. (HKA I, 119)

시인을 상징하는 목동은 신성한 숲, 다르게 표현하자면 순수한 영혼의 세계로 들어갈 자격이 있다. 이렇게 보면, 목동을 뒤따르는 "붉은 야수"는 타락한 속세에서 해방된 시인의 정화된 영혼을 상징하는 신비로운 생명체로 읽힌다.

* * *

지금까지 분석한 붉은색의 상징적 의미를 정리해 본다. 첫째, 트라클의 시에 나타난 붉은색은 주로 불과 피의 이미지를 표현하는 데 동원된다. 불씨, 불꽃, 화염, 번개 등이 '불' 이미지의 변주라면, 붉은 구름, 붉은 고통, 피처럼 떨어지는 이슬, 붉은 야수 등은 '피' 이미지의 변용이다. 둘째, 붉은색은 양가적이다. 붉은색은 가을의 낭만적 서정, 온기, 생명, 활력, 축제, 치유, 정화 등과 같은 긍정적인 가치를 상징하면서, 동시에 공포, 파멸, 폭력, 죽음, 고통, 상처 등과 같은 부정적인 가치를 대변한다. 셋째, 붉은색은 푸른색, 초록색, 검정색과의 색조 대비 효과 속에서 강렬한 시각적 상징성을 획득한다. 파란 밤을 가르는 불꽃, 초록색 연못과 붉은 물고기, 검은 말과 대장간의 불 등이 그 실례이다. 붉은색의 상징성은 이웃하는 색과의 맥락 속에서 결정된다.[29] 넷째, 붉은색은 명사를 수식하는 형용사뿐만 아니라 동사를 강조하는 부사로 사용된다. 원래 형용사인 '붉은 빛을 띤'(rötlich)이 부사처럼 활용될 경우 상황과 사건에 시적 긴장을 부여한다. 예컨대 '붉은 물고기가 초록색 연못에서 튀어오른다'는 표현에서보다 "초록색 연못에서 물고기가 붉게 솟구친다"는 표현에서 물고기의 생명력이 좀 더 시적인 이미지로 부각된다.

29 Vgl. Eva Heller, *Wie Farben wirken. Farbpsychologie, Farbsymbolik, Kreative Farbgestaltung*, Hamburg 2004, p. 13.

제3장

황금색

제3장
황금색

1. 황금빛 수레: 가을의 광휘

트라클은 사계절 가운데 가을을 선호한다. 제목 속에 가을이 직접 표기된 작품이 총 8편이 있고, 그 밖의 다른 시에서도 가을이란 단어는 자주 등장하며, 가을을 연상시키는 이미지 역시 빈번히 출몰한다.[1] 여기서 트라클은 가을의 정조를 긍정적인 차원에서 형상화하기 위해 특히 황금색을 애용한다.

첫째 황금색은 가을의 태양을 대변한다. 「기타소리 가득한 붉은 숲에서」의 첫 연에 잘 묘사되어 있다.

1 계절시 총 21편 가운데 여름을 대상으로 한 시는 3편에 불과하고, 봄과 겨울을 노래한 시는 각각 4편이다. 여기서 흥미로운 사실은, 트라클의 시세계에서 여름은 독립적인 계절로 다루어지기보다는 가을의 전단계로, 겨울은 가을의 종착지로 묘사된다는 것이다. 요컨대 가을은 트라클 계절시의 중축이다. 가을을 제목으로 단 8편의 시는 다음과 같다. 「가을에」(*Im Herbst*), 「변용된 가을」(*Verklärter Herbst*), 「어느 가을 저녁」(*Ein Herbstabend*), 「가을의 영혼」, 「고독한 자의 가을」, 「채색된 가을」(*Farbiger Herbst*), 「가을의 귀향」(*Herbstlich Heimkehr*), 「가을」(*Herbst*).

기타소리 가득한 붉은 숲에서
소녀들의 노란 머리카락 나부낀다
해바라기 서 있는 담가에서.
구름 사이로 황금빛 수레가 지나간다.
Im roten Laubwerk voll Guitarren
Der Mädchen gelbe Haare wehen
Am Zaun, wo Sonnenblumen stehen.
Durch Wolken fährt ein goldner Karren. (HKA I, 17)

포옹각운(a-b-b-a: Guitarren-wehen-stehen-Karren)을 지켜 음악성을 극대화한 4연 4행시 중 첫 연이다. 시구의 형식적 차원에서 보자면, 각 행마다 9음절 약강격(Jambus)의 운각을 엄격히 따랐다. 약강격(운율), 포옹각운(압운), 4행시(시련)는 트라클의 초기시의 형식적 특징을 규정짓는 요소들이다. 가을의 낭만적 서정을 언어의 음향적 차원에서 증폭하려는 의도된 기획으로 읽힌다.

음악성 못지않게 회화성도 구성적이다. 짧은 4행 속에 세 가지 색조 형용사가 공존한다. 여기서 흥미로운 국면은, 빨강, 노랑, 황금색이 내적 연결망을 구축하며 가을의 정취를 자아내는 기능을 수행하고 있다는 점이다. 단풍으로 붉게 물든 숲의 고독을 청명한 기타소리가 위무한다. 이 붉은 숲 속에서 소녀들의 노란 머리카락(금발)이 기타소리를 타고 부드럽게 흩날린다.[2] 여기서 간과하지 말아야 할 점은, 기타(Guitarren)와 머

2 휘날리는 여성의 머리카락에 대한 애정과 집착은 세기전환기 청년양식(Jugendstil)의 예술에서 자주 볼 수 있는 장면이다. 벨기에 아르누보 화가 헨리 반 데 벨데(Henry van de Velde)는 여성의 유연한 머리카락에서 현실을 있는 그대로 모사하는 '전달선'과 차별되는 '감정선'이라는 개념을 도출한다. 그에 따르면 감정선은 머리카락처럼 미끄러지면서 휘감기면서 계속 움직이는 힘, 우리의 내면으로부터 나오는 힘, 우리의 영혼을 일깨우는 힘의 표현이다.(크리스티안

리카락(Haare)은 음성적으로 아주 친밀하다는 것이다. 색채적인 차원에서도 빨강과 노랑의 선명한 보색 대비를 통해 낭만적 서정성의 율동이 한껏 고무된다. 이 소녀상은 하인리히 하이네의 「로렐라이」(*Die Loreley*)에서 저녁 햇살이 빛나는 언덕 위에 앉아 "금박의 장신구를 반짝거리며/ 황금빛 머리칼을 빗어 내리는"[3] 아름다운 여인을 연상시킨다. 또한 소녀들이 점유한 공간도 예사롭지 않다. 소녀는 해바라기가 피어 있는 담가에 서 있다. 소녀들의 노란 머리카락과 해바라기의 노란 꽃잎이 은유적 결속 관계를 맺는다.

여기서 낭만적인 가을의 풍경을 창출하는 원천은 황금빛 태양이다. 라틴어 격언처럼 '태양은 모든 곳을 비춘다.'(Solum omnium lumen) 고래(古來)로 사람들은 황금을 태양의 속성(빛과 불)과 동일시 해왔다. 태양을 숭배하는 이집트인들은 금이 태양에서 지상으로 떨어진 천상의 불이라 상상했고, 잉카인은 금을 태양의 피라고 믿었다.[4] 트라클은 그리스 신화의 태양신 아폴론을 차용해, 태양을 "황금빛 수레"로 묘사한다. 아폴론은 태양을 실은 수레를 모는 빛의 신이다. 아폴론의 태양 마차는 기술자 신 헤파이스토스가 황금으로 만들었다. 따라서 위의 시에서 구름 사이를 통과하는 황금빛 수레의 동선은 태양의 운행 궤적이다. 이 황금수레의 바퀴살에서, 트라클의 「수난」(*Passsion*)의 시구를 인용해 달리 표현하자면 "금빛 차륜 위에서"(HKA I, 125) 황금빛 가을 햇살이 천지 사방으로 퍼지며 숲을 붉게 물들이고, 해바라기의 노랑 꽃잎을 더욱 눈

브란트슈태테 외, 『비엔나 1900년. 삶과 예술 그리고 문화』, 박수철 옮김, 애경, 2013, 387쪽 참조.) 이렇게 보면, 트라클의 시에서 춤추는 노란 머리카락은 내적 생명력의 몸짓으로 읽힌다.

3 Heinrich Heine, *Buch der Lieder*. In: *Sämtliche Schriften*. Herausgegeben von Klaus Briegleb. Bd. 1, München 1997, p. 107.

4 Vgl. Eva Heller, *Wie Farben auf Gefühl und Verstand*, Munich 2000, p. 230f.

부시게 만든다.[5] 소녀의 머리카락은 햇살을 받아 노랗게 반짝이고 붉은 숲과의 선명한 보색 대비를 통해 노란색의 찬란함이 더욱더 돋을새김 된다. 빛을 발산하는 노란 머리카락은 금발이다. 빨강, 노랑, 황금색은 무관하게 병렬로 나열되어 있는 듯이 보이지만, 기실 세 가지 색은 긴밀히 상호 연결되어 있는 것이다. 트라클 시의 색조 구성이 지닌 매력은 여기에 있다.

둘째 황금색은 구름의 색이다. 트라클의 색채 감각은 구름의 시각적 속성을 흰색 혹은 회색으로 규정하는 일반적인 통념을 용인하지 않는다. "여전히 하늘의 밀물은 황금빛 짐을 지고 있다."(HKA I, 49)는 시구가 예시하듯이, 시인에게 작열하는 황금빛 햇살을 온축(蘊蓄)한 구름은 황금색으로 인식된다. 하늘이라는 거대한 바다를 부유하는 구름("하늘의 밀물")이 태양에 충실히 부역하고 있다("황금빛 짐을 지고 있다")는 상상은 구름이 태양에 종속되어 있다는 시인의 인식에 기인한다. 트라클 시세계의 천공을 지배하는 색은 단연 황금색인 것이다. 황금빛 구름은 순수, 연대, 희망이라는 세 가지 상징적 의미로 전이된다.

① 가을의 금빛 호흡,
저녁 구름
순수!
Des Herbstes goldner Odem,
Abendwolke

5 노란색과 황금색의 친연성은 긴밀하다. 노란색이 밝게 빛나면 황금색이 된다. 트라클의 시에서 해바라기는 가을의 황금빛으로 충일하다. "아주 조용하게/ 해바라기는 자신의 황금빛을 향유한다"(「고향에서」(*In der Heimat*), HKA I, 60), "황금빛으로 해바라기는 정원의 울타리 너머로 고개를 숙였었다."(「꿈과 착란」, HKA I, 150)

Reinheit! (「귀향」(*Die Heimkehr*), HKA I, 342)

② 가을은 조용하다. 숲의 정신, 황금빛 구름이
고독한 이를 뒤따른다.
Leise ist der Herbst, der Geist des Waldes; goldene Wolke
Folgt dem Einsamen (「세월」(*Jahr*), HKA I, 138)

③ 황금빛 구름
돌로 된 황무지 위로 피어오른다.
Goldnes Gewölk
Raucht über steinerner Öde. (「뇌우」, HKA I, 157)

①이 보여주듯이, 시인은 황혼에 물든 황금빛 구름을 가을의 해맑은 영혼이 하늘로 쏟아낸 순수한 숨결이라고 상상한다. 독일 바우하우스(Bauhaus) '색채 마이스터' 요하네스 이텐(Johannes Itten)은 『색채의 예술』(*Kunst der Farben*)에서 황금색과 순수함의 연관성을 다음처럼 설명한다.

> 황금빛 노랑은 물질이 광선의 힘에 의해 최고도로 순화된 상태를 나타내는 것으로서, 하등의 중량감도 느끼지 않은 채 순수하게 진동하고 있는 상태이다.[6]

이텐의 생각처럼 트라클에게도 황금색은 순수함의 고밀도 집적체이

6 Johannes Itten, *Kunst der Farben. Subjektives Erleben und objektives Erkennen als Wege zur Kunst*, Ravensburg 1970, p. 85.

다. 모든 불순물이 제거된 순금의 이미지 속에 부패하고 타락한 세상에 대한 시인의 단호한 부정과 순수하고 순결한 세상에 대한 시인의 갈망이 투영되어 있는 것이다. 한편 순수함을 향한 트라클의 동경은 원죄 없는 유년기에 대한 동경으로 이어지기도 한다.

> 집주인의 아이들은 놀기를 멈추고 하늘의 황금을 찾는다.
> Die Kinder des Hausmeister hören zu spielen auf und suchen das Gold des Himmels. (HKA I, 56)

이 시구가 암시하듯이, 아이들의 순수한 동심은 천상의 신성("황금")과 결합된다.

②는 세속적인 현실을 떠나 신성한 숲속으로 편력하는 시적 자아("고독한 자")와 동행하는 연대의 길동무가 황금빛 구름의 정체임을 보여준다. 말하자면 황금빛 구름은 기성의 현실 논리와 가치 체계에 안주하는 것을 거부하고 삶의 고유한 본성을 찾아 나선 고독한 방랑자를 위로하는 역할을 수행한다.

③의 황금빛 구름은 불모의 땅, 황폐한 세상에서 궐기하는 일말의 희망, 한 줌의 꿈을 상징한다. 연기처럼 뭉게뭉게 피어올랐다가 아득히 사라지는 구름은 일견 덧없다. "구름은 잠깐 동안 피어올랐고/ 내가 올려다보았을 때, 이미 바람에 실려 사라졌다."[7]는 베르톨트 브레히트(Bertolt Brecht)의 시 「마리아의 추억」(*Erinnerung an die Marie A.*)의 결구처럼, 구름은 생성과 소멸의 반복을 고스란히 체화한다. 트라클도 곧 사라질 구름의 운명을 잘 알고 있다. 그럼에도 불구하고 트라클은 이 구름(희망)

---

7 Bertolt Brecht, *Gesammelte Werke in 20 Bänden.* Gedichte 1, Bd. 8, Frankfurt am Main 1967, p. 232.

이 영원하길 기대한다. 구름의 '순간성(휘발성)'에 황금의 '지속성(영원성)'을 부여한 까닭은 여기에 있다. 요컨대, 황금빛 구름이란 낭만적인 시어의 이면에는 트라클의 절망적인 현실인식이 배어 있을 뿐만 아니라 구원의 절박함이 스며 있는 것이다. 이런 맥락에서 보면, 트라클에게 순수와 연대와 희망이 소멸된 세계는 황금색이 종말을 맞은 세계에 다름 아니다. 비유하자면 황금빛 구름이 소멸하고 잿빛 구름이 군림하는 세계인 것이다.

오 죽음의 어두운 불안이여,
그렇게 황금빛은
잿빛 구름 속에서 죽었다.
O dunkle Angst
Des Todes, so das Gold
In grauer Wolke starb. (「마음」, HKA I, 154)

햇빛을 머금은 황금빛 구름이 아니라 햇빛을 차단한 잿빛 구름이 지배하는 세상은 암흑의 세계이다. 빛이란 어떤 사물이 시공간 속에 감각적으로 현상하기 위한 선험적인 근거이다. 빛이 없다면 어떤 것도 일정한 형태로 가시화될 수 없기 때문이다.

셋째, 황금색은 포도(주)의 색이다. 황금빛 햇살은 과실, 특히 포도를 영글게 함으로써 가을의 풍요를 완성한다. 트라클의 시세계에서 황금빛 포도는 세 가지 상징적 함의를 갖는다.

① 황금빛 포도와 정원의 과일로
한 해가 그렇게 놀랍게 끝맺는다.

Gewaltig endet so das Jahr
Mit goldnem Wein und Frucht der Gärten. (「성스러운 가을」(*Verklärter Herbst*, HKA I, 36)

② 오래된 지하실에서 포도주가 황금빛으로 명징하게 익는다.
또한 황금빛, 진실함이 종종 부드러운 광기에게 자신을 드러낸다.
In alten Kellern reift der Wein ins Goldne, Klare.
Auch zeigt sich sanftem Wahnsinn oft das Goldne, Wahre. (「숲가 구석」(*Winkel am Wald*), HKA I, 38)

③ 네 몸 그리 아름답게 피어오르듯이
언덕 위 포도는 황금빛으로 익어간다.
Wie dein Leib so schön geschwellt
Golden reift der Wein am Hügel. (「여인의 축복」(*Frauensegen*), HKA I, 22)

①의 황금빛 포도는 완성의 징표이다. 트라클은 황금색에서 결핍 없는 광채, 결실과 완성으로서의 가을의 색채를 읽어낸다. 시인이 가을에서 느끼는 절대고독도 완벽하다.

이런 황금빛 날의 정적은 완전하다.
Vollkommen ist die Stille dieses goldenen Tags. (「엘리스」, HKA I, 85)

말하자면 황금빛은 완전무결성의 상징이다.

②의 황금빛 포도주는 자명한 진실을 상징한다. 불순물이 혼합되지

않은 순도 높은 황금색은 포도주의 투명함과 깨끗함을 대변한다. 또한 황금은 발광(發光)한다. 이렇게 보면 "황금빛"은 은폐된 진실을 밝히는 등불이다. 그리스어로 진리, 즉 '아레테이아'(a-letheia)란 숨겨진 상태로부터 자신의 모습을 환하게 드러내고 나오는 사건이다. 한 줌의 의혹도 없는 것은 자명하고, 스스로 자기 정당성을 확립할 수 있을 만큼 명확한 것이 바로 진리인 것이다. 이런 맥락에서 트라클에게 황금빛 포도주는 존재의 진실을 깨닫게 해주는 각성의 음료수로 해석될 수 있다. 그러나 한 가지가 여전히 해명되지 않았다. 진리는 누구에게 현현하는가? 누가 황금빛 진실을 인식할 수 있는가? 트라클은 "부드러운 광기"라고 적고 있다. 시인에게 진리란 합리적인 이성의 눈으로 직시할 수 있는 대상이라기보다 완고한 현실의 논리에서 해방된 자유로운 시적 상상 속에서, 달리 말하자면 극단적인 환각으로까지 치닫지 않은 완화된 망상("부드러운 광기")을 통해서 드러나는 어떤 것이라 볼 수 있다. 이런 측면에서 보면, 황금빛 포도주는 주신(酒神) 디오니소스가 인간에게 선물로 주고 간 도취의 음료수로도 읽힌다.

③에서 황금빛으로 무르익은 포도의 충만함은 성숙한 여인의 관능적인 몸에 비유된다. 이 시구는 여인의 관능과 사랑의 충만을 황금색으로 표현한 빈분리파의 수장 구스타프 클림트(Gustav Klimt)의 <아델레 블로흐 바우어의 초상>(*Adele Bloch-Bauer's Portrait*)을 떠올리게 한다. 12년간 클림트의 연인이었던 아델레의 몸을 황금빛으로 휘감은 고혹적인 의상과 그 드레스에 수놓아진 아르누보 특유의 물결 문양, 점, 눈모양의 기하학적 패턴들은 트라클이 묘사한 황금빛 포도송이를 연상시킨다.

그림 7. 구스타프 클림트, 〈아델레 블로흐 바우어의 초상〉, 1907년 (p. 21)

일반적으로 '시학의 사계'에서 가을은 두 가지 서로 다른 상징성을 지닌다. 우선 가을이 수확의 계절임을 감안할 때, 가을은 성숙함, 충만함,

풍요로움, 기쁨, 안식, 겸허 등을 상징한다. 하지만 가을은 결실의 시간인 동시에 조락의 시간이기도 하다. 색 바랜 나뭇잎, 추락하는 열매, 서늘한 안개에 뒤덮인 저녁하늘, 이른 아침 된서리를 맞은 벌판 등은 가을이 겨울로 가는 문턱임을 타전하는 자연의 신호들이다. 이렇게 보면 가을은 성장의 종착점이자 몰락의 출발점이다. 완성과 죽음이 맞닿아 있는 자연의 시간대인 셈이다. 트라클의 시에서 가을은 대부분 몰락과 위락(萎落)으로 점철된 죽음의 풍경으로 묘사되고 있다. 「아프라」(*Afra*)의 3연을 여는 "가을의 몰락"(HKA I, 108)이란 시구가 웅변하듯이, 가을은 부패의 시간으로 인식된다. 하지만, 지금까지 가을을 다룬 트라클 시의 분석에서 밝혀졌듯이, 그의 시에서 가을의 긍정성이 완전히 배제되지 않았을 뿐만 아니라, 가을의 긍정적인 측면이 부각되는 대목마다 황금색이 중요한 역할을 수행하고 있다는 사실을 알 수 있다.

2. 한낮의 황금빛: 낙원의 정오

트라클의 시에서 황금색은 신과 인간과 자연이 평화롭게 공존하던 '황금시대'(Goldenes Zeitalter)를 지시한다. 황금시대는 고대 그리스 서사시인 헤시오도스(Hesiodos)의 『노동과 나날』에서 유래한 개념으로서 제우스 등장 이전의 시대, 즉 크로노스가 우주를 다스리던 태고의 유토피아를 가리킨다. 헤시오도스의 상상에 따르면 황금시대의 사람들은 아무런 고통도 몰랐고 이들에게 삶은 매일 축제의 연속이었다. 이들은 늙지도 않고 죽음을 단잠 드는 것처럼 생각해 전혀 두려워하지 않았다. 대지는 경작하지 않아도 스스로 풍성한 수확을 가져다주었다. 때문에 황금

종족은 욕심을 부리지 않고 모든 것을 평화롭게 분배해 생활했다.[8] 오비디우스는 『변신이야기』에서 인류의 역사를 퇴보와 타락의 역사로 해석한다. 기독교의 아담과 이브 이야기처럼 황금시대 이후 백은시대, 청동시대, 철시대로 이어지면서 인류의 역사는 점점 갈등과 다툼, 불안과 근심으로 점철된다고 본 것이다. 황금시대의 이상향에 대한 오비디우스의 묘사는 헤시오도스의 상상력에 빚지고 있다.

> 처음은 황금의 시대였다. 이 시대에는 관리도 없었고 법률도 없었다. 사람들은 저희들끼리 알아서 서로를 믿었고 서로에게 정의로웠다. [……] 대지도, 괭이로 파고 보습으로 갈지 않아도 스스로 알아서 인간에게 필요한 것들을 모자라지 않게 대어주었다. 기후는 늘 봄이었다. 서풍은 그 부드러운 숨결로, 씨 뿌린 일이 없는데도 산천에 만발한 꽃들을 어루만졌다. 때맞춰 대지는, 보습에 닿은 적이 없는데도 곡물을 생산했고 논밭은 한 해 묵는 일 없이 늘 익은 곡식의 이삭으로 황금물결을 이루었다.[9]

헤겔의 역사철학적 상상력에 따르면, 오비디우스의 황금의 시대는 예술의 정오(正午)에 해당된다. 헤겔은 인류의 역사를 하루의 시간대에 비유한다. 말하자면 신과 인간과 자연이 신비적 합일을 이룬 시대, 물질적 형태와 정신적 내용이 아름답게 조화를 이룬 고대 그리스 예술의 시대가 한낮이라면, 이후 중세 종교의 시대는 오후이고, 자신이 살고 있는 철학의 시대는 저녁 무렵이라는 것이다. 헤겔은 『법철학』 서문 결구에서 자신이 살고 있는 철학의 시대를 정당화하기 위해 "미네르바의 부엉이는 황혼이 깃들 무렵에야 비로소 날기 시작한다."[10]고 말했다. 낮이 지나

8 피에르 그리말, 『그리스 로마 신화사전』, 최애리 외 옮김, 열린책들, 2003, 702쪽 참조.

9 오비디우스, 『변신이야기』, 이윤기 옮김, 민음사, 1997, 18~19쪽.

고 찾아오는 철학의 시대와 더불어 인류의 역사는 마침내 절대정신을 구현할 수 있다고 확신했던 것이다. 헤겔은 오비디우스와 달리 인류의 역사적 진보를 낙관했다. 헤겔에게 저녁은 역사의 완성이 시작되는 시간이다. 그러나 트라클의 생각은 헤겔과 같으면서 다르다. 트라클에게 한낮은 황금시대이지만 저녁은 몰락의 시발점이다.

> 한낮의 황금빛은 흘러갔다,
> 저녁의 갈색과 푸른색:
> 목동의 부드러운 피리소리는 죽었다
> 저녁의 푸른색과 갈색
> 한낮의 황금빛은 흘러갔다.
> Verflossen ist das Gold der Tage,
> Des Abends braun und blaue Farben:
> Des Hirten sanfte Flöten starben
> Des Abends blau und braune Farben
> Verflossen ist das Gold der Tage. (HKA I, 21)

1912년 초가을에 쓴 「론델」(*Rondel*) 전문이다. 론델은 13세기 중세 프랑스에서 발생한 춤곡 형식의 원형시(Ringelgedicht) 론도(Rondeau)의 변형이다. 론델의 시행은 비교적 자유롭지만 두 가지 형식적 고유성만은 견지한다. 즉 두 개의 각운만이 사용되고, 1행과 2행의 순서가 뒤집혀 시의 결구에서 후렴구처럼 반복된다. 독일에서는 특히 바로크 시대 시인들이 애용했는데, 이들은 수미상관적 순환구조에 착안하여 론델을 룬둠(rundum)이라고 불렀다.[11] 9음절로 통일된 총 5행으로 이루어진 트라클

---

10 게오르크 빌헬름 프리드리히 헤겔, 『법철학』, 임석진 옮김, 한길사 2008, 54쪽.

의 「론델」에서도 두 개의 각운(Tage, Farben/starben)만이 사용되고, 1행이 5행에서 동일하게 반복되며, 2행과 4행 역시 색채 형용사의 순서만 바뀌었을 뿐 똑같다. 각운 구성을 보면 1행과 5행이 2~4행을 에워싸고 있는 꼴이다.(a-b-b'-b-a: Tage-Farben-starben-Farben-Tage) 3행을 중축으로 대칭을 이루고 있는 형국인데, 이는 3행이 론델의 주제연임을 강조하기 위한 의도의 소산이다. 두운 구성도 각운과 상응한다.(Ver-Des-Des-Des-Ver) 최소한의 시어와 시행을 반복 사용함으로써 음향적 효과를 극대화하기 위한 시도로 읽힌다.

이 작품은, 행의 진행 방향 측면에서 보자면, 해가 중천에 떠 있는 한낮에서 해가 저물어 저녁이 됐다가 다시 한낮이 돌아오는 상황을 노래한다. 론델의 원형구조는 시간의 순환구조에 정확히 부합한다. 이 원형성은 모종의 함의를 지닌다. 한낮은, 황금빛이라는 시어가 암시하듯이, 번영과 행복과 평안의 시간이다. 하지만 주제연인 3연의 정황을 살펴보면("목동의 부드러운 피리소리는 죽었다"), 저녁은 몰락이 시작되는 시간에 대한 은유이다. 2행의 콜론(:)이 지시하듯이 저녁은 죽음의 시간으로 연결된다. 이렇게 보면, 시간의 순환은 생의 환희와 죽음의 절망이 무한히 반복되는 운명의 고리에 다름 아니다. 수평적인 차원에서 살펴봐도, 시의 주제를 함축한 3행을 포옹하는 2행과 3행에서 색채 형용사 갈색과 푸른색의 순서가 교차됨을 알 수 있다. 일반적으로 트라클 시에서 갈색은 부패, 불행, 죽음 등 부정적 가치를 대변한다면, 푸른색은 순수, 행복, 초월 등 긍정적 가치를 상징한다.[12] 이러한 색채상징의 맥락에서

11 Vgl. Otto Knörrich, *Lexikon lyrischer Formen*, Stuttgart 1992, pp. 195~197.

12 칸딘스키에 의하면 갈색은 죽은 붉은색이다. 검은색이 역동적인 붉은색 속으로 침투해 열기를 최소한 감소시킨 상태가 갈색이다. 갈색은 "무디고, 생경하고, 거의 운동이 불가능한" 색이다. (바실리 칸딘스키, 『예술에서의 정신적인 것에 대하여』, p. 97.)

보면, "갈색-푸른색이라는 색 쌍은 속세의 부패와 초월적 영속의 대립을 상징한다."13 요컨대, 죽음과 초월의 영원회귀를 상징하는 것이다. 이 부단한 시간의 공회전에서 트라클 시 특유의 무상함과 덧없음, 그리고 우울의 아우라가 발생한다.

이 작품에 주목하는 또 다른 이유는, 이 단순한 시 형식 속에 트라클의 역사철학이 압축되어 있다는 사실이다. 1행과 5행의 한낮의 황금빛은, 앞서 헤시오도스와 오비디우스를 통해 언급했듯이, 황금시대에 대한 은유이다. 트라클이 꿈꾸는 신화의 시간, 인류의 역사가 타락의 길로 경도되기 이전의 유토피아를 의미하는 것이다. 헤겔식으로 표현하자면 예술의 시대를 가리킨다. 그러나 이 황금시대는 이미 지나갔다. 2행과 4행에서 묘사한 저녁은 불만, 갈등, 경쟁으로 인해 인류의 타락이 본격화되는 철의 시대, 역사의 시대, 문명의 시대를 의미한다. 그리고 주제행인 3연은 철의 시대(산업화의 시대)가 낳은 부정적 결과를 비유적으로 보여준다. 목동의 부드러운 노래는 철의 폭력에 의해 희생당했다. 목동의 피리소리는 그리스 신화에서 목양신 판의 고향인 목가적 이상향 '아르카디아'를 강하게 환기한다. 한성자가 적시한 대로 "'목동의 부드러운 피리소리는 죽었다'는 산업화로 인한 기계문명의 발달에 의한 인간의 전원적이고 자연적인 삶이 파괴되었음"14을 의미하는 것이다.

「론델」의 분석을 통해 드러났듯이, 트라클의 시에서 황금색은 신화적 낙원을 상징한다. 예컨대 시인은 「어느 황량한 방에서」에서 황금빛으로 반짝이는 신성한 숲을 몽상한다.

---

13 Brigitte Lühl-Wiese, *Georg Trakl - Der Blaue Reiter. Form- und Farbstrukturen in Dichtung und Malerei des Expressionismus*, München 1963, p. 115.

14 한성자, 『트라클 시에 있어서의 소년 '엘리스' 상의 변화과정에 관한 연구』, 이화여자대학교 박사학위논문, 1984, 19쪽.

나직이 무한대 속에서
저기 황금빛 숲의 나라가 흘러간다.
Leise fließt im Grenzenlosen
Dort das goldne Waldland hin. (HKA I, 25)

또한 「황혼」(*Dämmerung*)에 시적 화자로 등장하는 환자들은 평안과 성찬으로 풍요로운 지난 시절을 동경한다.

그들의 창백하게 둥근 눈빛은 황금 시절을 생각한다.
몽환과 휴식과 포도주로 가득 찼던.
Ihr wächsern-runder Blick sinnt goldner Zeiten,
Erfüllt von Träumerei und Ruh und Wein. (HKA I, 48)

여기서 중요한 사실은, 지나간 황금 시절에 대한 갈망의 정도는 현실에 대한 절망감과 모멸감에 비례하여 증폭한다는 것이다. 트라클에게 현실은 언제나 실낙원이다.

오 우리의 잃어버린 낙원이여.
요정들은 황금빛 숲을 떠났다.
O unser verlorenes Paradies.
Die Nymphen haben die goldenen Wälder verlassen. (「시편」, HKA I, 55)

한편 트라클의 시에서 황금색은 배금주의에 경도된 물질문명 자체를 경멸하는 데 동원되기도 한다. 금은 그 희소성으로 인해 동서고금을 막론하고 경배와 욕망의 대상(연금술)이었으며, 허영의 도구이자 화폐의 기준이었다. 금이 과도한 집착과 탐욕의 대상이 되면 인간에게 전도의 저주를 내린다. 인간이 금을 소유하는 것이 아니라 금이 인간을 소유하게 되는 것이다. 기원전 5세기 그리스 서정시인 핀다로스(Pindaros)는 금의 양면성을 날카롭게 간파했다.

> 금은 제우스의 자식이다. 나방도 녹도 그것을 집어삼키지 못한다. 그러나 인간의 정신은 이 최고의 소유물에게 먹혀 버린다.[15]

자본에 의해 타락한 대도시의 살풍경을 색채상징으로 표현한 트라클의 시 「벙어리가 된 자들에게」(*An die Verstummten*)에서 황금은 현실적 차원에서 인간의 불화를 조성하는 근본 원인인 돈을 의미한다. 인간을 자신의 노예로 전락시킨 황금을 트라클은 이렇게 묘사한다.

> 오, 황금의 추악한 웃음이여.
> O, das gräßliche Lachen des Golds. (HKA I, 124)

3. 떨어진 별들의 황금빛: 우울의 광채

황금은 불변한다. 녹슬지 않는다. 요하네스 이텐의 간명한 정의처럼 황금은 "영원히 빛나는, 빛을 발산하는 물질"[16]이다. 하지만 누구나 황금

---

15 Pindar, *The Odes of Pindar. Including the Principal Fragments*, Cambridge University Press 1927, p. 613.

16 Johannes Itten, *Kunst der Farben. Subjektives Erleben und objektives Erkennen als Wege zur*

을 소유할 수는 없다. 황금은 희귀한 귀금속이다. 그래서 황금은 부와 명예와 권력을 상징한다. 황금빛 찬란한 왕관은 영원불멸의 야심을 품은 절대 왕정의 '힘의 의지'를 천명한다. 아일랜드 시인 윌리엄 버틀러 예이츠(William Butler Yeats)는 「비잔티움 항행(航行)」(*Sailing to Byzantium*)에서 자신의 예술혼이 불사(不死)하길 갈망했다. "황금에 금 광택을 칠한/ 그러한 형상이 되리라."[17] 노년에 이르러 더 이상 기대할 것이 없는 육체에 대한 환멸감으로 인해 영원한 예술을 동경했던 예이츠는 비잔티움 황금벽화에 자신을 봉인해 달라고 요청한 것이다.

여기서 흥미로운 점은, 황금의 '영원성'이 인간의 '유한성'을 역설적으로 증명한다는 사실이다. 불멸의 황금은 도리어 인간은 '죽음으로 가는 존재'(Sein zum Tode)라는 불변의 진실을 웅변한다. 이처럼 황금은 권력의 허무함, 생의 유한함, 만물의 덧없음을 찬란한 빛을 통해 반증한다. 황금이 우울의 광채를 분무하는 이유는 여기에 있다. 트라클은 황금과 우울의 제휴를 간파했다. 「세월」의 시구를 보자.

우울의 황금빛 그림자
die goldenen Schatten der Schwermut (HKA I, 138)

검은색이 전면에서 자극하는 우울의 정서보다 황금색이 배후에서 각성시키는 멜랑콜리가 더 씁쓸하다. 요컨대 황금빛은 우울의 반면교사이다.

영국 낭만주의 화가 윌리엄 터너(William Turner)의 <황금가지>(*The Golden Bough*)도 삶의 유한성을 환기한다. 그림 속에는 명계(冥界) 입구에

Kunst, Ravensburg 1970, p. 85.

17 윌리엄 버틀러 예이츠, 『첫사랑』, 정현종 옮김, 민음사, 1997, 72쪽.

위치해 있다는 전설 속의 아베르누스 호수의 풍광이 묘사되어 있다. 호수 주위로 신비한 죽음의 유령들이 원무를 추고, 그 너머로는 소나무로 빽빽한 태고의 원경이 펼쳐진다. 여기서 주목해야 할 장면은 왼편 전경에 서있는 어느 무녀이다. 삶과 죽음을 중재하는 이 신비로운 여인은 한 손으로 황금가지를 치켜들고 있다. 그림 8. 윌리엄 터너, 〈황금가지〉, 1834년 참조 (p. 21) 신화학자 제임스 조지 프레이저(James George Frazer)는 터너의 그림을 자신의 주저 『황금가지』의 표지화로 선택했다. 프레이저는 제1장을 터너에 대한 다음과 같은 헌사로 시작한다.

> 터너의 그림 <황금가지>를 모르는 사람이 있을까? 아름답기 그지없는 풍경에 화가 터너의 거룩한 정신이 배어들어 변용된, 상상의 황금빛 광채로 뒤덮힌 이 그림 속 장면은 네미(Nemi)라고 하는 숲 지대의 작은 호수를 꿈같은 환상의 분위기로 그린 것이다.[18]

터너는 황금가지의 모티프를 베르길리우스(Publius Vergilius Maro)의 로마 건국 신화 장편 서사시 『아이네이스』(*Aeneis*)의 6편에서 가져왔다. 트로이전쟁에서 참패한 아이네이스는 간신히 피신해 이탈리아로 가서 로마제국 창건을 도모한다. 그런데 도중에 친부 안키세스가 죽자 그는 무녀의 동굴로 찾아가 저승세계로 가서 아버지를 만날 수 있게 해달라고 청원한다. 무녀는 신의 나라로 여행했다가 살아 돌아온 사람이 없다는 사실을 재차 강조했지만 아이네이스의 효심과 불굴의 의지에 감명해 비책을 제시한다.

18 제임스 조지 프레이저, 『황금가지』, 이용대 옮김, 한겨레출판사, 1994, 63쪽.

> 저승의 땅, 그 무서운 어둠과 죽음의 영토를/ 끔찍한 지옥의 강을 두 번 건너/ 검은 지옥의 심연을 두 번 헤쳐서/ 그대가 통과하는 것이 소망이고 소원이라면/ 그런 무모한 노고를 스스로 떠맡는 것이 그토록 기쁘다면,/ 그전에 행할 일이 있구나./ 황금가지가 달린 거대한 나무 하나가/ 저승의 유노에게 바쳐진/ 숲으로 둘러싸인 계곡에서 자라고 있지/ 그 나무에서 황금가지를 잘라 손에 쥐기 전에는/ 어떤 유한한 존재도 저승세계로 내려가는 것이 허용되지 않지.[19]

여기서 황금가지는 일차적으로는 지하명계의 고독한 방랑자에게 발길을 비추는 등불도 되고 손에 쥐면 막대기 겸 지팡이도 되는 만큼 훌륭한 동반자이지만, 죽음이라는 인간의 유한성을 반증하는 상징물로도 기능한다.

트라클의 초기시 「아름다운 도시」(*Die schöne Stadt*)에 등장하는 황금빛 이미지는 멜랑콜리의 여운을 남긴다. 21살까지 살았던 자신의 고향 잘츠부르크 도심의 풍광을 향토성 짙은 낭만주의 화풍으로 묘사한 이 작품은 음악성과 회화성의 조화를 잘 보여준다.

> 옛 광장들이 햇살 속에 침묵한다.
> 푸른빛과 황금빛 속에 깊이 잠긴 채
> 무더운 너도밤나무의 침묵 아래
> 상냥한 수녀들이 꿈속인 냥 발길을 재촉한다.
>
> 갈색으로 밝아오는 교회로부터
> 죽음의 순결한 영상들이 내다보고 있다.
> 대제후의 아름다운 문장(紋章)들

19 베르길리우스, 『아이네이스』, 천병희 옮김, 숲, 2007, 246쪽.

왕관들이 교회 안에서 번쩍인다.
Alte Plätze sonnig schweigen.
Tief in Blau und Gold versponnen
Traumhaft hasten sanfte Nonnen
Unter schwüler Buchen Schweigen.

Aus den braun erhellten Kirchen
Schaun des Todes reine Bilder,
Großer Fürsten schöne Schilder.
Kronen schimmern in den Kirchen. (HKA I, 23)

총 7연 4행시로 구성된 작품 중 1연과 2연을 인용했다. 율각은 하인리히 하이네의 『아타트롤』(*Atta Troll*)에서 사용된 스페인 4강약격(XxXxXxXx) 형식을 따랐고, 각운은 포옹각운(a-b-b-a: schweigen-versponnen-Nonnen-Schweigen)을 지켰다. 매 시행마다 8음절로 이루어졌고 1행과 4행의 끝에는 아예 동일한 시어가 반복된다. 모두 음악성을 효과적으로 살리기 위한 의도된 형식적 포석으로 읽힌다.

시인의 분신인 시적 화자는 집 창문으로 잘츠부르크의 도심을 바라본다. 사실 이 작품은 트라클이 고향을 떠나 1909년 빈에 체류할 때, 고향에 대한 기억을 바탕으로 쓴 작품이다. 1연의 "옛 광장들"은 트라클의 고향집 맞은편에 있는 모차르트 광장과 레지던트 광장을 가리킨다. 시인은 이 광장들이 푸른색과 황금색으로 물든 하늘을 배경으로 묵묵히 제자리를 지키고 있다고 상상한다. 잘츠부르크는 고향에 대한 회상과 결합될 때 늘 아름답고 포근한 공간으로 묘사된다. 어떤 공간을 색채상징으로 표현하는 트라클 시의 특징을 볼 수 있다. 즉 유년기 고향을 향한 노스탤지어를 대변하는 황금색과 순수, 행복, 영혼 등을 상징하는 푸른색을 결합시킴으로써 잘츠부르크에 대한 긍정적인 인상이 아름답게 형상화된다. “상냥한 수녀들이 꿈속인 냥” 광장을 거니는 장면은 잘츠부르크가 바로크의 고도(古都)임을 환기한다. 잘츠부르크 출신 화가 요셉 마이부르거(Josef Mayburger)의 <해질녘 잘츠부르크>(*Salzburg bei Sonnenuntergang*)를 보면, 트라클이 왜 잘츠부르크를 푸른빛과 황금빛에 깊이 침잠해 있는 장소로 묘사했는지를 짐작할 수 있다. 그림 9. 요셉 마이부르거, 〈해질녘 잘츠부르크〉, 1870년 참조 (p. 22)

제2연에서 시적 화자의 시선은 광장 건너편에 자리 잡은 잘츠부르크 성당으로 향한다. 17세기 잘츠부르크 대교구의 주교좌성당으로 지어진 건물로서 거대한 돔이 돋보이는 전형적인 바로크 양식의 종교 건축물이다. 예전에 대주교는 토착 귀족인 대제후들과 함께 도시와 그 주변 지역을 통치했다. 그러나 이들은 이제 이 세상 사람이 아니다. 이들의 시신은 성당 지하 무덤에 안치되어 있다. 막강한 권력과 호화스러운 사치를 누리던 “대제후들의 아름다운 문장(紋章)들”만이 남아 있을 뿐이다. 그래서 트라클은 이 찬란한 휘장을 “죽음의 순결한 영상들”로 묘사한다. 대제후들이 썼던 황금빛 왕관들은 여전히 빛나고 있지만 이들의 육신은 이제 지상에 없다. 요컨대 트라클의 황금색은 세속의 무상함과 생의 유한함을 조용히 환기한다. 이런 맥락에서 제2연은 바로크 문학의 모티프인 ‘바니타스’(Vanitas)의 변주로 봐도 무방하다. 바로크 시대 시인 안드레아스 그리피우스(Andreas Gryphius)는 「허무여! 허무 중의 허무여!」(*Vanitas! Vanitatum Vanitas!*)의 8연에서 권력의 무상함을 이렇게 노래한 바 있다.

> 너는 영예의 왕좌에서 내려서야만 하는 존재
> 어떠한 힘도 어떠한 왕관도

불멸일 수 없기에,
죽음의 무도에서 너를
어떠한 왕홀도 해방시켜 줄 수 없으리.
황금이나 자포나 보석도 그러하리.
Was pocht man auf die Throne?
Da keine Macht noch Krone
Kann unvergänglich sein.
Es mag vom Todten Reien,
Kein Zepter dich befreien.
Kein Purpur, Gold, noch edler Stein.[20]

한편 트라클의 시에서 황금색은 낮과 밤의 선명한 대조를 통해 우울의 정조를 빚어낸다. 「옛 기념첩 속으로」(*In ein altes Stammbuch*)에서 황금빛 태양이 작열하는 낮은 밤의 우울을 호출한다.

우울이여, 너는 언제나 다시 돌아오는구나,
오 외로운 영혼의 부드러움이여.
황금빛 낮이 끝을 향해 타오르는구나.

인내하는 이는 겸양으로 가득 차
아름다운 소리와 여린 착란으로 울리면서 고통에 굴복하고 만다.
보라! 이미 날이 저문다.

---

20 Andreas Gryphius, *Gedichte. Eine Auswahl*, Stuttgart 1968, p. 135.

밤은 다시 돌아오고 죽음을 면치 못하는 존재는 비통해 하는데
어떤 다른 존재가 함께 괴로워한다.

가을별들 아래에서 몸을 떨며
해마다 더욱 깊숙이 머리가 숙여진다.
Immer wieder kehrst du Melancholie,
O Sanftmut der einsamen Seele.
Zu Ende glüht ein goldener Tag.

Demutsvoll beugt sich dem Schmerz der Geduldige
Tönend von Wohllaut und weichem Wahnsinn.
Siehe! es dämmert schon.

Wieder kehrt die Nacht und klagt ein Sterbliches
Und es leidet ein anderes mit.

Schaudernd unter herbstlichen Sternen
Neigt sich jährlich tiefer das Haupt. (HKA I, 40)

시인에게 밤의 우울은 순간적인 감정 상태가 아니다. 밤이 예외 없이 찾아오듯이, 우울은 언제나 다시 귀환해 시인의 마음을 독점한다. 생의 의지로 충만해 작열하던 황금빛 낮이 저물어갈수록 죽음과 소멸이 본격화되는 어둠의 시간은 점점 더 명징해진다. 해가 저물고("이미 날이 저문다") 밤이 깊어질수록("가을별들 아래서") 시인이 감내해야 하는 우울의 강도는 높아진다. 여기서 주목해야 할 대목은, 시인이 우울을 "외로운 영혼의 부드러움"으로 정의하고 있다는 점이다. 트라클은 정신병리

학적 측면에서 분명히 우울증에 시달렸지만, 그렇다고 우울의 감정을 완전히 배격하지는 않았다. 그는 우울을 시인의 전형적인 기질로 인식했기 때문이다. '우울한 자'는 생의 고통에 굴복하면서도 자기 실존의 무게를 온몸으로 견뎌내는 "인내하는 이"에 다름 아니다. 그리고 인내하는 이의 영혼 속에서 "아름다운 소리와 여린 착란"이 울려 나온다. 아름다운 소리가 시문학을 상징한다면 여린 착란은 예술적 가상세계로의 몰입을 의미한다고 볼 수 있다. 여기서 '착란' 앞에 붙은 '여린'이란 형용사는, 멜랑콜리가 창조성과 연동되지 않는 무의미한 광기로 치닫는 것을 경계하려는 시인의 의도적인 단어 선택의 결과이다. 요컨대 트라클은 '부드러운 멜랑콜리'를 원했던 것이다.

밤이 깊어갈수록 감내해야 할 고통의 강도는 높아진다. 인내하는 자는 "죽음을 면치 못하는 존재"로 전락해 비통해 할 수밖에 없다. 그러나 작은 위안이 있다. 함께 고통을 견디면서 '죽음을 면치 못하는 존재'를 위무해 주는 "다른 존재"가 있다. 바로 "외로운 영혼의 부드러움"이다. 우울은 시인의 동반자인 셈이다. 이 작품의 첫 시행 "우울이여, 너는 언제나 다시 돌아오는구나."를 떠올리자. 이제 시인의 머리는 밤이 깊어질수록, 날이 바뀔수록, 세월이 흐를수록 "더욱 깊숙이" 우울을 향해 숙여진다. 인내해야 할 실존의 고통이 가중될수록 시인은 우울 앞에 경건히 머리를 숙여야 한다. 이것이 우울한 시인이 구원받을 수 있는 마지막 길이다. 「옛 기념첩 속으로」의 마지막 시행은 니체의 「멜랑콜리에게」(*An die Melancholie*)의 제8연을 떠올리게 한다. 시심(詩心)의 근원을 찾기 위해 분투하던 니체는 신격화된 우울의 여신 앞에 몸을 낮추고 머리를 숙인다.

> 그대 잔인한 여신이여, 내 그대에게 몸을 낮추어,
> 머리를 파묻고, 그대만의 영광을 위해,

무시무시한 찬양의 노래를 신음하며 토해내길,
미친 듯이 갈망하고 있습니다, 생, 생, 생을 위하여.
Du grimme Göttin, der ich tief gebückt,
Den Kopf am Knie, ein schaurig Loblied ächze,
Nur dir zum Ruhme, daß ich unverrückt
Nach Leben, Leben, Leben lechze![21]

트라클의 시에서 황금색은 우울을 호출할 뿐만 아니라, 우울의 광채이기도 하다. 일반적으로 우울은 검은색으로 표현된다. 체액병리학에서 '검은'(melas) '담즙'(chole)이 과도하게 분비되는 질병의 상태로 '우울'(melancholy)을 규정하는 데서 비롯된 색채연상일 것이다. 하지만 트라클은 기성의 색채상징을 답습하지 않는다. 황금색으로 우울의 정조를 표현한다는 데 트라클 시의 참신함이 있다.

황금빛은 수풀에서부터 흐릿하고 지친 듯 방울져 떨어진다.
어떤 나이든 사람이 바람 속에서 슬프게 몸을 돌린다.

저녁에 다시 내 머리 위에서
토성이 묵묵히 비참한 운명을 조종한다.
Das Gold tropft von den Büschen trüb und matt.
Ein alter Mann dreht traurig sich im Wind.

Am Abend wieder über meinem Haupt

21 Friedrich Nietzsche, *Nachgelassene Fragmente 1869-1874*, In: *Sämtliche Werke. Kritische Studienausgabe in 15 Bänden*, Bd. 7, München 1980, p. 389f.

Saturn lenkt stumm ein elendes Geschick. (「우수」(*Trübsinn*), HKA I, 53)

토성은 우울의 행성이다. 네덜란드 바로크 시대 화가 야콥 데 헤인(Jacob de Gheyn)의 <멜랑콜리로서의 토성>(*Saturn as Melancholy*)에 잘 나타나듯이 고대의 천문학자들은 인간의 우울한 기질을 토성과 결부시키는 점성술적 상상력을 펼쳤다. 태양에서 가장 멀리 떨어진 외곽을 돌고 있는 토성의 차갑고 건조한 속성과 검은 쓸개즙을 연관 지었던 것이다. 이들은 특히 토성의 운을 안고 태어난 아이는 느리고 비활동적이어서 골똘한 사색에 잠기기 쉽고, 그래서 다른 사람보다 우울한 예술가로 성장할 확률이 높다고 믿었다. 발터 벤야민도 스스로를 우울한 기질의 소유자로 이렇게 규정했다.

나는 토성의 영향 아래 태어났다. 가장 느리게 공전하는 별, 우회와 지연의 행성.[22]

트라클 역시 토성의 운명을 안고 태어났다. 밤만 되면 토성은 그의 영혼을 좌지우지한다. "저녁에 다시 내 머리 위에서/ 토성이 묵묵히 비참한 운명을 조종한다." 시인의 영혼을 지배하는 우울의 감정은 '흐릿한', '지친', '슬픈'과 같은 형용사와 조응한다. 그리고 수풀에서 우울하게 떨어지는 황금빛 눈물방울은 토성의 동그란 외형과도 연계된다. 말하자면 황금빛 눈물은 우울의 결정체이다.

22 Walter Benjamin, *Gesammelte Schriften*. Bd. VI, Frankfurt am Main 1989, p. 522.

4. 황금빛 나무: 구원의 빛

금의 아름다운 빛은 불변한다. 금은 화학적으로 불활성 물질이다. 즉 금은 시간의 풍파로부터 산화되지 않고 빛난다.[23] 진실은 영원불멸한 어떤 것이다. 진실은 결코 표변하지 않는다. 황금색이 신성의 광채로 승인된 이유는 여기에 있다. 은색이 "귀족화된 하양"이라면 황금색은 "신성화된 노랑"[24]이다. '신은 빛이다'라는 성경의 문구에서 드러나듯이, 그리스도교에서 유일신 숭배 이념은 빛을 시각적으로 상징화함으로써 구현되었다. 예컨대 중세 고딕회화의 거장 시모네 마르티니(Simone Martini)가 시에나 성당을 위해 그린 3폭 제단화 <수태고지>(*The Annunciation*)에서 신의 나라는 온통 황금빛 광채로 빛났다. 빛의 상징주의는 스테인드글라스에서도 견지된다. '거룩한 교사'로 비유되는 스테인드글라스의 기본색채인 황금색, 푸른색, 붉은색은 상징적 의미를 지닌다. 황금색은 구원의 은총과 천국의 빛을, 푸른색은 성모 마리아와 성자들의 처소를, 그리고 붉은색은 그리스도의 희생과 부활을 상징한다. 중세의 신도들은 황금빛으로 찬란히 빛나는 스테인드글라스에서 신성의 원천, 말하자면 '영원한 진실의 태양'을 만날 수 있다고 믿었다.[25] 요하네스 이텐의 황금색에 대한 해석도 종교적 상징성과 맥이 닿아 있다.

---

23 금의 원자기호 Au는 '빛나는 새벽'을 뜻하는 라틴어 'aurum'의 약어이다. 이것은 헤브라이어에서 빛을 뜻하는 'or'와 적색을 뜻하는 'aus'로부터 연유되었다. 독일어 Gold는 산스크리트의 빛을 뜻하는 'jvolita'에서 유래했다.(Vgl. *Duden Etymologie*. Bd. 7, Herkunftswörterbuch der deutschen Sprache, Mannheim 1989, p. 248.)

24 Karl Ludwig Schnieder, *Der bildhafte Ausdruck in den Dichtungen Georg Heyms. Georg Trakls und Ernst Stadlers*, Heidelberg 1961, p. 134.

25 카린 자그너, 『고딕』, 안상원 옮김, 미술문화, 2007, 55～63쪽 참조.

> 황금빛은 눈부신 물체를 의미하며 초기 거장들의 그림에서 볼 수 있는 비잔틴 모자이크의 황금색과 돔과 배경은 천국, 초현실적인 현상, 태양이 찬연히 빛나는 신의 왕국을 상징한다. 성인들의 황금빛 후광은 그들의 거룩함을 증명하는 것이며, 이 같은 신성한 상태는 빛의 에두름을 통해 표현된다.[26]

트라클의 시에 자주 등장하는 종교적 의전용품들, 예컨대 "황금색 초"(HKA I, 81)와 "신의 황금빛 성유물 상자"(HKA I, 66)에서 황금색은 신성을 부각시키기는 역할을 한다. 하지만 이러한 황금색의 도식적인 적용을 참신하다고 평가할 수는 없다. 트라클의 황금색이 지닌 매력은 다른 곳에 있다.

트라클의 시에서 황금색은 구원의 빛이다. 트라클이 생전에 교류한 소수의 문인 중 유일한 여류 시인이었던 엘제 라스커 쉴러(Else Lasker-Schüler)가 "그는 틀림없이 마르틴 루터였어."[27]라고 말할 정도로 독실한 개신교 신자였던 트라클은 여동생과의 근친상간으로 인해 견딜 수 없는 죄책감에 시달렸다. 그에게 그레테는 "가장 아름다운 소녀였으며 위대한 예술가였고 유일한 여인"[28]이었지만 동시에 죄의식의 원천, 말하자면 "불타는 악마"였다. 그의 양심은 이런 악몽에 가위눌렸다.

> 고통, 어떤 것을 나타내는, 형언할 수 없는 죄의 고통. 그러나 그때 그가 불타듯이 앙상한 나무들 아래로 뻗은 가을의 강을 따라 생각하며

---

26 Johannes Itten, *Kunst der Farben,* p. 85.

27 Else Lasker-Schüler, *Gesammelte Werke in drei Bänden.* Bd. 1, Gedichte 1902～1943, Frankfurt am Main 1996, p. 256.

28 Otto Basil, *Georg Trakl in Selbstzeugnissen und Bilddokumenten,* Hamburg 1978, p. 78.

> 내려갈 때, 털로 짠 외투를 입은 불타는 악마, 여동생이 그에게 나타났다. 깨어나니 별들이 그들의 머리에서 사라졌다. 오 저주받은 성이여!
>
> Weh, der unsäglichen Schuld, die jenes kundtut. Aber da er Glühendes sinnend den herbstlichen Fluß hinabging unter kahlen Bäumen hin, erschien in härenem Mantel ihm, ein flammender Dämon, die Schwester. Beim Erwachen erloschen zu ihren Häupten die Sterne. O des verfluchten Geschlechts. (「꿈과 착란」, HKA I, 149)

트라클은 종교적 윤리의 금기를 파기했다는 죄악감에서 벗어나기 위해 몸부림쳤다. 시인은 욕망과 속죄, 격정과 우울 사이에서 부단히 방황했다. 그는 '저주 받은 시인'(poètes maudits)임을 자임했다. 자기파멸의 나락이 깊을수록 시쓰기에 대한 열망은 커졌지만, 이러한 내면의 분열이 트라클의 영혼을 황폐화시켰다. 정신의 탈진상태를 극복하기 위해 그는 알코올과 약물에 의존했고, 몰락의 고통 속에서 일말의 구원의 가능성을 찾아 헤맸다. 그의 시에서 기독교적 구원의 모티브가 자주 등장하는 까닭은 여기에 있다. 이런 맥락에서 알프레드 포케(Alfred Focke)는 트라클의 시를 "몰락 속 계시"[29]로 요약했다. 트라클 시에서 몰락 속 계시의 중요한 징표는 황금색이다. 「시편」의 마지막 시구는 인간의 죄를 대속(代贖)하기 위해 십자가 책형으로 비참하게 죽은 예수의 수난 속에 계시되는 부활(구원)의 징후를 이렇게 묘사한다.

> 골고다 언덕 위로 신의 황금빛 눈이 말없이 열린다.
>
> Schweigsam über der Schädelstätte öffnen sich Gottes goldene Augen. (HKA I, 56)

29 Alfred Focke, *Georg Trakl-Liebe und Tod*, Wien 1955, p. 61.

트라클의 황금색은 하나님의 영광스러운 보좌나, 바로크 성당의 화려한 제단화나, 성인의 거룩한 후광을 장식할 때가 아니라, 수난의 현장이나 후미진 구석에서 '말없이' 빛날 때 그 진가가 발휘된다. 여기 가난한 가을 들판에 떨어진 이삭을 줍는 가난한 고아 소녀가 있다.

작은 마을 지나
연약한 고아는 몇 안 되는 이삭을 긁어모은다.
황혼녘에 그녀의 두 눈은 둥글고 황금빛으로 풀을 먹는다
Am Weiler vorbei
Sammelt die sanfte Waise noch spärliche Ähren ein.
Ihre Augen weiden rund und goldig in der Dämmerung"(「심연에서」, HKA I, 46)

구원의 황금빛이 소녀의 동그란 눈동자 속에서 겸손하게 함초롬하다. 그리고 여기 마을로 들어오는 어두운 오솔길 끝 어느 집 앞에 황금빛을 머금은 "은총의 나무"가 한 그루 서 있다.

창가에 눈이 내리고,
저녁 종소리 길게 울려 퍼지면,
많은 이들에게 식탁이 차려지고
집은 잘 정리되어 있다.

더러 방랑길에 오른 이들은
어두운 오솔길을 따라 문가로 다가온다.
대지의 차가운 수액을 머금은
은총의 나무는 황금빛으로 빛난다.

길손은 조용히 안으로 들어선다.
아픔으로 인해 문지방은 화석처럼 굳어졌다.
그때 순수한 밝음 속에서
식탁 위의 빵과 포도주가 빛난다.

Wenn der Schnee ans Fenster fällt,
Lang die Abendglocke läutet,
Vielen ist der Tisch bereitet
Und das Haus ist wohlbestellt.

Mancher auf der Wanderschaft
Kommt ans Tor auf dunklen Pfaden.
Golden blüht der Baum der Gnaden
Aus der Erde kühlem Saft

Wanderer tritt still herein;
Schmerz versteinerte die Schwelle.
Da erglänzt in reiner Helle
Auf dem Tisch Brot und Wein (HKA I, 102)

트라클의 두 번째 시집 『꿈속의 제바스치안』에 실린 「어느 겨울 저녁」(*Ein Winterabend*) 전문이다. 포옹각운(a-b-b-a)을 엄격히 지킨 3연 4행시로서 운각은 강약격(Xx)의 도식을 따르고 있다.[30] 1행과 4행은 7음절(XxXxXxX)로 구성되어 있고 행의 끝 운이 악센트가 있는 음절로 끝

30 'Gnaden'는 원래 복수로 사용될 수 없는 단어이지만 'Pfaden'과 각운을 맞추기 위해 복수로 표기되었다.

나기에 ‘남성적’이라면, 2행과 3행은 8음절(XxXxXxXx)로 구성되어 있으며 끝운이 악센트가 없는 음절로 끝나기에 ‘여성적’이다. 가운데 두 개의 여성적 운율을 남성적 운율이 에워싸고 있는 모습은 포옹각운의 구조와 정확히 상응한다. 요컨대 각운과 운율의 조화로운 공명을 통해 음악성을 효과적으로 살리려는 시도로 읽힌다.

1연에서는 이 작품의 제목처럼 어느 겨울 저녁의 풍경이 담담히 묘사되고 있다. 긴 여운을 남기는 경건한 만종 소리가 하얀 눈송이들과 함께 대기에 흩어진다. 발터 벤야민이 『일방통행로』(*Einbahnstraße*)에서 프라이부르크 대성당을 보고 묘사했듯이, 종소리에는 고향의 포근함이 배어 있다.

> 한 도시에 대한 가장 깊은 고향의 느낌 속에는 그 도시의 주민에게는 - 어쩌면 그곳에 머물렀던 여행객의 기억 속에서도 - 탑시계에서 울려오는 종소리의 음조와 간격이 들어 있다.[31]

만찬을 준비하는 집안의 풍경도 평화롭고 풍요롭다. 이웃 주민들이 함께 모여 저녁식사를 할 요량이다. 마치 동화 속에 나오는 성탄 전야의 마을 분위기처럼 따듯함이 느껴진다.

2연은 나그네의 귀향을 묘사하고 있다. 고향을 떠나 방랑길에 올랐던 사람들이 저녁 식사가 식탁에 차려지고, 모든 것이 잘 정리된 평화로운 집 앞에 막 도착한다. 이들이 겪었던 편력의 시간(“어두운 오솔길”)이 녹록치 않았음을 알 수 있다. 트라클의 시에서 방랑자는 시인의 분신으로

---

31 발터 벤야민, 『일방통행로. 사유이미지』, 김영옥, 윤미애, 최성만 옮김, 도서출판 길, 2007, 127쪽.

자주 등장한다. 트라클의 시적 주체는 도상의 영혼이다.

> 영혼은 지상에서 낯선 나그네이다
> Es ist die Seele ein Fremdes auf Erde (「영혼의 봄」, HKA I, 141)

시인은 안주하는 자가 아니다. 시인은 늘 지상을 배회하는 소외된 이방인이다. 시인을 상징하는 가객(歌客)이 먼 길을 돌아 이제 다시 집 앞에 섰다. 그리고 이 방랑의 종착점 앞에 황금빛 나무가 서 있다.(추측컨대 황금 종으로 장식된 크리스마스트리일지도 모른다.) 이 나무는 경계에 서 있다. 타향과 고향, 집밖과 집안, 어둠과 밝음, 추위와 온기, 방랑과 정착, 고독과 연대, 황량함과 풍요로움의 경계에 서 있다. 또한 땅에 뿌리박고 하늘로 솟은 나무는 땅과 천공을 잇는다. 나무는 대지의 차가운 수액을 천상의 은총으로 변용하는 성스러운 생명의 통로이다. 프랑스 신화학자 자크 브로스(Jacques Brosse)는 『나무의 신화』(*Mythologie des arbres*)에서 인간이 나무 앞에서 꿈을 꾸는 이유를 이렇게 설명한다.

> 대립되는 두 개의 무한을 서로 연결시키는 동시에 상반되는 의미를 갖는 대칭적인 두 심연인, 뚫고 들어갈 수 없는 어두운 지하의 물질과 접근할 수 없을 만큼 빛나는 에테르가 서로 결합하는 나무 앞에서 인간은 꿈을 꾼다.[32]

브로스의 개념을 트라클의 시에 대입해 본다면, 나무가 내뿜는 황금빛은 "빛나는 에테르"로 읽힌다. 요컨대 황금빛 나무는 '우주목'인 것이

32 자크 브로스, 『나무의 신화』, 주향은 옮김, 2000, 이학사, 38쪽.

다. 이런 맥락에서 트라클의 황금빛 나무는 클림트의 <생명의 나무>(*arbor vitae*)를 연상시킨다. 오스트리아 아르누보 건축가 요프제 호프만(Josef Hoffmann)의 스토클레 저택의 식당 벽면을 장식한 이 모자이크 벽화에서 땅 속 깊이 뿌리내린 나무의 줄기는 지상과 천상을 연결하고, 하늘을 향해 소용돌이치는 가지는 황금빛 생명의 에테르를 내뿜는다. 생명의 나무에 매달린 열매들, 눈 두 개가 위아래로 겹쳐진 형상은 이집트 벽화의 문양처럼 신성한 느낌을 준다. 눈은 생명의 본질을 꿰뚫어 보는 영혼으로 읽힌다. 그림 10. 구스타브 클림트, 〈생명의 나무〉, 1905~1909년 참조 (p. 23) 트라클의 시에 매혹되었던 하이데거는 「어느 겨울 저녁」에 등장하는 나무의 상징성을 이렇게 해석한다.

> 나무는 견실하게 땅 속에 뿌리를 내리고 있다. 그렇게 환히 빛나는 상태로 나무는 하늘의 축복에 자신을 열어 놓고 있다. 우뚝 솟은 나무가 부름을 받고 있다. 우뚝 솟은 그 모습은 특히 황홀하게 환히 빛나는 아름다움과 양분을 제공하는 수액의 싱그러움을 철저하게 관통하고 있다. 땅의 침착한 성장과 하늘의 증여는 서로에게 화동하면서 서로에게 속해 있다.[33]

천상의 성스러운 부름을 받고 황금빛으로 오롯한 나무는 방황하는 길손을 호명한다. 여기서 황금빛은 지상을 떠돌며 실존의 고통을 온몸으로 견뎌낸 자의 귀환을 요청하는 은총의 부름을 상징한다. 황금빛 은총은 방랑자의 고통과 상처를 치유하는 구원의 손길이자 사랑의 광채이다. 황금빛과 은총의 연관성은 두 단어의 음향적 유사성에서도 발견된다. 시행

33 마르틴 하이데거, 『언어로의 도상에서』, 신상희 옮김, 나남, 2012, 35쪽.

의 앞뒤에 배치된 두 단어의 초두음(Golden/Gnaden)과 각운(Golden/Gnaden)이 일치한다.

앞서 전문을 인용한 「어느 겨울 저녁」은 두 번째 판본인데, 첫 번째 판본에서 2연의 3～4행은 다음과 같았다.

> 은총으로 가득한 그의 상처를
> 사랑의 부드러운 힘이 돌본다네.
> Seine Wunde voller Gnaden
> Pflegt der Liebe sanfte Kraft. (HKA I, 383)

트라클이 1913년 12월 13일자 칼 크라우스(Karl Kraus)에게 보낸 편지에 적힌 첫 판본의 두 행이 암시하듯이, 황금빛의 정체는 실존의 상처를 치유하는 "사랑의 부드러운 힘"이다. 따라서 은총의 나무가 분무하는 황금빛은 세속적 욕망으로 들뜬 화려하고 요란한 발광과는 거리가 멀다. 이 황금빛은 세상의 구석에서 존재의 어둠을 따뜻하게 밝혀 주는 '미니마 룩스'(minima lux), 번역하자면 '한 줌의 빛'이다. 이런 맥락에서 트라클의 황금빛 은총의 나무는 독일 낭만주의 시인 요제프 폰 아이헨도르프(Joseph von Eichendorff)의 「겨울밤」(*Winternacht*)에 등장하는 나무의 변용으로 읽힌다.

> 온 누리 눈으로 덮였는데
> 나에겐 기뻐할 일 하나 없고
> 오래 전에 잎을 떨어 버린 채
> 들판엔 외로이 나무 한 그루 서 있다
>
> 고요한 밤에 바람만이
> 나무를 털고 지나가면

나무는 가지 끝을 가볍게 흔들어
꿈속처럼 응답한다

나무는 다가올 봄
푸름과 샘물의 속삭임을 꿈꾼다
새 꽃 옷 입고
신을 찬미하며 속삭일 봄
Verschneit liegt rings die ganze Welt,
Ich hab nichts, was mich freuet,
Verlassen steht der Baum im Feld,
Hat längst sein Laub verstreuet.

Der Wind nur geht bei stiller Nacht
Und rüttelt an dem Baume,
Da rührt er seinen Wipfel sacht
Und redet wie im Traume.

Er träumt von künft'ger Frühlingszeit,
Von Grün und Quellenrauschen,
Wo er im neuen Blütenkleid
Zu Gottes Lob wird rauschen.[34]

트라클의 「어느 겨울 저녁」에서는 포옹각운과 강약격이 상응한다면, 아이헨도르프의 시에서는 교차각운(a-b-a-b)과 약강격(xX)이 교호한다.

---

34 Joseph von Eichendorff, *Sämtliche Gedichte*. Herausgegeben von Wolfdietrich Rasch, Stuttgart 1970, p. 313.

8음절(xXxXxXxX)로 구성된 1행과 3행의 끝운이 '남성적'이라면, 7음절(xXxXxXx)로 이루어진 2행과 4행의 끝운은 '여성적'이다. 운각이 부창부수(夫唱婦隨)의 리듬으로 조화롭다. 눈 덮인 베를린의 쓸쓸한 겨울밤의 풍경을 노래한 이 작품은 아이헨도르프가 51세가 되던 1839년에 쓰였다. 비록 앙상한 나무 한 그루가 눈 덮인 차가운 들판에 외로이 서있지만 나무는 다가올 봄의 희망을 꿈꾼다. 절망의 한복판에서 신록의 희망을 품은 나무의 의연함이 아름답다. 이렇게 보면 아이헨도르프의 나무가 품은 신생의 꿈, '봄의 푸름'이 트라클의 시에서는 황금빛 나무로 변용된 것이다. 물론 두 나무 사이에 차이는 있다. 트라클의 나무가 방랑자의 귀환을 호명하는 구원의 성목(聖木)이라면 아이헨도르프의 나무는 자연의 내적 힘으로 겨울의 황폐함을 극복하는 인내의 사제이다.

다시 트라클의 시로 돌아가자. 트라클의 「어느 겨울 저녁」의 3연은 은총의 나무의 부름을 받은 방랑자가 집으로 들어가는 장면을 그린다. 그는 드디어 문지방을 넘어선다. 그런데 시인은 "아픔으로 인해 문지방은 화석처럼 굳어졌다"는 암호 같은 말을 한다. 문지방은 금의환향의 기쁨으로 들썩이지 않는다. 문지방은 방랑자가 줄곧 참아왔던 고통의 총화를 상징한다. 생의 존재론적 비애라는 쓰리고 아픈 상처의 딱지가 문지방의 정체이다.[35] 인내와 견딤의 세월 없이 그 누구도 함부로 문지방을 넘어, 실존의 고향으로, 존재의 시원으로 귀환할 수 없다. 문지방은 안과 밖의 사이이다. 이 틈을 이어주는 것이 생의 고통이다. 비루한 생의 모진 운명을 온몸으로 통과하지 않는 자는 문턱을 넘을 자격이 없다. 하이데거는 문지방을 이렇게 해석한다. "문지방은 사이, 즉 자기 안에서 둘로 나뉜 것

---

35 문지방과 고통의 상호관계는 초두음(Schmerz/Schwelle)이 같은 두 단어의 음향적 유사성에서도 나타난다.

의 한가운데를 견뎌낸다. 아픔은 사이-나눔의 찢음을 이어준다."[36] 다른 어떤 사람보다도 현실과 몽상, 열정과 우울, 도취와 각성, 욕망과 참회, 쾌락과 속죄 사이의 분열을 힘겹게 통과한 트라클은 이 마지막 경계를 넘어 구원의 집으로 들어올 자격이 충분하다.

시인을 대변하는 방랑자가 집안으로 들어가는 순간, "그때 순수한 밝음 속에서/ 식탁 위의 빵과 포도주가 빛난다." 여기서 빵과 포도주를 축성된 빵(성체)과 포도주(성혈)를 함께 받아 모시는 영성체적 입장에서 기독교적인 구원의 상징으로 보는 것은 단면적인 해석이다. 빵과 포도주는 신과 인간을 중매할 뿐만 아니라, 대지와 하늘을 연결함으로써 생채기 난 존재의 본성을 치유하는 역할을 한다. 횔덜린은 「빵과 포도주」(*Brot und Wein*)에서 빵과 포도주를 신이 인간에게 선사한 땅과 하늘의 결실이라고 상상한다.

> 빵은 대지의 열매이지만 빛의 축복을 받고
> 천둥치는 신으로부터 포도주의 환희는 나오는 법이다.
> Brot ist der Erde Frucht, doch ists vom Lichte gesegnet,
> Und vom donnernden Gott kommet die Freude des Weins.[37]

빵이 대지와 곡물의 신 데메테르의 선물이라면 포도주는 제멜레를 덮쳐 디오니소스를 잉태하게 만든 천상과 번개의 신 제우스의 선물이라는 말이다. 이렇게 보면 "순수한 밝음 속에서" 빛나는 빵(대지)과 포도주(천상)는 제2연에서 대지의 수액을 머금고 하늘을 향해 황금빛으로 빛나는

36 마르틴 하이데거, 『언어로의 도상에서』, 41쪽.

37 Friedrich Hölderlin, *Sämtliche Gedichte*. Studienausgabe in zwei Bänden. Herausgegeben und kommentiert von Detlev Lüders, Wiesbaden 1989, p. 294.

은총의 나무의 변용으로 해석할 수 있다. 황금빛 은총의 나무는 방랑자를 고향으로 호출한다면, 황금빛으로 빛나는 빵과 포도주는 분열된 내면의 상처를 치유해 줌으로써 방랑자를 본질적인 존재로 거듭날 수 있게 해준다. 트라클의 시에서 황금빛은 존재를 구원하는 신성의 빛이다. "선험적 고향상실"[38]로 인해 표류하는 방랑자에게 존재의 좌표를 제시하는 등대이다. 이 빛은 결코 화려하고 장엄하지 않다. 조용하고 소박하다. 그러나 위대하다.

* * *

지금까지 살펴보았듯이, 트라클의 황금색은 기성의 관습적인 색채기호로서의 의미(명예, 부, 권력, 권위, 고귀, 신성 등) 이상의 것, 즉 시인의 개인적인 내면 상태, 현실에 대한 인식, 역사철학, 세계관 등을 함의한 새로운 색채상징으로 기능한다. 트라클의 황금색은 표면적으로는 가을의 광채(태양, 구름, 포도 등)인 동시에 본질적으로는 순수, 연대, 희망, 완성, 진실, 충만, 신성, 구원 등의 가치를 대변한다. 또한 황금색("한낮의 황금빛")은 타락한 인류 문명의 대척점에 선 신화시대의 유토피아를 상징한다. 한편 잘츠부르크 성당에서 빛나는 왕관들(「아름다운 도시」)은 유년의 추억을 슬프게 환기하고, 덤불에서 흐릿하게 방울져 떨어지는 "황금빛"(「우수」)은 시인의 내면 상태인 우울의 정조를 가시화한다. 요컨대 황금색은 "멜랑콜리의 집배원"[39]인 것이다.

죄의식, 우울, 비애, 파멸, 소멸, 전쟁에 대한 공포로 암울하게 채색된

38 게오르크 루카치, 『소설의 이론』, 반성완 옮김, 심설당, 1985, 47쪽.

39 Rong Wang, Bunte Welt im Verfall, p. 120.

트라클의 시세계에서 황금색은 푸른색과 더불어 긍정적인 가치를 농축한 대표적인 색채이다. 여기서 주목해야 할 점은, 황금색에 내재한 긍정적 가치가 대부분 각운과 운율이 조화롭게 공명하는 정형시의 형식에 담겨 있다는 사실이다. 시의 아름다운 음악성이 황금색의 회화성을 부각시키는 배후 역할을 한 셈이다. 이렇게 보면, 트라클의 황금빛은 색과 소리의 공감각적 황금비율을 상징한다.40

40 칸딘스키는 「순수 예술로서의 회화」에서 말한다. "작품은 내적 요소와 외적 요소, 즉 내용과 형식의 불가분리적 융합체이다. [……] 따라서 형식의 선택은 본질적으로 예술의 유일한 불변 법칙인 내적 필연성에 의해 규정된다."(바실리 칸딘스키, 『예술과 느낌』, 조정옥 옮김, 서광사, 1994, 69쪽.)

제4장

푸른색

제4장
푸른색

1. 푸른 동굴: 원죄 없는 순수성

트라클의 시에서 가장 빈번히 사용된 푸른색의 상징적 의미를 이해하기 위해서는 그의 대표작 「어린 시절」(*Kindheit*)을 꼼꼼히 분석해야 할 필요성이 있다. 이 작품에 트라클 특유의 푸른색이 집중적으로 채색되어 있기 때문이다. 「어린 시절」은 표현주의 문학저널 <브렌너> 1913년 6월호에 처음 발표되었다. <브렌너>는 작가이자 편집인인 루트비히 폰 피커(Ludwig von Ficker)에 의해서 오스트리아 인스부르크에서 1910년에서 1914년까지 격월간 발행된 표현주의 종합 예술지로, 트라클의 많은 작품들이 이 잡지에 발표되었다.[1] 「어린 시절」은 트라클이 사망한 이듬

---

1 시민사회에 적응할 수 없었던 트라클에게 문학 활동의 기회를 제공해 준 루트비히 폰 피커와 <브렌너>의 의미는 상당하다. 1913년 2월 23일 피커에게 보낸 트라클의 다음 서한에 잘 나타나 있다. "<브렌너>가 내게 주는 의미를, 고귀한 인간애로 둘러싸인 고향과 휴식처와도 같은 의미를 갈수록 깊이 느낍니다. 나를 파괴시킬 것인지, 혹은 완성시킬 것인지 알 수 없는, 형언하기 힘든 전율에 휩싸인 채, 또한 내 모든 출발에 대해 의심하면서 미지의 미래에 직면한 가운데, 나는 당신의 관용과 호의가 주는 기쁨을, 그리고 당신의 우정이 베푸는 관대한 이해를 말로

해에 출간된 유고시집 『꿈속의 제바스치안』의 첫 번째 시로 수록되어 있다. 전문을 인용한다.

> 흘룬더 나무에는 열매가 가득 달려있었다.
> 어린 시절은 푸른 동굴 안에서 평안히 살고 있었다.
> 이제는 거친 들풀이 갈색으로 솨악솨악 소리 내는 지난날의 오솔길에 대해
> 소란스럽지 않은 나뭇가지들이 생각에 잠긴다. 나뭇잎의 살랑거림
>
> 바위틈에서 푸른 물이 울려 퍼질 때와 같은 나뭇잎의 살랑거림.
> 지빠귀의 한탄은 부드럽다.
> 목동은 가을 언덕에서 굴러가는 태양을 말없이 뒤쫓는다.
>
> 푸른 순간이 되는 것은 오로지 심혼이다.
> 숲가에서 수줍은 야수 한 마리 모습을 드러내고
> 낡은 종과 어둠에 휩싸인 촌락들은 평화롭게 쉬고 있다.
>
> 그대는 어두운 세월의 의미와
> 쓸쓸한 방안에서 느끼는 싸늘한 기운과 가을을 더 경건히 알고 있나니,
> 성스러운 푸름 가운데서 빛나는 발자국 소리가 잇달아 울려 퍼진다.
>
> 열린 창문 하나 가만히 달그락달그락 거린다.
> 언덕 위에 황폐해진 공동묘지를 바라보거나
> 전해져 내려오는 전설들을 떠올리면 눈물이 맺힌다.

표현할 수 있는 것보다 더욱 깊이 느낍니다."(HKA I, 504)

하지만 즐거운 사람들이나 황금빛 봄날을 생각하면 마음이 좀 밝아질 때도 있다.

Voll Früchten der Hollunder; ruhig wohnte die Kindheit
In blauer Höhle. Über vergangenen Pfad,
Wo nun bräuchlich das wilde Gras saust,
Sinnt das stille Geäst; das Rauschen des Laubs

Ein gleiches, wenn das blaue Wasser im Felsen tönt.
Sanft ist der Amsel Klage. Ein Hirt
Folge sprachlos der Sonne, die vom herbstlichen Hügel rollt.

Ein blauer Augenblick ist nur mehr Seele.
Am Waldsaum zeigt sich ein scheues Wild und friedlich
Ruhn im Grund die alten Glocken und finsteren Weiler.

Frömmer kennst du den Sinn der dunklen Jahre,
Kühle und Herbst in einsamen Zimmer;
Und in heiliger Bläue läuten leuchtende Schritte fort.

Leise klirrt ein offenes Fenster; zu Tränen
Rührt der Anblick des verfallenen Friedhofs am Hügel
Erinnerung an erzählte Legenden; doch manchmal erhellt sich die Seele,
Wenn sie frohe Menschen denkt, dunkelgoldene Frühlingstage. (HKA I, 79)

시인이 태어나고 자란 오스트리아 잘츠부르크 주변의 자연 풍경과 마을에 대한 회고의 심상들이 상호 연관 없이 배열된 이 작품은 표현주의 시의 전형적인 특징인 "병렬로 연이어진 이미지의 복합체"[2]이다. 평범한 일상의 언어로 쓰였지만 언어가 빚어낸 이미지와 이미지 사이의 내적 논리성이 결핍되어 있기 때문에, 의미를 파악하기가 녹록치 않다. 트라클의 시에서는 "이미지 옆에 다른 이미지가 서고, 각각의 이미지는 자신의 독립적인 권리를 요구한다."[3] 그는 자신의 시창작론을 문청 시절에 이미 정립했다. 23살이 되던 1910년, 트라클은 평생 교우 관계를 유지해 온 에르하르트 부쉬벡에게 쓴 편지에서 동료 시인이 낭송해 준 작품이 자신의 시쓰기 전략과 일치함을 피력했다.

> 이 작품은 내가 이미지를 다루는 방식과 똑같다. 4개의 연 속에 4개의 개별적인 이미지들이 하나의 고유한 인상을 만들기 위해 서로 용접되어 있으니 말이다. (HKA I, 478)

그렇다면 「어린 시절」에는 어떠한 단편적인 이미지들이 병치하고 있는가? 트라클 영혼의 감광판에 섬광처럼 찍힌 유년기의 풍경은 푸른색 이미지와 어떤 연관성을 갖는가? 트라클과 동시대를 살았던 발터 벤야민은 에세이 『1900년경 베를린의 유년시절』에서 자신의 유년기에 각인된 색채를 이렇게 묘사한 바 있다.

2 Angelika Overath, *Trakls blaue Kindheit. Altmodische Lektüre eines modernen Gedichts*. In: *Akzente*, Bd. 34, 1987, p. 78.

3 Gertrud Fussenegger, *Farbiges Licht*. In: Marcel Reich-Ranicki(Hg.), *1000 Deutsche Gedichte und ihre Interpretationen. Von Georg Trakl bis Gottfried Benn*. Sechster Band, Leipzig 1996, p. 373.

> 우리 집 정원에는 아무도 쓰지 않은 채 버려진 정자가 하나 있었다. 나는 스테인드글라스로 장식된 창문들 때문에 그 정자를 좋아했다. 정자 안에 들어가서 유리창을 하나씩 하나씩 쓰다듬을 때, 내 자신의 모습도 바뀌었다. 즉 나는 창문에 비친 풍경처럼 어떨 때는 활활 타오르기도, 어떨 때는 먼지처럼 사그라지기도, 또 어떨 때는 검게 그을리는가 싶더니, 어떨 때는 울창한 수목처럼 바뀌면서 내 모습에 색칠을 했다. [……] 하늘을 봐도, 장식품을 봐도, 또 어떤 책을 봐도 나는 색채들에 빠져들었다. 어린이들은 어디서나 색채의 포로가 되었다.[4]

벤야민에게 색채 이미지는 대상과 일체가 된 유년기 자아를 대변한다. 따라서 색은 과거와 현재를 중개하는 회상의 매개체로 기능한다. 트라클은 특히 푸른색의 이미지를 통해 유년기를 현재로 호출한다.

「어린 시절」은 운율의 법칙이나 일정한 각운의 틀 속에 구속되지 않은 자유시이다. 각 시행의 모음 수의 편차가 크기 때문에 시의 운각이 들쑥날쑥하다. 1연 제 3행(9개의 모음)의 낭송 호흡이 가장 짧고, 5연 제 3행(20개의 모음)의 낭송 호흡이 가장 길다. 연의 차원에서 규칙성을 찾아보면, 4행으로 구성된 1연과 5연이 3행으로 이루어진 2, 3, 4연을 앞뒤에서 감싸 안은 형국이지만(4-3-3-3-4), 이러한 시련의 형식은 송가, 민요, 테르치네, 스탄체, 소네트 등 기존의 전통적인 시형식과 부합되지 않는다. 정형시가 갖는 규칙성보다는 시상(詩想)의 자유로운 전개가 창출하는 이미지를 더 선호했던 트라클의 창작 의도가 시 형식에 관철된 것으로 해석된다.

그렇다고 트라클은 시의 음향적 효과를 완전히 배제하지 않았다. 앙

4 발터 벤야민, 『1900년경 베를린의 유년시절. 베를린 연대기』, 윤미애 옮김, 도서출판 길, 2007, 85쪽.

장브망(Enjambement), 즉 시행도약을 사용함으로써 연속운과 유사한 음악적 효과를 만들었다. 1연의 1행과 2행이 그 예이다. 트라클은 전치사구 “동굴 안에서”(In blauer Höhle)를 의도적으로 2행으로 이전시켜, 1행의 끝 자음 소리를 2행과 3행의 끝 자음 소리와 아래처럼 일치시켜 놓았다.

Kindheit/ Pfad/ saust

이러한 노력은 2연에서도 이어진다. 2연의 세 번째 문장의 주어인 “목동”(Ein Hirt)을 문장과 분리시킴으로써 2연을 구성하는 세 행의 끝 자음을 이렇게 통일시켰다.

tönt/ Hirt/ rollt

윌리엄 레이(William H. Rey)는 트라클 시에 나타나는 특정한 자음의 반복을 “동일한 모티브의 가시적 연쇄”[5]로 설명한다. 끝 자음이 일치하는 “울리다”, “목동”, “굴리다”는 낭만적 정서를 유발한다는 측면에서 동일한 기호적 의미를 공유한다. 또한 시 곳곳에서 발견되는 내재압운(Binnenassonanz)은 언어의 음악성을 포기하지 않으려는 시인의 의도로 읽힌다.

Voll Früchten der Hollunder/ das Rauschen des Laubs/ Bläue läuten/ Menschen denkt

5 William Henry Rey, *Poesie der Antipoesie. Moderne deutsche Lyrik. Genesis, Theorie, Struktur*, Heidelberg 1978, p. 241.

그럼, 이제부터 「어린 시절」 제1연에 등장하는 “푸른 동굴” 안으로 깊숙이 들어가 보자. 트라클의 시를 추동하는 동력은 그의 영혼에 화인(火印)처럼 각인된 죄의식이다. 트라클은 여동생을 사랑했다. 이 근친상간의 죄책감이 트라클의 내면을 지배하는 암흑의 힘이었다. 트라클은 권위적이고 완고한 아버지와 절제력이 부족했던 신경과민의 어머니 사이에서 심각한 정신 분열을 체험했다.[6] 그는 양친 부모 누구에게서도 위안을 얻을 수 없었다. 트라클은 아버지의 권력을 부정하고 어머니의 자궁을 갈망하는 오이디푸스가 될 수 없었다. 대신에 그는 여동생에게서 결핍된 사랑의 욕망을 보상받고자 했다. 부모에 대한 증오는 누이를 향한 성적 리비도를 증폭시켰다. 모성에 대한 결핍이 심화될수록 여동생을 소유하려는 집착은 강화되었고, 죄의식은 우울증과 자기 파괴적 정신착란증으로 이어졌다. 트라클이 이른 나이부터 알코올과 약물중독에 빠진 이유는 여기에 있다. 트라클은 산문시 「꿈과 착란」에서 자신의 불우한 가족사를 이렇게 요약한다.

> 저녁에 아버지는 백발노인이 되었다. 컴컴한 방들에서 어머니의 얼굴은 돌처럼 굳어졌다. 그리고 타락한 성(性)의 저주가 소년을 짓눌렀다. [……] 어느 누구도 그를 사랑하지 않았다.
>
> Am Abend ward zum Greis der Vater; in dunklen Zimmern versteinerte das Antlitz der Mutter und auf dem Knaben lastete der Fluch des entarteten Geschlechts. [……] Niemand liebte ihn. (HKA I, 147)

시민계급의 윤리적 금기를 파기했다는 트라클의 죄책감은 기독교적

6 Vgl. Hans Szklenar, *Georg Trakl. Eine biographischer Abriß*. In: Heinz Ludwig Arnold(Hg.), *Georg Trakl*, Text+Kritik, Heft 4/4a, Sttutgart 1969, p. 43f.

대속(代贖)의지와 연결된다. 그는 「근친원죄」(*Blutschuld*)에서 성모를 향해 이렇게 절규한다.

> 우리 입맞춤의 침상으로 밤이 위협한다.
> 어디선가 속삭이는 소리 들린다. 너희들 중 누가 죄를 짓고 있는가?
> 여전히 신성모독의 달콤한 환락으로 전율하면서
> 우리는 기도한다. 오 마리아여, 당신의 자비로움으로 우리를 용서해 주시옵소서!
> Es dräut die Nacht am Lager unsrer Küsse.
> Es flüstert wo: Wer nimmt von euch die Schuld?
> Noch bebend von verruchter Wollust Süße
> Wir beten: Verzeih uns, Maria, in deiner Huld! (HKA I, 249)

죄의식에서 벗어나기 위해 몸부림치지만 구원의 길은 요원하다. 시인은 공포와 쾌락, 속죄와 욕망 사이에서 부단히 방황한다. 그는 늘 자신을 저주받은 시인으로 생각했다. 자기파멸의 나락이 깊을수록 시쓰기에 대한 열망은 커졌지만, 이러한 내면의 분열은 트라클의 영혼을 황폐화시켰다. 그의 탈진된 정신 상태를 「어린 시절」의 색채 이미지로 표현하면 "거친 들풀이 갈색으로 솨악솨악 소리 내는" 곳이라 볼 수 있다.[7] 이런 맥락에서 보면 "푸른 동굴"은 성인이 된 시적 화자가 그리워하는 동심의 세계만을 뜻하지 않는다. 그곳은 원죄 없는 절대 순수의 세계를 상징한다. 말하자면 푸른색은 사회적 억압과 도덕적 금기가 없는 세계와 인간

---

7 트라클의 시에서 갈색은 황량함, 부패, 불행, 더러움, 죽음 등을 대변한다. "저녁에 그곳은 황량하게 갈색으로 놓여 있고"(HKA I, 51), "세계의 불행이 하오를 지나 유령처럼 떠돈다./ 임시 막사들이 조그만 정원을 지나 갈색으로 거칠게 달아난다."(HKA I, 53), "갈색 진주들이 생기를 잃고 죽은 손가락 사이로 흘러내린다."(HKA I, 58)

의 성이 분화되기 이전의 세계를 구현하는 색인 것이다.[8] 푸른 동굴은 트라클이 체험한 실제 유년기의 시공간이 아니다. 앞서 언급했듯이 그의 유년기는 행복하지 못했다. 그는 자신의 상처 받은 어린 시절을 시적으로 이상화한 유년기를 통해 보상 받고자 한 것이다.

여기서 흥미로운 사실은, 누이동생과의 이룰 수 없는 사랑이란 개인적 비극이 초래한 원초 세계에 대한 갈망은 당대를 풍미했던 표현주의 예술사조의 이념과도 일맥상통한다는 점이다. 세기전환기 위기의식 속에서 자본주의와 기계문명을 부정하고 억눌린 인간성의 해방을 부르짖으며 절대적이고 원초적인 세계로 귀환하기를 갈망했던 표현주의의 근본정신을 상기해 보면, "푸른 동굴"은 물질문명에 의해 세상이 타락하기 이전의 상태를 상징하는 것으로 해석할 수 있다. "푸른 동굴" 안에 기거하는 순수한 어린 시절의 이미지는 「귀향」(*Die Heimkehr*)에서 "푸른 눈"의 이미지로 변주된다. "수정 같은 유년시절이/ 푸른 눈으로 내다본다."(HKA I,162) 권병준의 분석처럼 푸른색은 "태초와 관련한 정신적인 순수"[9]를 상징한다. 제1차 세계대전이 발발하기 전인 1913년, 말하자면 물질문명이 전쟁이라는 야만적인 형태로 폭발하기 직전의 악몽전야에 이 시가 쓰였다는 사실은 의미심장하다. 그의 작품에는 세기전환기의 불안한 시대상이 간접적으로 반영되어 있다. 곧 맞닥뜨릴 파국의 징후를 그의 서정시는 예언적으로 포착한 셈이다.

또한 서양말오줌나무로 불리는 붉은 홀룬더 나무 열매들과 푸른 동굴

---

8 Vgl. Alfred Doppler, *Poetisches Bild als historisches Abbild. Der Wandlungsprozeß in der Lyrik Georg Trakls*. In: *Wirklichkeit im Spiegel der Sprache. Ansätze zur Literatur des 20. Jahrhunderts in Österreich*, Wien 1975, p. 125f.

9 권병준, 「게오르크 트라클 문학에 나타난 은유의 색채상징」, 『독일언어문학』, 제31집, 2006, 243쪽.

의 선연한 대비는 강렬한 원색 대비효과를 즐겨 사용했던 청기사파 화가 프란츠 마르크(Franz Marc)의 회화를 연상시킨다. 트라클의 대표작 「헬리안」에 이런 시구가 있다.

> 어린애 같은 홀룬더 나무 열매들
> Die kindlichen Früchte des Hollunders (HKA I, 71)

이 시구가 암시하듯이, 홀룬더의 작은 열매들은 시인을 원죄 없는 유년기의 순수세계로 안내하는 회상의 기제로 읽힌다. 동그란 모양의 흰 꽃이 피는 관목인 홀룬더 나무는 독일어권 문화에서 집, 동식물, 가정을 보호해 주는 수호천사를 의미한다. 사람들은 홀룬더 열매가 많은 병을 치료할 수 있다고 믿었기에 '아이들의 보호자'로 불리기도 한다. 이런 특성은 여신 홀다(Holda)와 어원상 연결된다. 대지의 여신 홀다는 우아하고 하얀 피부를 지닌 순수한 여성의 상징이다. 트라클이 홀룬더 나무에서 어린이의 천진함과 순수함을 읽어낸 사정도 이런 문화적 맥락과 무관하지 않아 보인다.

2. 푸른 물: 낭만적 음악성

「어린 시절」 제1연과 제2연에는 낭만주의 시의 전형적 어휘가 산재해 있다. 이것은 유년기를 이상화하기 위한 시적 장치로 읽힌다. 인간의 감정이 자연에 깊숙이 투영됨으로써 자연은 의인화된다. 1연에서 지나간 과거("지난날의 오솔길")를 차분히 명상하는 "소란스럽지 않은 나뭇가지"는 회상에 젖은 시적 화자를 체현한다. 이 고요한 시적 화자의 심상은 살랑거리는 나뭇잎의 이미지와 연결되면서 가을의 낭만적 정조를 대변한다. 2연의 지빠귀도 시적 화자를 체현한다. 그의 대표시 「소멸」(*Verfall*)에서 지빠귀의 탄식은 세계 파멸의 묵시록적 징후와 깊이 연동된다.

> 이제 몰락의 숨결이 나를 전율시킨다.
> 지빠귀는 앙상한 가지에서 한숨짓고.
> Da macht die Hauch nich vom Verfall erzittern.
> Die Amsel klagt in den entlaubten Zweigen. (HKA I, 59)

하지만 「어린 시절」에 등장하는 지빠귀의 울음소리가 갖는 한탄의 강도는 '부드러운'(sanft)이라는 형용사와 모순적으로 결합되면서 약화된다. 이처럼 트라클의 시에 서정적 주체는 전면에 등장하지 않고 자연의 배면으로 침잠한다. 자연의 풍경은 주체의 내면 상태와 동일하고, 역으로 주체의 심상이 곧 자연의 상태이다.

이러한 세계의 낭만화는 '목동'과 '해'의 관계에서도 발견된다. 일반적으로 트라클의 시세계에서 지는 해의 풍경은 죽음의 이미지와 전이의 계약을 맺고 있다. 그 실례로 「휴식과 침묵」(*Ruh und Schweigen*)의 첫 행을 보자.

> 목동들은 헐벗은 숲 속에서 태양을 묻었다.
> Hirten begruben die Sonne im kahlen Wald. (HKA I, 113)

여기서 트라클은 일몰의 풍경을 목동들이 해를 매장하는 살풍경으로 상상한다. 그러나 「어린 시절」에서 언덕 너머로 지는 석양을 바라보며 홀로 귀가하는 목동의 모습은 가을의 목가적 낭만성을 환기한다. 여기서 동사 '굴러가다'(rollen)는 2연 1행의 동사 '울리다'(tönen)와 의미론적으로 맥이 통한다. 즉 굴러가는 태양(지는 해)의 율동이 바위틈에서 흘러나오는 물의 음향성과 하나로 포개지면서 일몰의 풍경은 아름다운 서정성을 획득한다.

이러한 낭만주의 특유의 음악성이 시각적 차원으로 전환된 공감적 이미지가 바위틈에서 메아리치는 "푸른 물"이다.[10] 색채와 음악의 연관성을 직관적으로 탐색함으로써 추상회화의 이론적 토대를 정초한 칸딘스키는 『예술에서의 정신적인 것에 대하여』에서 푸른색의 음향적 특징을 이렇게 언급했다. "깊고 장중한 형식을 갖춘 푸른색의 음향은 파이프 오르간 저음과 비교할 수 있다."[11] 칸딘스키의 상상력을 인정한다면, 태고의 동굴 속 바위틈에서 울려 퍼지는 푸른 물의 선율은 파이프 오르간의 저음과 흡사하다. 이 추론의 근거로 「길 따라서」(*Entlang*)의 다음 시구를 들 수 있다.

> 저녁 바람 조용히 창가에서 살랑인다,
> 푸른 오르간 연주.
> Abendwind leise ans Fenster rauscht,
> Blaues Orgelgeleier. (HKA I, 106)

전형적인 낭만주의의 심상인 바람소리가 오르간 소리로 비유되고, 이

10 트라클의 시에서 물과 샘 이미지는 거의 예외 없이 푸른색으로 표현된다. "푸른 샘의 가장자리에서"(HKA I, 117), "푸른 암벽 샘의 청량함"(HKA I, 26), "푸른 샘의/ 수정 같은 물결"(HKA I, 153)

11 바실리 칸딘스키, 『예술에서의 정신적인 것에 대하여』, 권영필 옮김, 열화당, 2010, 90쪽.

낭만주의의 율동은 푸른색이라는 시각적 이미지로 전환된다. 「어린 시절」의 바위틈에서 용솟는 "푸른 물"의 이미지는 「변용된 가을」(*Verklärter Herbst*)의 3연에서 "푸른 강"의 이미지로 확대된다.

온화한 사랑의 시간이다.
조각배를 타고 푸른 강을 내려가면
연이은 이미지가 얼마나 아름다운지
이 영상이 고요와 침묵으로 하강한다.
Es ist der Liebe milde Zeit.
Im Kahn den blauen Fluß hinunter
wie schön sich Bild an Bildchen reiht -
das geht in Ruh und Schweigen unter. (HKA I, 37)

샘에서 흘러나온 푸른 물은 푸른 강을 따라 내려가며 "온화한 사랑의 시간"을 축복한다. 푸른 강의 율동을 따라 이어지는 주변 풍경의 영상도 아름답게 펼쳐진다. 이 가을 풍경이 조각배를 탄 시적 화자를 차분한 자기 성찰("고요와 침묵")로 이끈다.

3. 푸른 꽃: 먼 곳에 대한 동경

그는 말로 표현할 수 없는 사건들을 꿈꾸었다. 새파란 하늘에는 구름 한 점 없었다. 그러나 걷잡을 수 없이 그의 마음을 앗아간 것은 우물가에서서 반짝이는 넓은 잎사귀로 그를 툭툭 건드리고 있는 푸른빛의 키 큰 꽃이었다. 푸른 꽃 주위에는 온갖 색깔의 꽃들이 헤아릴 수 없이 많이 피어 있었다. 달콤한 향기가 주위에 진동했다. 그의 눈엔 푸른 꽃밖에 들어오지 않았다. 그는 한참 동안 이루 말할 수 없는 사랑스러운 눈길로 푸른 꽃을 응시했다. 마침내 그가 꽃을 향해 다가가려고 하자, 푸른 꽃은 갑자기 움직이더니 모습이 변하기 시작했다. 잎사귀들은 더욱 반짝이는 빛을 띠면서 점점 솟아오르는 줄기에 바싹 매달렸다. 푸른 꽃이 그를 향해 고개를 숙였다. 꽃잎들이 푸른색의 넓은 옷깃 모양을 만들어보였다. 그 순간 거기서 어여쁜 얼굴이 하늘거렸다.[12]

푸른색은 독일 낭만주의 정신을 상징한다. 노발리스가 미완성 소설 『하인리히 폰 오프터딩겐』(*Heinrich von Ofterdingen*)에서 '푸른 꽃'을 창조한 이후, 푸른색은 낭만주의 예술의 지향점인 "먼 곳에 대한 동경"[13]을 구현하는 색으로 공인되었다. 꿈속에서 푸른 꽃으로 나타난 소녀를 동경해 방랑의 길을 떠난 중세의 전설적인 음유시인 하인리히가 시와 사랑과 삶을 깨닫는 이 소설에서 푸른 꽃은 동경의 대상이자 세계인식의 상징이다. 하인리히 하이네가 『낭만파』(*Romantische Schule*)에서 "노발리스는 항상 자신의 상상의 형상들과 함께 푸른 공기 속으로 떠돈다."[14]라고 말한 이유도 이 맥락에서 이해된다.

독일 낭만주의 문학의 세례를 받은 트라클에게 노발리스의 푸른 꽃은 각별하다. 푸른색에 대한 트라클의 애착은 "푸른 꽃의 창시자에 대한 후세대 시인의 지지"[15]의 표현이다. 그 시의 영토에 푸른 꽃 세 송이가 피

12 노발리스, 『푸른 꽃』, 김재혁 옮김, 민음사, 2005, 15쪽.

13 Arnold Hauser, *Sozialgeschichte der Kunst und Literatur*, München 1990, p. 695.

14 하인리히 하이네, 『낭만파』, 정용환 옮김, 한길사, 2004, 124쪽.

15 Jacob Steiner, *Die Farben in der Lyrik von George bis Trakl*. In: Joseph P. Strelka(Hg.), *Internationales Georg Trakl Symposium*, 1983 Albany, New York, Frankfurt am Main 1984, p. 126.

어 있다. 30살에 요절한 시인 노발리스를 떠올리게 만드는 「어느 요절한 이에게」에 등장하는 푸른 꽃은 절망의 밑바닥에서 피는 절규의 노래, 즉 시의 꽃을 상징한다.

요절한 이의 정령은 조용히 방에 나타났다.
오, 소리 내는 이의 목구멍에서 흘러나오는 피여,
푸른 꽃, 불같은 뜨거운 눈물이여.
Der Geist des Frühverstorbenen stille im Zimmer erschien.
O, das Blut, das aus Kehl des Tönenden rinnt,
Blaue Blume; o die feurige Träne. (HKA I, 117)

붉은색(피)과 푸른색(꽃)의 대비가 강렬하다. 시란 각혈하는 고통의 대지 위에 핀 신비한 꽃이라는 트라클의 지론이 형상화된 작품이다. 두 번째 푸른 꽃은 누렇게 변색된 바위에서 노래한다. 「변용」의 아래 시구를 보자.

네 입가에 가을 달이
정적이 산다,
아편에 취한 어두운 노래.

푸른 꽃,
누런 바위틈에서 나지막이 울린다.
Stille wohnt
An deinem Mund der herbstliche Mond,
Trunken von Mohnsaft dunkler Gesang;

Blaue Blume,

Die leise tönt in vergilbtem Gestein. (HKA I, 120)

트라클의 시쓰기 행위가 솟아나는 샘은 고통이 응고된 돌이다. 고통은 화석화된 돌의 폐쇄성 안에 축적되어 있다. 이 돌에서 푸른 꽃이 환각에 취해 핀다. 실존의 고통이 경화(硬化)된 암석에서 절대 순수의 세계를 향해 울리는 처절한 도취의 노래가 푸른 꽃의 정체이다. 요컨대 푸른 꽃은 "동경의 꽃이자 시의 꽃"[16]이다. 푸른 꽃은 부정한 세상 속 한 줌의 희망, "마지막 위안의 몸짓"[17]인 것이다. 그러나 이 꽃은 아편에 젖어 있다. 꽃이 부르는 노래는 암울하다. 구원의 가능성이 좀처럼 보이질 않는다. 따라서 트라클의 '변용'은 성경에서 말하는 신의 현현, 즉 아름답고 성스러운 존재의 변화를 의미하지 않는다.[18]

세 번째 푸른 꽃은 낭만주의 시인 노발리스에게 바친 헌화이다. 전문을 읽어 보자.

어두운 대지에 성스러운 이방인이 쉬고 있습니다.
그의 부드러운 입에서 신의 비탄이 새어나갔죠,
그는 절정의 순간 침몰했으니까요.
한 송이 푸른 꽃
그의 노래는 암울한 고통의 집에서 계속 살아 있습니다.
In dunkler Erde ruht der heilige Fremdling.

---

16 Brigitte Lühl-Wiese, *Georg Trakl - Der Blaue Reiter. Form- und Farbstrukturen in Dichtung und Malerei des Expressionismus*, München 1963, p. 128.

17 Gertrud Fussenegger, *Farbiges Licht*, p. 373.

18 "엿새 뒤에 예수님께서 베드로와 야고보와 그의 동생 요한만 따로 데리고 높은 산에 오르셨다. 그리고 그들 앞에서 모습이 변하셨는데, 그분의 얼굴은 해처럼 빛나고 그분의 옷은 빛처럼 하얘졌다."(마태복음 17장 1~3절)

Es nahm von sanftem Munde ihm die Klage der Gott,
Da er in seiner Blüte hinsank.
Eine blaue Blume
Fortlebt sein Lied im nächtlichen Haus der Schmerzen. (HKA I, 325)

「노발리스에게」(*An Novalis*)는 트라클이 1914년 11월 크라카우 야전 병원에서 사망하기 직전 병상에서 쓴 처절한 기록이다. 1차 세계대전 발발 직후인 1914년 8월 트라클은 인스부르크 약정국 소속 약사시보로 최전선에 투입된다. 이곳에서 시인은 전투의 잔혹한 참상과 중상자들의 신음 속에서 극심한 피해망상증과 정신착란 증세에 빠지게 된다. 절대 순수의 세계를 지향했던 젊은 시인의 영혼은 전쟁의 광기와 공포를 감당하기에는 너무도 예민하고 나약했다. 극한의 고통 속에서 시인이 붙잡은 '단 하나의 이미지'가 노발리스의 푸른 꽃이다. 푸른 꽃은 실존이 감수해야 하는 극한 고통이 예술적 차원으로 승화된 '숭고의 꽃'인 것이다. 트라클의 시학의 핵심을 숭고의 개념으로 포착한 릴케는 트라클의 친구 에르하르트 부쉬벡에게 보낸 1917년 2월 22일자 편지에 이렇게 썼다.

> 트라클의 시는 나에게 숭고의 대상이다. [……] 그의 전 작품에서 하강은 결코 저지할 수 없는 승천을 위한 구실이다.[19]

이처럼 트라클의 시에서 몰락과 상승, 비탄과 찬양은 서로 상보하는 타자다. 이 상극의 팽팽한 긴장 속에서 트라클의 푸른 꽃이 노래한다.

---

19 Rainer Maria Rilke, *Briefe aus den Jahren 1914~1921*, Leipzig 1977, p. 45.

4. 푸른 순간: 영혼의 현현

앞서 언급한 "푸른 동굴", "푸른 물"에서 푸른색은 구체적인 자연대상이나 현상에 외형상의 가시적 특징을 부여하면서 동시에 원죄 없는 순수성과 낭만주의 음악성과 같은 상징적 의미를 갖는다. 하지만 「어린 시절」 제3연에 등장하는 "푸른 순간"에서 푸른색은 구체적인 경험이나 감각적 인식영역 밖의 추상적인 대상, 즉 순간을 지시하는 색채은유이다. 이러한 문맥에서, 디터 람핑(Dieter Lamping)이 "추상을 향한 진행은 반사실주의적 은유법으로 인해서 표현주의 서정시에도 역시 고유한 현상으로 나타나며, 그것도 초기에 벌써 드러나고 있다."[20]고 언급하며 대표적인 실례로 트라클의 시를 꼽고 있는 대목을 이해할 수 있다. 트라클의 시에서 '푸른 순간'은 감각적인 물질의 세계에서 해방된 영혼의 시간을 의미한다. 푸른색은 심혼의 색이다. 그래서 트라클은 「어린 시절」 3연을 이렇게 시작한다.

> 푸른 순간이 되는 것은 오로지 심혼이다.

이 시구를 트라클은 「가을의 영혼」에서 이렇게 압축한다. "푸른 영혼"(HKA I, 107) 여기서 푸른색은, 야콥 슈타이너(Jacob Steiner)가 간파한 것처럼, "내면과 외부 세계의 형언할 수 없는 융합의 기호"[21]이다.

칸딘스키는 『예술에서의 정신적인 것에 대하여』에서 노란색은 감상

---

20 Dieter Lamping, *Das lyrische Gedicht. Definitionen zu Theorie und Geschichte der Gattung*, Göttingen 1993, p. 173.

21 Jacob Steiner, *Die Farben in der Lyrik von George bis Trakl*, p. 128.

자에게 심도감(深度感)을 줄 수 없지만 푸른색은 감상자의 영혼을 흡입하는 색, 즉 구심적인 색으로 규정한다.

> 똑같은 크기로 두 개의 원을 만들어 하나는 노랑으로, 다른 하나는 파랑으로 각각 채운 후, 이 원을 잠시 주시하면 노랑은 빛을 방사해 중심에서 밖으로 향한 운동을 하며 분명히 우리에게 가까이 오는 느낌을 준다. 반면에 파란색은 하나의 구심적 운동을 일으켜서, 우리에게서 멀어져 간다. 첫 번째 원에서는 눈을 찔린 느낌이며 두 번째 원에서는 빨려드는 느낌을 받는다. [……] 노란색은 전형적인 지상의 색이다. 노란색은 우리에게 깊은 심도감을 줄 수 없다. [……] 푸른색은 심화되면 될수록, 그만큼 더 인간을 무한의 세계로 이끌어 들이고, 순수에 대한 동경과 초감각적인 것에 대한 동경을 인간에게 일깨워 준다. 푸른색은 하늘의 색이다.[22]

칸딘스키에 의하면 노란색은 지상의 색이자 현실의 색이라면, 푸른색은 하늘의 색이자 영혼의 색이다. 푸른색은 감상자로부터 아득히 멀어지면서 감상자의 영혼을 빨아들이는 색이기 때문이다. 푸른색에 대한 칸딘스키의 생각은 괴테의 생각과 유사한 측면이 있다. 괴테는 『색채론』에서 색이 시각뿐만이 아니라 인간의 정서와 심리에 영향을 줄 수 있다는 사실에 주목하면서, 푸른색의 심미적 효과를 이렇게 기술했다.

> 이 색은 눈에 무어라 말하기 어려운 특별한 영향을 미친다. 청색은 색으로서는 하나의 에너지이다. 하지만 이것은 수동적인 영역에 속하며 가장 순수한 상태에서는 말하자면 자극을 가진 무(無)와 같다. 이 색에서

22 바실리 칸딘스키, 『예술에서의 정신적인 것에 대하여』, 85~89쪽.

우리는 자극이자 휴식이라는 그 어떤 모순적인 것을 본다. 높은 하늘과 멀리 있는 산들이 청색으로 보이듯이, 청색의 표면도 우리 눈앞에서 뒤로 물러서는 것처럼 보인다. 우리 앞에서 달아나는 호감이 가는 대상을 기꺼이 쫓아가듯이, 우리는 청색을 기꺼이 바라본다. 그것이 우리 쪽으로 밀쳐 오는 것이 아니라 우리를 자기 쪽으로 끌어당기기 때문이다.[23]

괴테와 칸딘스키가 간파했듯이, 푸른색의 매혹은 인간의 영혼을 지속적으로 끌어들이는 인력에 있다. 이러한 맥락에서 왜 트라클이 어린 시절을 '푸른 순간'으로 표현했고, 다시 푸른 순간을 영혼과 동일시했는지를 추측할 수 있다. 지금 발 딛고 있는 타락한 현실세계에 대한 절망이 클수록 영혼의 유토피아("푸른 순간")에 대한 동경은 더욱 간절해진다. 순수한 영혼의 세계로 되돌아 갈 수 없다는 시인의 뼈저린 자각, 즉 시간의 무상함에 대한 시인의 비극적인 현실인식이 심화될수록 푸른 실낙원으로 입성하고 싶은 열망은 강렬해진다. 푸른색으로 상징화된 어린 시절은 여기 지금의 현실로부터 점점 멀리 달아나면서 동시에 트라클의 영혼을 지속적으로 흡입한다. 칸딘스키의 언어로 표현하자면, 트라클의 푸른색은 "순수에 대한 동경과 종국에는 초감각적인 것에 대한 동경"을 불러일으키는 영혼의 색이다. 볼프강 프라이젠단츠(Wolfgang Preisendanz)가 적시했듯이 트라클의 색채 심상들은 "사실적으로 존재하는 외부 세계의 인지를 위해서나 어떤 체험 혹은 감정적 동화의 표현을 위해 등장하는 것이 아니다."[24] 트라클의 색은 추상적이고

23 요한 볼프강 폰 괴테, 『색채론』, 장희창 옮김, 민음사, 2003, 253쪽.

24 Wolfgang Preisendanz, *Auflösung und Verdinglichung in den Gedichten Georg Trakls*. In: Wolfgang Iser(Hg.), *Immanente Ästhetik-Ästhetische Reflexion. Lyrik als Paradigma der Moderne*, München 1966, p. 241.

형이상학적이다.

인간과 자연, 내면과 현상, 자아와 세계 사이에 신비한 합일상태를 체험했던 '푸른 순간'을 회상하는 순간, 한 마리 "야수"가 나타난다. 총 18행으로 구성된 「어린 시절」의 정중앙인 제9행에 등장하는 야수는 신비로운 암호이다.

> 푸른 순간이 되는 것은 영혼이다.
> 숲가에서 수줍은 야수 한 마리 모습을 드러내고.

어울리지 않는 이미지들이 병치된 두 시행 사이의 연관성을 발견하기 어렵다. 트라클의 시를 난해하게 만드는 전형적인 대목이다. 이 신비로운 동물의 정체는 트라클의 다른 작품들과의 맥락 속에서 비로소 파악될 수 있다. 흥미로운 사실은, 그의 시에서 야수는 항상 푸른색과 결부되고, 누이동생의 알레고리로 기능한다는 점이다. 「누이에게」(*An die Schwester*)가 이 사실을 입증한다.

> 네가 가는 곳은 가을과 저녁,
> 울창한 나무 아래 우는 푸른 야수여,
> 홀로 밤에 휩싸인 늪.
>
> 나직이 울리는 새들의 날개소리
> 네 눈언저리 위에 우울.
> 네 가느다란 웃음이 떨린다.
>
> 신은 네 눈꺼풀을 감기우시고
> 수난일에 태어난 아이야, 별들은 밤에

네 반달 같은 이마를 찾는다.
Wo du gehst wird Herbst und Abend,
Blaues Wild, das unter Bäumen tönt,
Einsamer Weiher am Abend.

Leise der Flug der Vögel tönt,
Die Schwermut über deinen Augenbogen.
Dein schmales Lächeln tönt.

Gott hat deine Lider verbogen.
Sterne suchen nachts, Karfreitagskind,
Deinen Stirnenbogen. (HKA I, 57)

형식은 단테의 『신곡』과 괴테의 「실러의 진혼가」(*Die Reliquien Schillers*)에서 볼 수 있는 고리운(aba-bcb-cdc)으로 이루어진 테르치네(Terzine)이다. 트라클은 사랑하는 이를 연모하는 연가나 죽은 이를 추모하는 애가의 장르로 사용되어 왔던 테르치네에 누이동생에 대한 연정을 담는다. 이 시에서 누이는 숲속에서 우는 푸른 야수의 모습으로 형상화된다. 트라클은 여동생을 자신의 분신으로 생각했다. 하느님과 그리스도가 둘이면서 하나인 것처럼 자신과 여동생을 자웅동체의 한 몸으로 여겼던 것이다. 여동생은 트라클의 동반자이자 뮤즈에 다름 아니었다. 이렇게 보면 푸른 야수는 누이 동생이자 트라클 자신이다. 즉 야수는 지상에서 고통받는 시인의 상징이다. 트라클이 푸른 야수의 이미지에 지상에서 이방인으로 살아갈 수밖에 없었던 그리스도의 수난상을 덧씌운 이유는 여기에 있다. 권병준의 분석처럼 종교적 차원에서 트라클의 푸른색은 "신적 인간 그리스도의 색"[25]이다.

트라클의 푸른 야수는 청기사파 화가 프란츠 마르크의 작품 <푸른 말 I>(*Blaues Pferd I*)을 연상시킨다. 마르크는 인간이 상실한 순수함을 동물에서 읽어낸 화가이다. 물질적 풍요에 대한 인간의 맹목적인 탐욕을 환멸하고 위선적이고 부패한 문명사회에 염증을 느꼈기 때문이다. 마르크는 연인 마리아에게 썼다.

> 나는 일찍이 인간이 증오의 존재라는 걸 알았어. 차라리 동물들이 순결하고 아름답다고 생각했지.**26**

특히 그는 붉은색은 물질적인 색으로, 푸른색은 순수한 정신의 색으로 여겼다. 푸른 말이 앞발로 붉은 대지를 밟고 있는 모습은 그의 색채 철학을 상징적으로 보여준다. 이렇게 보면, 예술의 원시림에 서있는 마르크의 푸른 말은, 트라클이 동경하는 영혼의 이상향을 체현하는 '푸른 야수'의 변용으로 읽힌다. **그림 11. 프란츠 마르크, 〈푸른 말 I〉, 1911년 참조 (p. 24)**

「어린 시절」 제3연의 마지막 시구에는 평화로운 일몰의 풍경이 묘사되어 있다. "낡은 종과 어둠에 휩싸인 촌락들은 평화롭게 쉬고 있다." 트라클의 시에서 종과 어둠의 이미지는 쌍을 이루어 자주 등장한다. 그리고 둘 사이를 푸른색이 매개한다.

> 해 저무는 탑들에서 항상 저녁의 푸른 종소리가 울렸다.
>
> Immer klangen von dämmernden Türmen die blauen Glocken des Abends. (HKA I, 117)

---

25 권병준, 「게오르크 트라클 문학에 나타난 은유의 색채상징」, 244쪽.

26 Franz Marc, *Briefe aus dem Feld,* Berlin 1948, p. 65.

"푸른 종소리"의 잔잔한 울림은 어둠 속에 푸른 영혼을 시나브로 스며들게 만든다. 색과 음은 서로 뒤섞이면서 서로를 변화시킨다. 청각과 시각을 결합한 공감각적 표현인 "푸른 종소리"에는 자연과 정신, 세계와 자아 사이를 조화롭게 만드는 신비로운 영혼이 깃들어 있다. 이렇게 보면, "낡은 종과 어둠에 휩싸인 촌락들은 평화롭게 쉬고 있다."라는 시구의 배후에도 푸른색이 스며있음을 알 수 있다. 결론적으로 푸른색은 3연의 3개의 시행을 내적으로 통합하며 유년기의 이상향을 상징적으로 형상화한다. 3연은 총 5연으로 구성된 「어린 시절」의 중축이다. 시 정중앙에 유년기로 상징화된 트라클의 '푸른 유토피아'가 집약된 것은 우연의 소산이 아니다.

5. 성스러운 푸름: 존재의 본성

「어린 시절」 제4연에서 이인칭대명사 "그대"가 등장한다. 그대는 트라클이 호명한 회상의 주체이다. 즉 시인을 대변한다. "그대"는 유년기의 아름다운 마을을 떠나 황폐한 세상을 정처 없이 떠돌다 귀향한 나그네이다. 트라클의 시적 주체는 거의 대부분 도상의 영혼이다. 트라클은 타락한 지상에 시인의 거처는 없다고 생각했다. 그래서 영혼은 늘 지상을 배회하는 소외된 이방인일 뿐이다. 이 방랑하는 영혼이 도착한 곳은 유년의 방이다. 그곳에는 싸늘한 냉기만이 흐른다. 하지만 존재의 시원으로 깊이 침잠함으로써 시인은 밤의 "성스러운 푸름"을 감지한다. 누구보다도 트라클의 시를 높이 평가했던 하이데거는 「시에 있어서의 언어. 게오르크 트라클의 시에 관한 논구」에서 영혼과 푸른색의 관계를 이렇게 설명한다. "낯선 나그네를 따라 나서는 이 어두운 여행은 나그네가 맞는 밤의 푸름 가운데로 이르게 된다. 방랑하는 영혼은 푸른 혼이 된다."[27] 푸른색은 트라클 시의 귀착점이자 시발점이다. 그는 어느 곳에도 안착하지 않고 부단히 자기 존재의 시원을 향해 걸음을 옮긴다. "성스러운 푸름 가운데서 빛나는 발자국 소리가 잇달아 울려 퍼진다."는 시구가 암시하듯이, 그는 자신의 영혼의 유년기로 나설 것을 촉구하는 신비로운 소명을 경건하게 받아들인다.

붉은색(그리스도의 피와 순교), 흰색(부활과 영생), 검은색(금욕과 회개)의 3색 체계에서 그리 주목받지 못했던 푸른색은 12세기 중세의 성화나 스테인드글라스에서 성모 마리아의 옷을 표현하는 색으로 사용되면서 성모의 무염시태와 원죄 없는 순결을 상징하는 신성한 색으로 수용되었다.[28] 12세기 이전까지 중세 초기 신학에서 신성한 빛은 색으로 표현할 수 없는 시계(視界)로 인식했다. 그러나 색채에 호의적이었던 중세 프랑스 고위 성직자 쉬제르(Suger)가 최초의 고딕 건축물로 평가받는 생드니 수도원을 재건축하는 과정에서 신성의 빛을 표현하기 위해 스테인드글라스를 푸른색 유리로 제작한 이후 수세기 동안 푸른색은 신의 색으로 공인되어 왔다. 이때부터 대부분이 성화에서 – 라파엘로의 <초원의 성모>(*The Madonna of the Meadow*)에 잘 나타나듯이 – 성모 마리아는 짙은 푸른색 의상을 입고 등장하기 시작했다. 트라클의 푸른색은 이와 같은 전통적인 종교적 신성함에 철학적인 심오함이 결합된 색이다. 하이데거는 트라클의 '성스러운 푸름'에서 존재의 본질을 읽어낸다.

---

27 마르틴 하이데거, 『예술 작품의 근원』, 오병남, 민형원 옮김, 예전사, 1996, 152쪽.

28 미셸 파스투로, 『블루 색의 역사』, 고봉만, 김연실 옮김, 한길아트, 2002, 65~70쪽 참조.

이렇게 푸른 것들과 함께 묶일 때, 이 묶여진 것들의 근저에서 성스러운 것의 심오함이 응결되어 있다. 이 푸름 가운데로부터 성스러운 것은 빛나기도 하거니와, 동시에 푸름 자신이 갖는 어둠에 의해 스스로를 감추기도 한다. 성스러운 것은 스스로 몸을 빼서 도망하면서 이곳에 머문다. 성스러운 것은 머무는 한편, 몸을 빼서 도망간다는 특징 가운데 자신을 간직하면서 자신의 도래를 증여한다. 어둠 가운데로 태어난 밝음이 푸름이다.[29]

은폐와 개방, 정지와 질주, 어둠과 빛의 변증법적 길항 속에서 푸른색의 신성이 역사(役事)한다. 여기서 하이데거가 존재의 진리가 온전하게 드러나는 신성한 장소로 비유한 "어두운 가운데로 태어난 밝음"은 하이데거 철학에서 '숲 속의 빈터'(Lichtung)라는 개념과 동의어이다. 나무들이 빽빽이 들어찬 숲 속의 빈터는 어둠 속에서 '빛의 트임'을 체험할 수 있는 공간이다. 숲 속 한복판에서 갑자기 하늘로 치솟는, 아니 대지를 향해 곤두박질치는 빛의 기둥을 체험할 수 있는 공간이라는 점에서 하이데거는 진리가 발생하는 공간의 메타포로 '숲 속의 빈터'라는 개념을 자주 사용한다.[30] 캄캄한 숲 속 한가운데서 휘몰아치는 이 작은 태풍의 눈이야말로 어둠을 뚫고 뭇 존재들이 갑자기 자신의 모습을 환하게 드러내는 '밝음 터'이다. 이 빈터 안으로 쏠려 들어간 빛은 그 안에 진을 치고 있던 어둠과 정면충돌하면서 다시 하늘로 솟구친다. 감춤과 드러냄, 은폐와 개방의 변증법이 일어나는 숲 속의 빈터는 모든 현전하는 것과 부재하는 것이 교호하는 자리이다. 따라서 하이데거는 존재의 진리를

29 마르틴 하이데거, 『예술 작품의 근원』, 143쪽.

30 라틴어로 성목을 가리키는 '루쿠스'(lucus)의 첫 번째 뜻은 신성한 숲이고 두 번째 의미는 숲 속의 빈터이다.

시간을 초월하여 영구히 존속하는 불변의 항수로 파악하지 않는다. 그에게 진리란 발견의 대상이 아니다. 진리란 '여기 지금' 발생하는 어떤 것이다. 비유하자면 마치 어두운 숲 속 한가운데서 뜻하지 않게 마주치는 밝음 터, 그 순간 터지는 빛살의 체험과 흡사한 것이다. 숲속의 빈터는 존재의 본질이자 예술의 본질이다. 하이데거에게 예술의 사명은 존재의 시원을 해명하는 것이기 때문이다. "존재하는 것의 밝음과 숨김으로서의 진리가 일어나는 것은 시작(詩作)이라는 방식을 통해서다."31 하이데거는 트라클의 '성스러운 푸름'에서 존재의 본질, 달리 표현하자면 예술의 시원을 목도한 것이다. 트라클의 시 「영혼의 봄」에 성스러운 푸름이 역사하는 "숲 속의 빈터"가 등장한다.

> 누이여, 내 너를 쓸쓸한 숲 속의 빈터에서 보았었을 때
> 정오였다. 동물의 침묵은 위대하다.
> Schwester, da ich dich fand an einsamer Lichtung
> Des Waldes und Mittag war und groß das Schweigen des Tiers. (HKA I, 141)

어둠 속에 빛("정오")이 현현하는 숲 속의 빈터에 트라클 영혼의 분신인 "누이"가 서 있다. 그리고 그녀를 상징적으로 체현하는 "동물"(푸른 야수)도 보인다. 이렇게 보면 성스러운 푸름이 역사하는 숲 속의 빈터는 트라클 시학의 시원, 말하자면 트라클 시의 성역이다. 요컨대 숲속의 빈터를 수호하는 '장소의 정령'(genius loci)은 푸름이다.

그러나 나그네는 성스러운 푸름이 역사하는 존재의 시원에 다다를 수

31 마르틴 하이데거, 『예술 작품의 근원』, 91쪽.

없다. 어린 시절은 결코 되돌아 갈 수 없는 신화의 시대이다. "황금빛 봄날" 같은 유년기의 유토피아는 이제 "전해져 내려오는 전설"이 되었다. 폐허가 된 방에서 그의 귀에 들리는 소리는 을씨년스럽게 흔들리는 창문 소리이고("열린 창문 하나 가만히 달그락달그락 거린다."), 그의 시야에 포착되는 풍경은 죽음의 묘지("언덕 위에 황폐해진 공동묘지를 바라보거나")뿐이다. 이상과 현실, 성(聖)과 속(俗)의 낙차 속에서 시인은 침울하다. 시인은 애도라는 통과제의를 통해 지나간 어린 시절과의 결별을 완성하지 못한다. 계속해서 어린 시절을 회상하며 우울해 한다. 「어린 시절」의 제5연을 지배하는 정서는 멜랑콜리이다. 일반적으로 멜랑콜리는 푸른색과 밀접한 관계가 있다. 괴테는 『색채론』에서 "청색 유리는 물체들을 우울한 빛으로 보이게 한다."[32]고 말했다. 제발트의 소설 『토성의 고리』에서도 멜랑콜리는 "파란 악마"[33]로 비유된다. 흔한 경우는 아니지만, 트라클의 시에서도 멜랑콜리는 푸른색의 이미지로 표현되기도 한다. 우울의 정서를 "푸르스름한 그림자"(HKA I, 35)로 비유한 「멜랑콜리」(*Melancholie*)가 그 대표적인 실례이다. "시냇물의 푸른 비탄"(HKA I, 104), 혹은 "푸른 물이 슬피 운다"(HKA I, 81)와 같은 시구에서도 푸른색에 우울의 정서가 배어 있다. 이렇게 보면, 비록 푸른색이라는 단어가 사용되지는 않았지만 「어린 시절」 마지막 연의 심층에도 우울의 푸른색이 침전되어 있다고 추정할 수 있다.

---

32 요한 볼프강 폰 괴테, 『색채론』, 254쪽.

33 빈프리트 게오르크 제발트, 『토성의 고리』, 이재영 옮김, 창비, 2011, 241쪽.

* * *

「어린 시절」의 분석을 통해 추출된 푸른색의 상징성을 정리해 본다. 첫째, 푸른색은 트라클이 추구하는 긍정적인 가치를 지향한다. 푸른색은 억압과 금기로부터 해방된 원초적 순수성("푸른 동굴"), 삭막한 현실에서 울리는 목가적 낭만성("푸른 물소리"), 문명의 물질주의에 저항하는 초감각적 정신성("푸른 순간"), 존재의 시원에서 역사하는 심오한 신성("성스러운 푸름")을 상징한다. 푸른색은 트라클 시혼의 온당한 주권을 지키는 청기사이다. 둘째, 푸른색은 대상의 가시적 특징을 묘사하는 수사적인 차원을 넘어 색 자체가 대상에 내재한 고유한 본질을 현양(顯揚)한다. 푸른색은 트라클의 분신인 여동생의 영혼을 상징하고, 시인이 추구하는 문학적 진정성을 대표하기도 한다. 또한 푸른색은 마치 표현주의 화가들이 감추고 있던 내면세계를 색채 이미지를 통해 폭발적으로 표출하듯이, 말로 표현할 수 없는 시인의 내면 상태를 표출하는 기제이다.

제5장

초록색

제5장
초록색

1. 초록의 기쁨과 베일: 환희와 권태

초록색은 기쁨과 환희의 색이다. 고대 로마 시인 오비디우스는 『사랑의 기술』(*Ars amatoria*)에서 남편을 기쁘게 해주고 싶은 부인은 늘 푸른 떨기나무 같은 초록색이나 떡갈나무 잎 같은 진녹색의 옷을 입으라고 권한다.[1] 중세문학에서 초록색은 사랑의 출발을 암시하는 색채였다. 중세문학에서 사랑의 화신으로 등장하는 여인 민네(Minne)가 입은 드레스는 초록색이다.[2] 하인리히 하이네의 연작시 「새 봄」(*Neuer Frühling*)의 2번째 시는 초록빛 봄의 약동과 사랑의 기쁨의 연관성을 이렇게 노래한다.

---

1 Vgl. Ovid, *Ars amatoria*. Ins Deutsche Übertragung von Michael von Albrecht, Stuttgart 1992, p. 77.

2 Vgl. Horst Daemmrich u. Ingrid Daemmrich, *Themen und Motive in der Literatur. Ein Handbuch*, Tübingen 1995, pp. 147～148.

숲에는 싹이 트고 초록이 짙어간다
마치 젊은 처녀의 가슴 불안한 즐거움인 양.
그러나 태양은 내려다보며 웃는다.
젊은 봄이여, 어서 오게나!
In dem Walde sprießt und grünt es
Fast jungfräulich lustbeklommen;
Doch die Sonne lacht herunter:
Junger Frühling, sei willkommen![3]

한편 초록색은 마음에 편안함을 주는 전원의 색채이다. 초록의 자연에서 사람들은 안정감을 얻는다. 그러나 초록색이 제공하는 평안과 휴식의 감정은 무료와 우울의 정서를 낳을 수도 있다. 독일 낭만주의 화가 게오르크 프리드리히 케르스팅(Georg Friedrich Kersting)의 <수 놓는 여인>(*Die Stickerin*)을 지배하는 초록색은 평안함과 무료함, 안정감과 멜랑콜리의 이중 가치를 동시에 표현한다. 창가에 앉아 자수하는 여인은 케르스팅과 함께 드레스덴 예술아카데미에서 미술을 공부한 화가 루이제 자이들러(Louise Seidler)이다. 초록빛 벽에 걸린 액자 속 남자는 그녀와 결혼을 약속했던 프랑스 출신 군의관인데, 그는 1808년 나폴레옹의 스페인 원정에 참전했다가 불귀의 객이 되었다.[4] 비더마이어적 일상의 평온함에 잠복한 동료 화가의 슬픔과 상실감이 그림 속 초상화 액자틀을 휘감은 초록색 넝쿨과 초록색 치마에 짙게 배어 있다. 추상화가 칸딘스키도 초록의 양가성을 간파한 바 있다. 그

3 Heinrich Heine, *Sämtliche Schriften*. Herausgegeben von Klaus Briegleb, Bd. 4, München 1997, p. 299.

4 Vgl. Hajo Düchting, *Farbrausch. Die Farbe in der Malerei*, Stuttgart 2009, p. 96.

는 "완전한 초록색은 존재하는 모든 색 중에서 가장 평온한 색"임을 인정하면서 동시에 내적 움직임이 부재한 초록색이 "우둔한 암소"처럼 지루한 색채라고 다음처럼 평가 절하한다. "그[우둔한 암소]가 할 수 있는 것은 단지 되풀이해 씹는 것뿐이며 근시의 희미한 눈으로 세상을 보는 일뿐이다."[5] 초록색에 대한 시인 이상(李霜)의 생각도 유사하다. 그는 에세이 「권태」에서 "일망무제의 초록색은 조물주의 몰취미와 신경의 조잡성으로 말미암은 무미건조한 지구의 여백"[6]이라며 생의 권태를 무료한 초록색에 비유하며 냉소했다.

그림 12. 게오르크 프리드리히 케르스팅, 〈수놓는 여인〉, 1812년 참조 (p. 25)

트라클의 시에서 초록색은 양가적이다. 우선 초록색은 생명과 희망으로 약동하며 환희의 에너지를 충전한다. 생에 대한 충만한 기쁨은 초록색이 가질 수 있는 가장 황홀하고 역동적인 힘이다. 트라클의 두 번째 시집 『꿈속의 제바스치안』에 실린 「카스파 하우저의 노래」(*Kaspar Hauser Lied*)에 등장하는 "초록의 기쁨"이 대표적인 실례이다.

> 그는 진실로 보랏빛으로 언덕 밑으로 내려간 태양을
> 숲길과 노래하는 검은 새를
> 그리고 초록의 기쁨을 사랑했다.
>
> 나무 그늘 아래 그의 삶은 성실했었고
> 그의 모습은 순수하였다
> 신이 그의 가슴에 쏟아 부은 포근한 불꽃하나
> 오 인간이여!

5 Wassily Kandinsky, *Über das Geistige in der Kunst*, Bern 2004, p. 98.

6 이상, 『이상 전집 4. 수필 외』, 권영민 엮음, 문학에디션 뿔, 2009, 118쪽.

가만히 그의 발길은 저녁의 도시를 찾았다
입가에 맴도는 어두운 한탄의 소리
나는 기사가 되겠어

하지만 덤불과 동물이 그를 뒤따랐다.
새하얀 사람들의 집과 어둠속 뜨락
그리고 그를 죽이려는 자가 그를 찾아 나섰다

봄과 여름 그리고 정당한 자의
그 가을도 지났다. 그의 나직한 발걸음
꿈꾸는 자의 어두운 방 옆으로 지나갔다
밤에는 자기 별과 함께 할 뿐이었다

앙상한 나뭇가지에 떨어지는 눈을 보았다
어둠 깃든 행랑방에서 살인자의 그림자도 보았다.

태어나지 않은 자의 머리가 은빛으로 가라앉았다.
Er wahrlich liebte die Sonne, die purpurn den Hügel hinabstieg,
Die Wege des Walds, den singenden Schwarzvogel
Und die Freude des Grüns.

Ernsthaft war sein Wohnen im Schatten des Baums
Und rein sein Antlitz.
Gott sprach eine sanfte Flamme zu seinem Herzen:
O Mensch!

Stille fand sein Schritt die Stadt am Abend;
Die dunkle Klage seines Munds:
Ich will ein Reiter werden.

Ihm aber folgte Busch und Tier,
Haus und Dämmergarten weißer Menschen
Und sein Mörder suchte nach ihm.

Frühling und Sommer und schön der Herbst
Des Gerechten, sein leiser Schritt
An den dunklen Zimmern Träumender hin.
Nachts blieb er mit seinem Stern allein;

Sah, daß Schnee fiel in kahles Gezweig
Und im dämmernden Hausflur den Schatten des Mörders.

Silbern sank des Ungebornen Haupt hin. (HKA I, 95)

독일 프랑켄 지방의 옛 수도 안스바흐(Ansbach)의 궁전에는 작은 묘비가 세워져 있다. 묘비명은 간명하다. '누군가에게 살해된 누군가가 여기 누워 있다.'(Hic occultus occulto occisus est.) 살인자의 정체도 불확실하고, 살해당한 자의 신원도 미상이라는 비명은 카스파 하우저의 비극적인 운명을 압축한 것이다. 카스파 하우저는 1828년 뉘른베르크에 불현듯 나타났다. 16살 정도로 추정되는 이 소년은 당시 농부의 옷을 입고 있었고, '몰라요'와 '기사가 되고 싶어요'라는 말밖에 하지 못했다. 그는 자기 이름을 '카스파 하우저'라고 쓸 뿐, 출생에 대해서는 일언반구도 없었다. 세상과 단절된 채 숲 속에서 운둔생활을 하다가 어느 날 갑자기 세상에 내던져진 그는 낯선 환경에 적응하는 데 심각한 어려움을 겪다가 1833년 괴한의 흉기에 찔려 사망했다. 이 신비한 소년의 이야기는 유럽 전역으로 퍼졌고, 카스파가 귀족 가문의 버려진 사생아로서 정치적 모함에 의해 살해당한 것이라는 추측이 세간에 난무했다. 프랑스 시인 폴 베를렌(Paul Verlaine)은 「가스파르 오제의 노래」(*Gaspard Hauser chante*)에서 하우저가 시달렸던 정체성 혼란의 고통을 이렇게 노래했다.

> 부모님이 없는 나는 조용한 고아,
> 평온한 두 눈만 커다랗게 하고
> 큰 도시의 사람들에게 왔지요
> 하지만 그들은 날 영리한 놈이라고 안하더군요.
> [……]
> 그러니 난 너무 일찍 났나요, 너무 늦게 났나요?
> 이 세상에서 난 뭘 해야 하나요?
> 오, 내 괴로움은 깊답니다 - 여러분들 모두
> 이 가여운 가스파르를 위해 기도해 주세요.[7]

일찍부터 프랑스 출신의 가정교사 마리아 보링(Marie Boring)의 권유로 랭보와 베를렌의 작품을 탐독했던 트라클은 베를렌의 시를 통해 하우저의 존재를 알게 되었다.[8] 베를렌의 시 제목과 동일한 트라클의 시는

---

7 폴 베를렌, 『예지』, 곽광수 옮김, 민음사, 1999, 24~27쪽.

8 Vgl. Gerhard Kaiser, *Geschichte der deutschen Lyrik von Heine bis zur Gegenwart*. Bd. 2, Frankfurt am Main 1991, p. 582.

실존 인물 카스파 하우저의 짧은 일대기를 묘사한 작품이다. 1연과 2연은 도시로 나오기 이전 하우저가 머물던 자연의 모습과 삶의 내용을 그린다. 하우저는 태양과 숲길과 새를 사랑했다. 말하자면 그의 고향은 근원적인 자연의 원기(元氣), 즉 "초록의 기쁨"으로 충만한 공간이었다. 보라색(태양)과 검은색(새)을 모두 포괄하는 초록색(숲)은 문명 이전의 자연을 대표하는 원개념이다. 이 신성한 숲 속("나무 그늘 아래")에서 그의 삶은 진실("성실")했고 본연의 모습("순수")을 견지했다. 그는 신의 사랑스러운 축복으로 인해 존엄을 얻은 진정한 인간이었다. "포근한 불꽃"이 상징하는 프네우마(Pneuma), 즉 신이 인간의 육체에 불어넣은 생명의 숨결로 인해 그는 환희와 기쁨으로 충만하여 "오, 인간이여!"라고 외칠 수밖에 없었던 것이다. 이렇게 볼 때, 신과 인간과 자연이 조화롭게 삼위일체를 이루며 공존하는 신성한 숲은 인류 타락 이전 '황금시대'에 대한 공간적 메타포로 확장될 수 있다.[9] 이런 맥락에서 트라클이 묘사한 "초록의 기쁨"은 초현실주의의 선구자 앙리 루소(Henri Rousseau)가 <꿈>(*Der Traum*)에서 묘사한 이국적인 원시림의 세계, 즉 아름다운 새와 사자와 코끼리, 신비로운 꽃과 과일과 수풀로 가득 찬 유토피아를 연상시키며, 문명에 의해 훈육되지 않은 순수한 인간의 원형인 카스파 하우저는 원시인 땅꾼의 피리 소리(자연과 인간의 신비적 합일)를 이해하는 정글 속 나체의 여인을 떠올리게 한다.

그림 13. 앙리 루소, 〈꿈〉, 1910년 참조 (p. 26)

3연에서부터 6연까지에서는 고향을 상실한 하우저가 도시에서 겪은 비참한 삶이 그려진다. 낯설고 적대적인 도시에 내던져진 그는 "나는 기사가 되겠어"라는 소망, 비유하자면 근원적인 자유를 향해 질주하고 싶

9 Vgl. Walther Killy, *Über Georg Trakl*, Göttingen 1967, p. 6f.

은 강렬한 동경을 품지만 결국 끔찍하게 살해당한다. 그는 "자기의 별"과 "눈" 속에서 일말의 위로와 희망을 찾아보기도 했지만 그의 영혼을 지배했던 것은 죽음에 대한 공포와 불안("살인자의 그림자")이었다. 도시에서 그는 결코 '초록의 기쁨'을 느낄 수 없었다. 그는 생의 환희가 고갈된 도시인들, 자아의 본질적 원형을 상실한 사람들("새하얀 사람들") 속에서 방황하며 절망에 빠져 탄식("입가에 맴도는 어두운 한탄의 소리")했다.

이 작품은 하우저에 대한 이야기이자 트라클 자신에 대한 이야기이기도 하다. 트라클은 하우저의 처지와 운명을 자신의 것으로 동일시했기 때문이다. 고향 잘츠부르크를 떠나 대도시 빈에 체류하고 있던 트라클은 1912년 4월 친구 에르하르트 부쉬벡에게 보낸 편지에서 도시 생활에 대한 염증을 이렇게 표현했다.

> 나는 이 부담스럽고 저주받은 세계에 존재하는 가장 잔인하고 비열한 도시에서 이렇게 어려운 시기를 보내리라고는 전혀 생각하지 못했다네. 그리고 어느 낯선 의지가 아마도 나를 10년 동안 여기서 고생하게 하리라는 것을 생각하면 어떤 위안도 없는 절망의 눈물 경련에 빠지게 되고 말거야. 무엇을 위한 고통인가. 그렇지만 나는 결국 늘 가련한 카스파 하우저로 남을 것이다.
>
> Ich hätte mir nie gedacht, daß ich diese für sich schon schwere Zeit in der brutalsten und gemeinsten Stadt würde verleben müssen, die auf dieser beladenen Verfluchten Welt existiert. Und wenn ich dazu denke, daß mich ein fremder Wille vielleicht ein Jahrzehnt hier leiden lassen wird, kann ich einen Tränenkrampf trostlosester Hoffnungslosigkeit verfallen. Wozu die Plage. Ich werde endlich doch immer ein armer Kaspar Hauser bleiben. (HKA I, 487)

트라클은 자신을, 베를렌의 시구처럼 "가련한 카스파 하우저"로 간주했다. "이 대도시는 나를 역겹게 하노라"[10]고 부르짖는 차라투스트라의 후예처럼 트라클은 대도시를 환멸했다. 그에게 빈은 역겨운 도시였다. 즉 도시는 "냉혹하고 악하게/ 부패해가는 종족이 살고 있는 곳"(HKA I, 159)으로 인식되었다. 색채 이미지로 비유해 설명하면, 대도시 문명의 '자줏빛 광기'는 근원적인 자연의 '초록의 기쁨'을 압사시킨다.

> 오, 대도시의 광기여,
> 보랏빛 전염병, 초록 눈을 짓부수는 허기.
> O, der Wahnsinn der großen Stadt,
> Purpurne Seuche, Hunger, der grüne Augen zerbricht. (「벙어리가 된 자들에게」, HKA I, 124)

보라색은 초록색의 적이다. 보색 대비의 역학 관계에서 초록색은 흰색과 함께 있으면 안정적으로 가라앉고, 붉은색과 만나면 활력이 배가되지만, 보라색과 인접하면 가장 초조하고 불안해진다. 괴테는 『색채론』에서 색채환 가운데 궁극적으로 대립하는 대표적인 색쌍으로 보라색과 초록색을 뽑고 있다.[11] 또한 독일 색채심리학자 에바 헬러(Eva Heller)에 의하면 "심리학적으로 초록색과 가장 대립되는 색은 부자연스럽고 인위적인 보라색이다."[12] 대도시 문명의 광기를 상징하는 "보랏빛 전염병"의

---

10 Friedrich Nietzsche, *Sämtliche Werke*. Kritische Studienausgabe in 15 Bänden. Bd. 4, München 1980, p. 225.

11 요한 볼프강 폰 괴테, 『색채론』, 장희창 옮김, 민음사, 2013, 259쪽 참조.

12 Eva Heller, *Wie Farben wirken. Farbpsychologie, Farbsymbolik, Kreative Farbgestaltung*, Hamburg 2004, p. 49.

광포한 힘에 의해 부서지는 "초록 눈"은 부패한 문명사회에 내던져진 "정당한 자" 카스파 하우저가 상실한 '초록의 기쁨'을 떠올리게 한다. 이처럼 트라클의 시에서 초록색은 문명 이전의 원초적 자연에 대한 환희와 존재의 본질로 충만한 인간의 자유 의지를 표현하는 색채 기호로 사용된다.

한편 트라클 시의 사계(四季)에서 초록색은 여름의 색이다. 초록색은 녹음의 계절 여름을 대표하는 색으로 손색없다.

> 여름의 초록색 계단 위를 터치한다. 오 얼마나 조용히
> 정원은 가을의 갈색 정적 속에서 쇠락했던가.
> Tasten über die grünen Stufen des Sommers. O wie leise
> Verfiel der Garten in der braunen Stille des Herbstes. (「꿈속의 제바스치안」, HKA I, 90)

여기서 흥미로운 지점은 여름의 초록색이 곧 도래할 가을의 갈색과 또렷하게 대조되고 있다는 사실이다. 트라클의 경우 여름은 항상 가을과의 연관성 속에서 묘사되고 언급된다. 다시 말해 한여름 절정에 도달한 초록색의 찬란함을 예찬하는 동시에 곧 가을을 맞아 갈색으로 퇴색할 여름의 우울함을 노래한다. 절정은 영원히 지속될 수 없다. 베를렌의 「우울」(*Le spleen*)은 초록색이 주는 광택과 안정이 지나치면 환멸과 우울로 변할 수 있음을 보여준다.

> 나는 싫증이 난다, 윤기 나는 잎을 지닌
> 호랑가시나무에도, 반짝이는 회양목에도,
> 끝없는 초록빛 들판에도.[13]

트라클은 「지는 여름」(*Sommersneige*)에서 쇠락의 가을로 접어든 늦여름의 멜랑콜리를 이렇게 노래한다.

초록의 여름은 이토록 조용하게
되었다. 너의 수정처럼 투명한 용모.
저녁 늪가에 꽃들이 죽었었다,
어느 경악한 지빠귀의 외침.

삶의 헛된 희망. 집안의 제비는
이미 여행을 떠날 차비를 하고
태양은 언덕 가로 가라앉는다.
이미 별들의 여행에 밤이 눈짓한다.
Der grüne Sommer ist so leise
Geworden, dein kristallenes Antlitz.
Am Abendweiher starben die Blumen,
Ein erschrockener Amselruf.

Vergebliche Hoffnung des Lebens. Schon rüstet
Zur Reise sich die Schwalbe im Haus
Und die Sonne versinkt am Hügel;
Schon winkt zur Sternenreise die Nacht. (HKA I, 137)

이별(철새 제비의 이동)과 몰락(침몰하는 태양)과 죽음(시들은 꽃과 지빠귀의 비명)을 목전에 둔 초록의 여름은 우울한 무상("헛된 희망")의

13 폴 베를렌, 『베를렌 시선』, 윤세홍 옮김, 지식을 만드는 지식, 2013, 126쪽.

정조를 "조용하게" 예시한다. 한스 에셀보른(Hans Esselborn)이 적시한 것처럼 트라클의 초록색에는 "사라져 가는 목가적 세계"[14]에 대한 짙은 아쉬움이 배어 있다. 초록색과 우울의 연대는 고향 잘츠부르크 헬브룬성의 정원 연못을 그린 「헬브룬의 세 연못」(*Die drei Teichen in Hellbrunn*)에서도 발견된다.

물빛은 진녹색으로 반짝이고
실측백나무들 조용히 숨 쉬고 있다.
그리고 이 나무들의 우울은 말할 수 없이
저녁의 푸름 속으로 흘러 넘어가고 있다.
트리톤의 조상(彫像)들이 물결 밖으로 떠오른다.
담벼락은 폐허로 오싹 떨며
달은 초록색 베일에 휩싸여
서서히 물결 위를 소요한다.
Die Wasser schimmern grünlichblau
Und ruhig atmen die Zypressen
Und ihre Schwermut unermessen
Fließt über in das Abendblau.
Tritonen tauchen aus der Flut,
Verfall durchrieselt das Gemäuer
Der Mond hüllt sich in grüne Schleier
Und wandelt langsam auf der Flut. (HKA I, 178)

형식적인 차원에서 보면, 이 시는 매 행마다 8음절 혹은 9음절의 약강

14 Hans Esselborn, *Georg Trakl. Die Krise der Erlebenslyrik*, Köln 1981, p. 96.

격(Jambus) 운각을 따르며, 두 개의 포옹각운(a-b-b-a | c-d-d-c)이 연이어 배치되어 있는 8행시 스탄체(Stanze)이다. 그리고 이 작품에 등장하는 분수, 트리톤, 초록색의 모티브는 릴케의 초기시 「분수」(*Brunnen*)의 변형으로 읽힌다.

> 옛날의 사랑스럽던 분수의 시는
> 이제는 사라지고 없다,
> 그땐 트리톤의 소라고둥 틈새로
> 맑은 샘물이 졸졸 흘러나와
> 골목길들에게 말을 가르쳐주었다.
> [……] 소라고둥에는
> 녹청(綠靑)이 서렸고, 그는 침묵했다.
> Ganz verschollen ist die alte,
> holde Brunnenpoesie,
> da aus Tritons Muschelspalte
> eine klare Quelle lallte,
> die den Gassen Sprache lieh.
> [……] es schlich sich Grünspan
> in die Muschel, - und er schwieg.[15]

릴케가 고독과 우울의 정조를 시적으로 형상화하기 위해 활용한 분수 속 녹청의 이미지는 트라클의 「헬브룬의 세 연못」에서 다음처럼 변주된다. 짙은 초록색 잎으로 무성한 연못 주변의 실측백나무들이 내뱉는 우

15 Rainer Maria Rilke, *Sämtliche Werke*. Herausgegeben vom Rilke-Archiv in Verbindung mit Ruth Sieber-Rilke. Bd. I, Frankfurt am Main 1987. p. 27f.

울의 숨결로 연못의 수면이 진녹색으로 어른거린다. 그리고 나무들이 분무하는 우울의 아우라는 저녁의 푸른 대기 속으로 번져간다. 연못 가운데 장식조각으로 설치된 반인반어(伴人半魚)의 해신 트리톤은 결코 연못을 박차고 나올 수 없다. 연못 주변의 허물어져 있는 담벼락은 을씨년스럽다. 그리고 달은 우울한 연못의 수면, 즉 "초록색 베일"에 감싸인 채 창백하게 빛난다.[16] 이처럼 「헬브룬의 세 연못」에서는 보이지 않는 서정적 자아의 시선이 연못 안팎을 오가면서 한 폭의 사실적이면서 동시에 낯선 풍경화가 그려진다. "서정시의 관습적인 요소인 자아를 통한 대상의 제압이 사라지면서 사물은 갑자기 희귀하고 낯선 자신의 특성을 지니게 된다"[17]는 트라클 자연시의 특징에 대한 요에르크 셰퍼(Joerg Schaefer)의 언급은 「헬브룬의 세 연못」의 '사실적 비사실성'을 설명하는 데 뒷받침이 된다. 결론적으로 「헬브룬의 세 연못」은 바로크 고도(古都) 잘츠부르크에서 누렸던 찬란한 영광을 뒤로 한 채, 점차 폐허가 되고 있는 헬브룬 성의 모습을 초록색 연못의 수면에 반영한 작품이다. 요컨대 트라클의 초록색은 우울의 저수지로 기능한다.

지금까지 살펴보았듯이, 트라클의 시세계에서 초록색은 생의 기쁨으로 약동하기도 하고 생의 권태로 침울해지기도 한다.

---

16 수면에 비친 달이 빚어내는 창백한 우울함은 「채색된 가을」의 다음 시구에서 형상화되어 있다. "분수에서 초록색 유리처럼/ 얼어붙은 공기 속의 초승달이 빛난다."(HKA I, 357)

17 Joerg Schaefer, *Georg Trakl. Der Herbst des Einsamen*. In: *Gedichte der Menschheitsdämmerung. Interpretationen expressionistischer Lyrik*, München 1971, p. 23.

2. 초록의 어둠과 발자국: 악령과 성령

초록색은 악령의 색이다. 죄와 공포는 초록색이 갖는 부정적 함의의 극단이다. 중세시대 악마의 몸이나 눈은 주로 초록색으로 채색되었다. 원죄와 악령의 상징인 파충류 뱀의 피부가 초록색이기 때문이었다. 아담과 이브로 하여금 선악과를 따먹게 권유한 뱀은 인간을 낙원에서 추방한 사탄의 근원으로 여겨져 왔다. 동시에 초록색은 성령의 색채로도 사용된다. 실례로 표도르 도스토예프스키의 소설 『죄와 벌』(1866)의 마지막 장면에서 초록색은 성스러운 구원의 징표로 기능한다. 살인의 죗값을 치르기 위해 시베리아에서 유배생활을 하던 라스콜리니코프를 방문한 소냐는 조건 없는 용서와 신적인 사랑의 주체로서 라스콜리니코프를 구원한다. 라스콜리니코프가 소냐를 통해 속죄하고 갱생을 통렬히 자각하는 대목에서 소냐가 두른 초록색 숄은 의미심장하다.

> 갑자기 그의 옆에 소냐가 와 있었다. 살그머니 다가와 나란히 앉은 것이었다. 그녀는 예의 그 빛바랜 낡은 망토 코트를 입고 초록색 숄을 두르고 있었다. 숄은 빛나고 있었다. [……] 그녀의 눈은 무한한 행복으로 빛났다. 사랑이 그들을 부활시켰고, 한 사람의 마음이 다른 사람을 위해 무한한 생명의 원천이 되어 주었다.[18]

종교 색채 상징학에서 초록색은 삼위일체의 색 중 하나이다. 붉은색이 성부를, 푸른색이 성자를 상징한다면 초록색은 성령의 색이다. 중세 기독교 회화에서 성령은 주로 하얀 비둘기의 모습으로 표현되지만 이

---

18 표도르 도스토예프스키, 『죄와 벌 2』, 김연경 옮김, 민음사, 2013, 495～496쪽.

비둘기가 위치한 영역은 주로 초록색으로 그려졌다. 또한 기독교에서 초록색 종려나무 잎은 부활과 영원한 생명의 상징으로서 구원자 예수를 대변하기도 한다. 이러한 맥락에서 예수가 못 박힌 십자가는 주로 초록색으로 채색되었다.

트라클의 영혼에 화인처럼 각인된 죄의 맹아(萌芽)는 누이동생과의 근친상간이다. 이 죄책감이 트라클의 내면을 지배하는 암흑의 악령이었다. 「수난」의 다음 시구는 초록색 이미지가 원죄의식으로 인해 고통 받는 시인의 내면과 어떻게 연동되어 있는지를 보여준다.

> 초록으로 물드는 나무 아래에서 죽어가며
> 누이동생의 그림자를 따른다.
> 야만스러운 족속의
> 어두운 사랑
> Hinsterbend unter grünenden Bäumen
> Und folgend dem Schatten der Schwester;
> Dunkle Liebe
> Eines wilden Geschlechts (HKA I, 125)

"어두운"과 "야만스러운"이란 형용사를 통해 부각되는 근친상간의 죄의식은 점점 짙은 초록색으로 변해가는 나무의 색조변화와 부합해 가중되고 있다. 여동생의 그림자를 은밀히 뒤쫓는 저주 받은 금기의 사랑은 시인의 영혼을 죽음으로 몰아가고 있는 것이다.

트라클의 시에서 사악한 초록색 뱀은 두려움과 공포의 대상이다. 「뇌우」의 다음 시구가 이를 보여준다. "공포, 너 독 있는 뱀이여"(HKA I, 158) 또한 산문시 「악의 변신」에서는 시인의 내면에서 점증하는 세계에 대한 공포와 실존적 불안감이 "초록의 어둠"이란 이미지로 형상화된다.

> 관목들이 사라졌고 한 해 동안 소나무들 아래 납처럼 무거운 공기 속에서 그것들은 꿈꾼다. 공포, 초록의 어둠, 익사자의 울걱거림.
>
> Die Berberitzen sind verschwunden, jahrlang träumt es in bleierner Luft unter den Föhren; Angst, grünes Dunkel, das Gurgeln eines Ertrinkenden. (HKA I, 97)

"초록의 어둠"은 공포의 심연이다. 붉은색과 초록색의 강력한 보색대비를 통해 초록색과 공포의 연관성을 표현한 또 다른 예를 「탄생」의 다음 시구에서 볼 수 있다.

> 숲에서 사냥은 붉게 내려간다.
> 오, 야수의 이끼 낀 눈동자여
> Rot vom Wald niedersteigt die Jagd;
> O, die moosigen Blicke des Wilds. (HKA I, 115)

진녹색의 이끼 낀 눈동자는 사냥의 핏빛 폭력 앞에 전율하는 야수의 공포를 상징한다. 트라클의 시에서 초록색은 두려움의 대상이자 동시에 두려움을 유발하는 주체로 기능하기도 한다.

> 개암나무 숲 밑에 초록색 사냥꾼이 어떤 짐승의 내장을 끄집어낸다. 그의 손에서 피로 김이 피어오른다.
>
> Unter dem Haselgebüsch weidet der grüne Jäger ein Wild aus. Seine Hände rauchen von Blut. (HKA I, 97)

"초록색 사냥꾼"은 악마의 화신이다. 트라클 시세계에서 초록색은 붉은색("짐승의 내장"과 "피")과의 강렬한 보색 대비를 통해 가장 잔혹하고 폭력적인 색채로 돌변한다.

초록색은 악령의 색이자 성령의 색이다. 초록색은 극과 극을 넘나드는 양가성의 색채이다. 신성이 사라지고 속물근성이 지배하는 '궁핍한 시대'에서 신적인 것을 되찾고자 노력했던 시인 프리드리히 횔덜린(Friedrich Hölderlin)은 비가 「디오티마에 대한 메논의 비탄」(*Menons Klagen um Diotima*)의 제9연에서 도래한 신성의 징표로서 초록색의 이미지를 다음처럼 사용한다.

> 그대들 천상의 것들이여! 그러나 나는 감사하려 한다. 또한 마침내
> 가벼운 마음으로 가인(歌人)의 기도는 다시 숨 쉰다.
> 또한 너희들과 함께 햇빛 비치는 산정에 섰을 때
> 생기를 불어 넣으며 신전으로부터 신은 내게 말을 건넨다.
> 내 또한 살고 지고! 벌써 초록빛이 감돈다!
> So will ich, ihr Himmlischen! denn auch denken, und endlich
> Atmet aus leichter Brust wieder des Sängers Gebet.
> Und wie, wenn ich mit ihr, auf sonniger Höhe mit ihr stand,
> Spricht belebend ein Gott innen vom Tempel mich an.
> Leben will ich denn auch! schon grünt's![19]

이러한 종교적 색채상징은 트라클의 시에서도 견지된다. "오 초록색이 되어가는 십자가여."(「어둠 속에서」(*Im Dunkel*), HKA I, 78) 앞

---

19 Friedrich Hölderlin, *Sämtliche Gedichte*. Studienausgabe in zwei Bänden. Bd. I, Herausgegeben von Detlev Lüders, Wiesbaden 1989, p. 271f.

서 인용했던 "초록으로 물드는 나무"의 초록색이 원죄의식을 가중시키는 색채였다면, "초록색으로 되어가는 십자가"는 속죄를 통한 구원의 갈구를 표현하는 색채로 사용된 것이다. 이 십자가는, 풍경화를 종교화로 승화시킨 독일 낭만주의 화가 카스파 다비드 프리드리히(Caspar David Friedrich)의 <산속의 십자가>(*Das Kreuz im Gebirge*)를 연상시킨다. 사계절 푸른 전나무에 둘러싸인 산 정상의 십자가의 기부를 타고 올라가는 초록색 담장이는 예수의 희생과 부활을 상징한다. 그림 14. 카스파 다비드 프리드리히, 〈산속의 십자가〉, 1808년 참조 (p. 26)

그러나 트라클의 시에서 속죄와 참회는 곧바로 구원으로 연결되지 않는다. 구원이 트라클 시의 마지막 종착점이라면 그의 문학은 종교적 고해성사의 단계에 머물지 모른다. 그의 시에서 구원은 간절히 모색되지만 그 시도는 번번이 실패한다. 비유하자면 트라클은 십자가 앞에 선 이방인, 즉 신의 은총을 받지 못한 저주 받은 자인 것이다.

십자가와 저녁
이방인은 어둠 속에서 전율한다.
Kreuz und Abend
Also zittert im Dunkel der Fremdling. (「호엔부르크」, HKA I, 87)

요컨대 좌절된 구원, 말하자면 '불완전한 참회'가 트라클 시학의 핵심이다. 트라클은 1차 세계대전 발발 직후 참전한다. 자신의 죽음을 3개월 앞둔 1914년 8월 24일, 그는 전선으로 출정하는 인스부르크 기차역에서 친구 루트비히 폰 피커에게 다음과 같은 편지를 건넨다.

그대는 눈을 뜨며 세계의 괴로움을 느낀다. 그 속에 그대의 모든 구원받지 못한 죄가 존재한다. 그대의 시[는] 불완전한 속죄[이다].

Erwachend fühlst du die Bitternis der Welt; darin ist alle deine ungelöste Schuld; dein Gedicht eine unvollkommene Sühne. (HKA I, 463)

트라클은 시작(詩作)을 통해 자신의 죄를 참회하고 부단히 구원을 갈구하지만 그 부르짖음은 좌절된다. 그래서 그에게 시는 "불완전한 속죄"이다. 이처럼 트라클의 종교성은 시혼과 밀접한 연관성이 있다. 그에게 세계는 고통의 연속이고 몰락의 과정이다. "그대는 눈을 뜨며 세계의 괴로움을 느낀다"는 표현은 '인간에게 가장 좋은 일은 태어나지 않는 것이요, 그 다음으로 좋은 일은 일찍 죽는 것이다'라는 디오니소스의 시종 실레누스(Silenus)의 도저한 비관주의를 대변하는 듯 보인다. 이처럼 구원이 불가능한 세계에서 일말의 구원의 가능성을 붙잡으려는 내면의 절규가 트라클 시혼의 정체이다. 트라클의 시에서 시혼이 성령과 같이 초록색으로 표현되는 이유는 여기에 있다.

몰락한 벽에서 곧
제비꽃이 피어나리라
고독한 이의 관자놀이가 조용히 신록이 된다.
Balde an verfallener Mauer blühen
Die Veilchen
Ergrünt so stille die Schläfe des Einsamen. (「봄에」(*Im Frühling*), HKA I, 92)

한편 트라클의 시혼은 방랑자의 이미지로 자주 표현된다. 트라클에게 지상의 물질적 현실은 덧없고 세속적인 것으로, 정신세계의 입법자인 시혼은 신성한 존재로 인식된다. 따라서 시혼은 현실의 논리와 타협할 수도 없고, 지상에 편안히 정착할 수도 없다. 그래서 시혼은 방랑한다. 초록색은 방랑자의 색이다.

> 그래서 드문드문 보이는 초록이 방랑자의 무릎을 어루만진다.
> Also rührt ein spärliches Grün das Knie des Fremdlings. (「묀히스베르크에서」(*Am Mönchsberg*), HKA I, 94)

이처럼 초록색은 방랑자의 피곤한 발걸음을 위로해 주는 역할을 한다. 그리고 「방랑자」(*Der Wanderer*)에서 초록색은 아예 방랑자와 혼연일체가 된다.

> 그리고 발걸음은 숲에서 말없이 초록이 된다.
> Und die Schritte ergrünen leise im Wald. (HKA I, 122)

이처럼 트라클은 초록빛 숲 속을 방랑자가 통과하는 것이 아니라 방랑자의 발걸음으로 인해 숲 전체가 초록색으로 변한다고 상상한다. 방랑자의 영혼이 자연과 완전히 동화되는 과정은 「저녁에」(*Am Abend*)의 다음 시구에서도 잘 나타난다.

> 풀은 아직 노랗고, 나무는 잿빛이고 검다
> 그러나 너는 초록빛이 되는 발걸음으로 숲가를 지나간다.
> Noch ist gelb das Gras, grau und schwarz der Baum
> Aber mit ergrünendem Schritt gehst du am Wald hin. (HKA I, 337)

짧은 2행에 무려 4가지 색채가 사용되었다. 시들은 풀의 노란색과 황량한 나무의 회색과 검은색 사이에서 유독 방랑자를 대변하는 2인칭 화자의 초록색 걸음만이 생기가 있다. 형용사가 아니라 동사의 형태로 사용된 초록색이 방랑자의 시혼에 긴장을 부여하고 있다. 권병준이 적시한 것처럼 "초록색은 동사의 형태로 쓰이면서 정신의 변화를 주도"[20]하고 있는 것이다.

3. 초록의 정적과 침묵: 안정과 부동

초록색은 이차색이다. 어떤 것도 섞이지 않은 순수 일차색인 노란색과 파란색이 적절하게 결합되어야만 비로소 초록색이 생성되기 때문이다. 괴테는 색채가 시각에 영향을 미칠 뿐만 아니라 이 시각을 매개로 감정과 정서에도 반향을 불러일으킨다는 사실에 주목하면서, 특히 초록색을 만족감과 안정감을 유발하는 색채로 해석한다.

> 우리가 가장 단순한 첫 번째 색이라고 여기는 황색과 청색을, 그것들이 막 나타나 영향을 미치는 첫 단계에서 서로 결합시키면 녹색이라고 불리는 색이 생겨난다. 우리의 눈은 이 색에서 진정한 만족을 느낀다. 두 모색(母色)이 엄밀하게 균형을 이루면서 혼합되어 하나의 색이 다른 하나의 색보다 더 두드러지지 않을 정도가 되면, 우리의 눈과 감정은 이 혼합색을 마치 단일색인 것처럼 본다. 더 이상 요구하려고도 하지 않고, 더

20 권병준, 「게오르크 트라클 문학에 나타난 은유의 색채상징」, 『독일언어문학』, 제31집, 2006, 255쪽.

이상 요구할 수도 없는 상태인 것이다. 그러므로 사람들이 상주하는 방의 벽지는 대개 녹색으로 선택된다.[21]

괴테에 따르면 초록색은 뜨거운 황색과 차가운 청색의 균형 잡힌 혼합의 산물이다. "황색과 청색은 차츰차츰 서로 겹쳐져서 이 두 색은 완전히 녹색으로 결합된다."[22] 따라서 초록색의 상태는 황색(청색)이 청색(황색)보다 더 넘치지도 않고 반대로 조금 모자라지도 않은 상태이다. 분명 서로 다른 두 원색의 혼합색이지만 더 이상 모색의 특징을 색별하기 어려워 마치 단일색처럼 간주되는 색이 바로 초록색이다. 괴테는 초록색의 이와 같은 태생적 조건과 특징에서 사람들이 초록색에서 안정감과 편안함을 느끼는 이유를 발견한 것이다. 이텐도 초록색의 상징적 표현가치로 "충족과 평안"[23]을 꼽았다. 칸딘스키도 초록색을 "존재하는 모든 색 중에 가장 평온한 색"[24]으로 인정했다.

트라클의 시세계에서 초록색은 평온한 정신 상태를 가시화하는 데 자주 사용된다. 1913년 시인이 체류했던 오스트리아 인스부르크 근방에 위치한 작은 마을 란스의 풍경을 소묘한 「란스의 저녁」(*Abend in Lans*)에서 초록색은 한여름 산책자의 뜨거운 영혼을 진정시켜 주는 기제로 작동한다.

해지는 여름을 관통하는 산책

---

21 요한 볼프강 폰 괴테, 『색채론』, 장희창 옮김, 민음사, 2013, 257쪽.

22 위의 책, 106쪽.

23 Johannes Itten, *Kunst der Farben. Subjektives Erleben und objektives Erkennen als Wege zur Kunst*, Ravensburg 1970, p. 89.

24 Wassily Kandinsky, *Über das Geistige in der Kunst*, Bern 2004, p. 98.

[……]
저녁과 초록의 어두운 향내는
소나기와 함께 우리의 불타는 이마를 식혀준다.
Wanderschaft durch dämmernden Sommer
[……]
Abend und die dunklen Düfte des Grüns
Kühlen mit Schauern die glühende Stirne uns. (HKA I, 93)

란스는 트라클의 문우 루돌프 폰 피커(Rudolf von Ficker)와 함께 자주 산책을 갔던 지역이다. 이 시구는 트라클이 피커와 함께 산책 도중 소나기를 맞았던 순간을 회상하고 있는 대목이다. 여기서 "초록의 어두운 향내"는 표면적으로는 비에 젖은 숲 속 나무들의 냄새를 의미하지만, 상징적인 차원에서는 작열하는 영혼("불타는 이마")을 식혀 주는 정신의 안정제 역할을 한다. 트라클의 시에서 초록색은 자주 '이마'의 이미지와 연동되어 등장하는데, 이때의 초록색은 대부분 평온한 정신 상태를 상징한다. 예컨대 「산책」(*Der Spaziergang*)의 다음 시구를 보자.

그리고 너의 이마는 부드러운 초록색을 통해 가라앉는다.
Und deine Stirne kühlt durchs sanfte Grün. (HKA I, 45)

이마는 인간의 신체 부위 중 영혼을 상징하기 때문에 세례식에서 성수는 보통 이마에 뿌려진다. 이렇게 보면 초록색은 종교적으로 성령의 축복에 대한 상징으로도 읽힌다. 그러나 안정적이고 평화로운 상태를 대변하는 초록색은 모든 운동이 소멸된 휴지(休止) 상태를 암시하는 색채 기호로 전이될 수 있다.

> 노랑은 예민해지기는 쉬우나 심화되거나 침잠할 수는 없다. 반면에 파랑은 예민해지기 어렵고 강렬하게 상승할 수도 없다. 정반대로 다른 이 두 색을 혼합해 이상적인 균형을 얻은 것이 초록색이다. 여기에서 수평운동은 서로 소멸한다. 또한 원심운동과 구심운동도 소멸하며, 고요해진다.[25]

칸딘스키의 색채이론에 따르면, 민감한 노랑과 과묵한 파랑, 비상하는 노랑과 침잠하는 파랑, 원심적인 노랑과 구심적인 파랑의 "이상적인 균형"의 산물인 초록색의 내부에는 움직임이 부재한다. 그래서 초록색의 표면은 고요하다. 초록색이 정적의 색채로 사용될 수 있는 이론적 근거는 여기에 있다. 트라클의 전작품에서 "초록의 정적"이란 표현은 두 번 등장한다.

① 또한 선한 것과
마음은 초록의 정적 속에서 화해된다.
Auch ist dem Guten
Das Herz versöhnt in grüner Stille. (「편력」, HKA I, 401)

② 그리고 연못의 초록의 정적 위에서 들려오는 외로운 새 울음소리.
Und der Schrei des einsamen Vogels über der grünen Still des Teichs. (「서양의 노래」, HKA I, 119)

①에서 "초록의 정적"이란 표현은 표면적으로는 시인을 대변하는 방랑자가 잠시 머무는 숲 속 나무 그늘을 형상화한 것이지만, 상징적인 차

25 Wassily Kandinsky, *Über das Geistige in der Kunst*, p. 97f.

원에서 보자면 방랑자의 영혼("마음")과 자연의 미덕("선한 것")이 합일을 이룬 상태를 암시한다. 이런 맥락에서 초록의 정적은 시적 자아와 자연, 주체와 객체의 조화를 가능하게 하는 화평(和平)의 공간적 메타포로 읽힌다. 다른 예를 들자면 「꿈과 착란」의 시적 화자는 여동생과의 근친상간이 낳은 "오, 저주 받은 성"(HKA I, 149)으로 인해 고통스럽게 방황하다가 마침내 "초록빛 가지의 부드러운 정적"(HKA I, 150) 속에서 마음의 평화를 찾는다.

반면 ②의 초록의 정적은 상실, 고독, 소외의 정서를 부각시키는 배후로 기능한다. 세상으로부터 격리된 실존이 지르는 내면의 절규("외로운 새의 울음소리")는 부동과 정지의 수면("연못의 초록의 정적") 위에서 메아리친다. 이처럼 트라클의 시에서 초록색은 균형, 안정, 평안, 휴식, 평화 등 긍정적인 가치를 반영하기도 하고, 동시에 고독과 상실의 상태를 암시하는 부동의 침묵과도 연계된다. 「뇌우」의 다음 시구는 초록색과 침묵의 내적 연관성을 상징적으로 보여준다.

> 오 초록색 꽃이여
> 오 침묵이여
> O grüne Blume
> O Schweigen (HKA I, 157)

누구보다도 트라클의 시에 깊이 매료되었던 하이데거는 트라클의 초록색이 갖는 이중성을 다음처럼 간명하게 표현했다. "초록은 존재를 상실한 채 꽃이 활짝 피어남이다."[26]

---

26 마르틴 하이데거, 『언어로의 도상에서』, 신상희 옮김, 나남, 2012, 104쪽.

4. 초록빛 구멍과 무대: 부패와 생명

초록색은 생명을 죽음의 덫에 걸려들게 만드는 악독한 질투의 색이다. 셰익스피어의 희곡 『오셀로』(*Othello*)에서 이아고는 오셀로에게 충고한다. "질투를 조심하십시오. 그것은 초록 눈의 괴물로 자신의 먹잇감을 조롱하는 놈입니다."[27] 질투는 살의를 낳는다. 이때 초록색은 독의 색이 된다. 생명체를 썩게 만드는 죽음의 색으로 변질되는 것이다. 19세기 영국 화가 존 윌리엄 워터하우스(John William Waterhause)의 <질투하는 키르케>(*Circe Invidiosa*)에 잘 표현되어 있듯이, 크레타 섬의 왕 미노스의 아들 글라우코스(Glaucos)를 연모하던 마법사 키르케가 글라우코스가 짝사랑하던 스킬라(Scylla)를 죽이기로 작심하고 스킬라가 사는 푸른 바다에 뿌리는 독즙은 초록색이다. 중세시대 초록색은 "질병, 나병, 부패, 죽음"[28]을 상징했다. 요컨대 움직이지 않고 고인 물은 썩게 마련이다. 안정은 부동을 낳고 부동은 부패를 낳는다. 부동은 죽음의 출발점이다. 초록의 정적이 부패의 온상으로 전락될 수 있는 소이연은 여기에 있다. 그림 15. 존 윌리엄 워터하우스, 〈질투하는 키르케〉, 1892년 참조 (p. 27)

① 초록빛 구덩이 속에서 부패가 작열한다.
물고기들은 미동도 하지 않는다.
Im grünen Tümpel glüht Verwesung.
Die Fische stehen still. (「작은 음악회」, HKA I, 42)

---

27 윌리엄 셰익스피어, 『오셀로』, 권오숙 옮김, 열린책들, 2011, 97쪽.

28 하랄드 브램, 『색의 힘. 컬러의 의미와 상징』, 이재만 옮김, 일진사, 2010, 119쪽.

② 온화한 하늘에서 참새들이 추락한다
부패로 들끓는 초록빛 구멍 속으로.
Vom lauen Himmel Spatzen stürzen
In grüne Löcher voll Verwesung. (「기타소리 가득한 붉은 숲에서」, HKA I, 17)

트라클의 시에서 "구덩이"와 "구멍" 속에 갇힌 부동의 초록색은 부패를 유발하고 가속화한다. 실로 부패의 영향력은 전면적이다. ①의 부패는 물웅덩이 내부에 살고 있는 물고기를 몰살시키고, ②의 부패는 구멍 밖 참새의 죽음을 유인한다. 부패의 파급력 역시 안팎을 가리지 않는다. 초록색 구덩이는 곧 생명체의 무덤으로 전락하기 때문이다.[29] 이처럼 트라클의 시에서 초록색의 이미지는 죽음과 연동된다. 예컨대 「악의 변신」에서 초록색 꽃은 망자의 영혼에 바친 조화(弔花)로 등장한다.

망자의 형상이 푸른 저녁에 조용히 울린다. 초록색 작은 꽃들이 죽은 이들을 싸고 하늘거린다.
Leise läutet im blauen Abend der Toten Gestalt. Grüne Blümchen umgaukeln sie. (HKA I, 98)

한편 초록색은 전형적인 봄의 색이다. 겨울 내 얼어붙은 대지에서 봄의 새싹이 트면 천지가 초록색이 된다. 그리스 신화에서 초록색은 봄의 전령 페르세포네(Persephone)의 색이다. 곡물과 대지의 여신 데메테

29 트라클의 시에서 초록색 구덩이, 연못, 늪의 이미지는 부정적이다. 예컨대 「죽음 가까이」(*Nähe des Todes*)의 다음 시구를 보자. "버드나무 아래 연못은/ 우울의 오염된 탄식으로 가득 차 있다."(HKA I, 57)

르의 딸 페르세포네는 꽃밭에서 친구들과 꽃을 따다가 명계의 신 하데스에게 납치되어 그의 아내로 지하세계에서 살았는데, 제우스의 중재로 1년 가운데 4개월(겨울)은 죽음의 나라에서 지내고 나머지 기간은 땅 위에서 어머니와 지낼 수 있게 되었다. 페르세포네는 봄이 되면 지상에서 '최초의 초록색'으로 나타난다. 이처럼 초록색은 엽록소의 색이자 식물계의 색을 대변한다. 이텐은 초록색의 기원을 이렇게 설명한다. "초록은 식물세계의 색이다. 초록은 광선의 합성에 의해 이루어지는 신비한 엽록소의 색이다. 태양광선이 지상에 닿고, 물과 공기가 각각의 원소를 발산할 때, 그 결과로 구체적인 형을 가진 초록이 생겨난다."30 요컨대 초록색은 봄의 생명을 잉태하고 있는 것이다.

트라클의 시에서 초록색은 봄의 색이다. "초록이 밝게 피고 있다"와 "새싹들이 때때로 즐거워 바스락 바스락 소리 낸다."(HKA I, 49)는 시구가 단적으로 보여주듯이, 초록색은 봄의 생기를 대지에 전파한다. 이런 맥락에서 초록색은 시작, 성장, 희망을 상징한다. 마르가레테 브룬스(Margarete Bruns)의 표현처럼 "초록은 봄마다 새로운 시작을 착수하고 미래를 향해 화살을 던지는 생명이다."31 초록색이 갖는 이와 같은 가장 보편적인 의미는 트라클의 시에도 발견된다.

① 나는 초록빛 무대 위에 서 있다네
시작 하라, 다시 시작 하라
Ich steh vor einer grünen Bühne!/ Fang an, fang wieder an. (「자연극장」(*Naturtheater*), HKA I, 241)

30 Johannes Itten, *Kunst der Farben*. p. 89.

31 Margarete Bruns, *Das Rätsel Farbe. Materie und Mythos*, Stuttgart 2006, p. 110.

② 그리고 해지는 숲 가장자리에서의 깨어남.
꿈꾸고 있는 것 위로 초록색 가지는 흔쾌히 고개 숙인다.
Und das Erwache am Saum des dämmernden Walds.
Über ein Träumendes neigt sich gerne grünes Gezweig. (「호엔부르크」, HKA I, 87)

①의 "초록빛 무대"가 삶의 새로운 출발점을 의미한다면, ②의 "초록색 가지"는 미래와 희망을 지향한다.

지금까지 분석해 보았듯이 트라클의 시에서 초록색은 부패를 유도하고 동시에 생명을 잉태한다. 초록색은 양가적인 색채인 것이다.

5. 초록빛 강: 존재의 시원으로의 회귀

트라클의 시세계에서 초록색은 기쁨, 생명, 시작, 평안, 고요와 같은 긍정적인 가치와 악령, 부동, 부패, 몰락, 죽음과 부정적 가치를 상징하는 색채이다. 그렇다면 이러한 초록색의 양가성이 트라클의 대표작 「어느 요절한 이에게」에서는 구체적으로 어떻게 형상화되었는가?

「어느 요절한 이에게」는 1913년 12월에 초고가 집필되었고, 이듬해 1914년 1월 1일자 <브렌너>에 수정 없이 게재되었다가, 트라클 사후 출간된 시집 『꿈속의 제바스치안』을 구성하는 5개의 부분연작시(Teil-Zyklus) 중 3번째 연작시 「죽음의 일곱 노래」(*Siebengesang des Todes*) 가운데 5번째 작품으로 수록되었다. 전문을 인용한다.

오, 검은 천사여!, 넌 조용히 나무의 내부에서 나타났다
우리가 저녁에 다정한 놀이친구였을 적에
푸른 샘의 가장자리에서.
우리의 걸음걸이는 고요했고, 가을의 갈색 서늘함 속에서 동그란 눈,
오, 별들의 보랏빛 달콤함이여.

하지만 그 소년은 묀히스베르크의 돌계단을 내려와,
얼굴에 푸른 웃음을 담고 기이하게도
더 고요했던 유년 시절 속으로 고치가 된 채 죽었다.
그리고 정원에는 그 친구의 은빛 얼굴이 남아 있었다.
나뭇잎 속에 혹은 오래된 암석 속에서 유심히 귀를 기울이며

심혼은 죽음을, 육신의 초록빛 부패를 노래했다.
그리고 그건 숲의 살랑거림이었다,
야수의 정열적인 탄식.
언제나 저무는 탑들에서 저녁의 푸른 종소리가 울렸다.

시간이 왔다. 그가 자줏빛 태양 속에서 그림자를,
앙상한 가지 속에서 부패의 그림자를 보았을 때
저녁, 황혼이 지는 담장에서 지빠귀가 노래할 때,
요절한 이의 영혼이 조용히 방에 나타났다.

오, 피여, 소리 내는 목구멍에서 흘러나오는,
푸른 꽃, 오 불같이 뜨거운 눈물이여
밤 속으로 운다.

황금빛 구름과 시간. 쓸쓸한 방에서
너는 자주 망자를 손님으로 초대해
느릅나무 밑 정겨운 대화 속에서 초록빛 강을 따라 아래로 내려간다.
O, der schwarze Engel, der leise aus dem Innern des
Baums trat, Da wir sanfte Gespielen am Abend waren,
Am Rand des bläulichen Brunnens.
Ruhig war unser Schritt, die runden Augen in der braunen Kühle des Herbstes,
O, die purpurne Süße der Sterne.

Jener aber ging die steinernen Stufen des Mönchsbergs hinab,
Ein blaues Lächeln im Antlitz und seltsam verpuppt
In seine stillere Kindheit und starb;
Und im Garten blieb das silberne Antlitz des Freundes zurück,
Lauschend im Laub oder im alten Gestein.

Seele sang den Tod, die grüne Verwesung des Fleisches
Und es war das Rauschen des Walds,
Die inbrünstige Klage des Wildes.
Immer klangen von dämmernden Türmen die blauen Glocken des Abends.

Stunde kam, da jener die Schatten in purpurner Sonne sah,
Die Schatten der Fäulnis in kahlem Geäst;
Abend, da an dämmernder Mauer die Amsel sang
Der Geist des Frühverstorbenen stille im Zimmer erschien.

O, das Blut, das aus der Kehle des Tönenden rinnt,
Blaue Blume; o die feurige Träne
Geweint in die Nacht.

Goldene Wolke und Zeit. In einsamer Kammer
Lädst du öfter den Toten zu Gast,
Wandelst in trautem Gespräch unter Ulmen den grünen Fluß hinab.
(HKA I, 117)

두 가지 시형식의 모델이 결합된 독특한 시연 구조가 눈에 띤다. 트라클 중기시의 형식을 특징짓는 각운 없는 5행 무운시(Blankverse)가 시의 전반부인 1연과 2연에 배치되었고, 역시 각운을 지키지 않은 소네트(4행-4행-3행-3행) 시연이 시의 후반부인 3연~6연에 위치해 있다. 트라클의 초기시에서 자주 사용되었던 고정된 율격과 각운, 통일된 시연형식이 지양되고 후기 자유리듬시으로 넘어가는 과도기적 작품이다. 전체적으로 시의 모양새를 보면, 두 연이 한 단위가 되어 시행이 규칙적으로 감소되는(5행-5행-4행-4행-3행-3행) 하강 형국인데, 이러한 형식적 특징은 시를 종결짓는 6연의 세 번째 행의 마지막 단어인 "아래로"의 의미와도 교묘하게 부합된다. 따라서 "아래로"는 시의 주제가 6연으로 수렴될 것이라는 사실을 암시하는 복선으로도 해석될 수 있다.

서정적 자아의 형식 또한 독특하다. 실제 인물로서의 시인의 개인적 자아와 차별되는 시 속의 진술주체(Aussagesubjekt)인 서정적 자아가 시의 배경으로 물러나 표면에 등장하지 않는다. 서정적 자아는 "우리"(wir)라는 1인칭 복수 대명사 속에 숨어 있다. 서정적 자아는 객관적 사태의 관찰자로서 특정한 관점을 지닌 배후의 서술자가 된다.[32] 내용적인 차원에서 보자면, 이 시는 배후로 퇴각한 서정적 자아가 어린 나이에 세상을 떠난 친구를 회상하는 작품이다. 우선 전반부 1연과 2연은 다정한 놀이 친구였던 소년과의 행복했던 유년시절의 풍경과 소년의 때 이른 죽음에 대해 묘사한다. 소년이 걸어 내려오는 "묀히스베르크의 돌계단"이란 표현에서 소년이 트라클의 고향 친구임을 추측해 볼 수 있다. 묀히스베르크는 트라클의 고향인 잘츠부르크에 위치한 산이기 때문이다.

여기서 흥미로운 지점은, 색조 형용사가 소년을 기억하는 데 중요한 기능을 수행하고 있다는 사실이다. 소년과 함께 보냈던 순수했던 유년시절을 상징적으로 대변하는 공간은 푸른색("푸른 샘")으로, 가을이라는 시간의 이상적인 덕목인 청명한 공기의 "서늘함", 풍요로운 결실의 "달콤함"은 각각 갈색("갈색 서늘함")과 보라색("보랏빛 달콤함")의 이미지로 가시화된다. 소년과 서정적 자아가 행복하게 연대하던 "우리"라는 이상적 공동체가 해체되는 사건인 소년의 죽음 역시 검은색("검은 천사")의 색채상징으로 표현된다. 또한 사후에도 여전히 편재(遍在)하는 소년의 이미지를 부각시키기 위해서는 은색이 사용된다. 비록 소년의 육신은 사라졌지만, 그의 혼령은 달빛("은빛 얼굴")이 되어 유년의 뜰을 고루 비춘다. 소년의 혼령은 죽음 이후에도 여전히 "정원" 혹은 "나뭇잎 속에 혹은 오래된 암석 속에" 남아 어떤 소리를 감청한다.

그렇다면 소년은 어떤 소리를 듣기 위해 유심히 귀를 기울이고 있는가? 이에 대한 응답이 3연부터 6연까지의 소네트 시연에 담겨 있다. 결론부터 말하자면, 망자가 된 소년은 배후에 숨은 시적 화자, 즉 이제는 성인이 된 자신의 놀이친구가 부르는 심혼의 노래를 듣는다. 이 노래는

---

32 Vgl. Albert Berger, *Lyrisches Ich und Sprachform in Trakls Gedichten.* In: Kurt Bartsch(Hg.), *Die andere Welt. Aspekte der österreichischen Literatur des 19. und 20. Jahrhunderts*, Bern 1979, p. 231.

바람소리("숲의 살랑거림"), 동물의 울음소리("야수의 정열적인 탄식") 그리고 교회 종탑의 "푸른 종소리"로 변주되며 숲과 마을로 퍼져 나간다. 그리고 이 노래 속에서 요절한 소년의 죽음은 초록색 이미지로 묘사된다. "심혼은 죽음을, 육신의 초록빛 부패를 노래했다." 그런데 여기서 "노래했다"는 표현이 암시하듯이, 서정적 자아는 요절한 소년의 죽음에 절망하기보다는 오히려 소년의 죽음에 특별한 의미를 부여하며 미화한다. 트라클 문학에서 죽음은 두려움의 대상만은 아니다. 예컨대 「꿈과 착란」에서 시인을 대변하는 삼인칭 남성 화자는 시신의 손을 아름답다고 생각한다.

> 저녁에 그는 즐겨 몰락한 공동묘지 너머로 갔었고, 혹은 어둑해지는 시체실에서 시신들을, 그들의 아름다운 손 위에 번진 부패의 초록색 반점을 주시했다.
>
> Am Abend ging er gerne über den verfallenen Friedhof, oder er besah in dämmernder Totenkammer die Leichen, die grünen Flecken der Verwesung auf ihren schönen Händen. (HKA I, 147)

여기서도 육신의 부패는 초록색 이미지와 연동된다. 다시 「어느 요절한 이에게」로 돌아가자. 제4연에서는 배후에 은거하던 서정적 자아가 삼인칭 "그"로 호칭되기 시작한다. 그렇다면 "그"는 자신의 삶에 드리워진 옛 친구의 아우라, 즉 죽은 소년의 흔적인 "부패의 그림자"에 어떤 상징적 의미를 부여하고 있는가? 그의 방에 신의 계시처럼 현현(Epiphanie)하는 "요절한 이의 영혼"의 실체는 무엇인가? 추측컨대, 요절한 소년은 원죄로 인해 타락하기 이전의 정의롭고 선한 존재, 말하자면 문명에 의해서 오염되지 않은 순수한 인간상을 상징한다. "더 고요했던 유년 시절

속으로 고치가 된 채 죽었다"는 시구에 비유적으로 나타나듯이, 소년은 이른 죽음으로 인해 존재의 순수성을 보장받은 자인 것이다. 트라클 시에 자주 등장하는 요절한 소년상을 아르노 두시니(Arno Dusini)는 다음처럼 표현했다.

> 태어난 자는 태어나지 않은 자로서 이미 죽었다.[33]

요절한 소년은 존재의 순수한 본질("태어나지 않은 자")을 보존한 채 죽은 것이다. 소년의 초록빛 부패가 두려움의 대상이 아니라 경탄의 대상으로 미화되는 이유는 여기에 있다. 일찍 죽은 소년에 대한 트라클의 찬미는 「소년 엘리스에게」(*An den Knaben Elis*)의 다음 시구에서도 선명하게 나타난다.

> 어디에 네 달빛 같은 눈이 있는가.
> 오, 엘리스여, 그대가 죽은 지 얼마나 오랜 시간이 지났는가.
> 그대의 육체는 하나의 히아신스.
> Wo deine mondenen Augen sind.
> O, wie lange bist, Elis, du verstorben.
> Dein Leib ist eine Hyazinthe. (HKA I, 26)

구약의 선지자 엘리아(Elia)를 연상시키는 소년 '엘리스'의 달빛 같은 눈은 「어느 요절한 이에게」에 등장하는 소년의 "동그란 눈"을 연상시킨다. 그리고 죽은 소년 엘리스는 일찍 죽은 미소년의 신화적 상징인 히아

---

33 Arno Dusini, *Variante, Invariante. Georg Trakls Kasper Hauser Lied.* In: Karoly Csuri(Hg.), *Georg Trakl und die literarische Moderne*. Tübingen 2009, p. 210.

신스와 결부되어 있다.[34] 즉 소년의 주검은 태양의 신 아폴로가 던진 원반에 맞아 죽은 히아신스의 선혈에서 핀 히아신스 꽃 이미지로 승화되고 있는 것이다. 히아신스 꽃의 이미지는 「어느 요절한 이에게」에서는 "푸른 꽃"으로 형상화 된다.

제5연에서 존재의 시원에 대한 강력한 동경은 "피"와 "눈물"로 피어오르는 "푸른 꽃"의 이미지로 절정에 이른다. 여기서 푸른 꽃은 독일 낭만주의의 핵심 정신, 즉 순수한 것에 대한 무한한 동경을 구현하는 노발리스의 '푸른 꽃'의 시적 변용이다. 그리고 이 푸른 꽃의 이미지는 마지막 6연에서 다시 "황금빛 구름"의 이미지로 변주된다. 푸른 꽃이 대지에 핀 동경의 결정체라면, 황금빛 구름은 천상에 수놓아진 동경의 무늬이다. 그러나 만개한 꽃은 곧 시들게 마련이고 생성된 구름도 언젠가는 가뭇없이 사라지는 법이다. "황금빛 구름" 옆에 "시간"이란 명사가 병기된 까닭은 존재의 시원을 향한 동경의 한계와 무상성에 대한 서정적 자아의 자각과 무관하지 않다.

제6연에서 서정적 자아는 이러한 무상성을 극복하기 위해 소년을 "자주" 호출한다. 이제 죽음의 전령을 상징하는 "지빠귀"의 울음소리와 함께 현현하는 소년을 수동적으로 기다리기보다는("요절한 이의 영혼이 조용히 방에 나타났다.") 자신이 스스로 망자를 초대해 함께 강가를 산책한다.

34 트라클의 시에서 자주 나타는 나르시스 모티브도 '일찍 죽은 소년상'과 연관이 있다. 둘의 관계를 고위공은 『게오르크 트라클 연구』에서 이렇게 적시한다. "죽음을 통해서 자기 자신의 본질로 돌아가려는 나르시스의 신화는 영혼의 원초적인 상태의 상징으로 나타나는 '히아신스'나 '엘리스'와 결합될 수 있다."(고위공, 『게오르크 트라클 연구』, 정음사, 1984, 155쪽.)

쓸쓸한 방에서
너는 자주 망자를 손님으로 초대하여
느릅나무 밑 정겨운 대화 속에서 초록빛 강을 따라 아래로 내려간다.

여기서 호명되는 "너"는 배후에 숨은 서정적 자아의 다른 이름이다. 죽은 소년의 친구인 우리 속에 숨은 일인칭 '나'는 삼인칭 '그'로 변환되었다가 종국에는 이인칭 '너'로 등장한 것이다. 트라클 시를 난해하게 만드는 요소로 언급되는 서정적 자아의 변신에도 시인의 의도가 깃들어 있다. 즉 트라클은 '그'를 '너'로 바꿔 호출함으로써 서정적 자아와 자신과의 관계를 좀 더 내밀하게 만들고 싶었던 것이다. 요컨대 '너'는 시인 트라클의 분신으로 읽힌다.

이제 "망자"인 소년은 "쓸쓸한 방"에 독거하는 '너'의 고독과 소외를 치유해 준다. 일찍 죽은 소년과 교감("정겨운 대화")을 나누며 '너'는 소년과 동행한다. 이 마지막 장면에서 흥미로운 지점은 "초록빛 강"의 상징성이다. 부패한 시신을 가리켰던 죽음의 초록색이 여기서는 부활을 암시하는 생명의 색채로 변신했기 때문이다. 이처럼 트라클의 초록색은 한 작품 안에서도 부정(부동, 부패, 죽음)과 긍정(평온, 안정, 생명)의 양극을 오간다. 초록빛 강은 분리되었던 소년과 시인을 다시 하나로 결합시키는 기능을 수행한다. 초록빛 강은 시인이 상실한 유년기의 순수성을 회복시켜 주는 치유와 부활의 강을 상징한다.[35] 이런 맥락에서 보면, 초록색은 다분히 의도적으로 선택된 색채 형용사로 읽힌다.[36] 초록색은

35 "초록빛 강"의 원천은 "푸른 샘"이다. 소년과 시인이 이상적인 연대의 공동체 "우리"가 머물던 장소인 푸른 샘에서부터 초록빛 강은 흘러나온 것이다.

36 「어느 요절한 이에게」에서 푸른색과 황금색(순수와 동경), 갈색과 보라색(가을의 충만과 풍요) 그리고 은색(유년기의 추억)이 긍정적 가치를 대변하고, 검은색(결별과 죽음)은 부정적 가치를

소네트 형식을 차용한 제3연의 첫 행과 제6연의 마지막 행에 두 번 등장한다. 총 4연으로 구성된 소네트의 각 연은 기승전결(起承轉結)의 내용을 담고 있다는 사실을 상기할 때, 초록색의 기능은 의미심장하다. 요컨대 초록색이 '분리와 죽음'이라는 사건의 발단과 '결합과 부활'이라는 사건의 결말을 상징적으로 표현하고 있기 때문이다.

트라클이 「어느 요절한 이에게」에서 형상화한 요절한 소년상은 트라클과 동시대에 활동했던, 신낭만주의적 미학주의를 대표하는 오스트리아 출신 시인 후고 폰 호프만스탈(Hugo von Hofmannsthal)이 시문학의 본질적 모델로 언급한 '전(前)존재'(Präexistenz)를 연상시킨다. 호프만스탈에게 '전존재'는 '현존재'의 모태이다. 현존재란 세속적 현실 속에 실존하는 개체를 의미한다면, 전존재란 개별적인 운명을 지닌 개체로 분리되기 이전의 존재의 총체적 원형을 의미한다. 그에 따르면 인간의 방황과 갈등은 전존재로부터 떨어져 나옴으로써 시작된다. "존재가 저 총체성(전존재)으로부터 굴러 떨어지면, 존재는 길을 잃고 방황할 수 있는 위험에 처한다."[37] 따라서 베르너 메츨러(Werner Metzler)의 해석처럼 전존재란 삶과 죽음이 분리되기 이전의 "순수한 통일감정", 즉 총체적 일자로부터 쪼개져 나와 좌표를 잃고 방황하기 이전의 "지극히 행복한 일치의 상태"[38]이다. 호프만스탈은 펠릭스 바론 오펜하이머(Felix Baron Oppenheimer)에게 보낸 1895년 7월 26일자 편지에서 전존재를 이렇게 설명한다.

대변한다면, 초록색은 양가적이다.

37 Hugo von Hofmannsthal, *Aufzeichnungen*. Herausgegeben von Herbert Steiner, Frankfurt am Main 1973, p. 217.

38 Werner Metzeler, *Ursprung und Krise von Hofmannsthals Mystik*, München 1988, p. 49.

모든 요소들이 우리에게 열려 있다. 우리는 죽음과 삶이고, 조상들과 아이들이며, 가장 본질적인 의미에서 우리의 조상들과 우리의 아이들이고, 그들과 함께 하나의 살과 피다. [……] 이러한 이유에서 또한 우리의 젊음은 어떤 준비나 황량한 기다림의 시간이 아니라, 오히려 이미 왕과 같은 나이이며, 지혜와 가장 깊은 행복으로의 부름이다.

Alle Elemente sind uns offen, und wir sind Tod und Leben, sind Ahnen und Kinder, sind unsere Ahnen und unsere Kinder im eigentlichen Sinn, ein Fleisch und Blut mit ihnen. [……] Darum ist auch Jugend nicht eine Vorbereitung, eine kahle Wartezeit, sondern ist schon ein königliches Alter, eine Berufung zur Weisheit und zum tiefsten Glück.[39]

여기서 언급된 "아이들"과 "젊음"의 이미지는 호프만스탈이 추구하는 전존재를 비유적으로 가리키는 상이다. 그에 의하면 전존재 상태는 이성의 눈으로 파악될 수 없다. 전존재 상태는 꿈과 무의식과 회상을 통해서만 파악될 수 있다. '전존재'란 세계의 총체성이 꿈처럼 파악되고 표현되는 "태곳적 존재의 진리상태"[40]이기 때문이다. 이 지점에서 시인의 역할이 대두된다. 모름지기 시인이란 여기 지금의 삶을 영위하는 사람들의 영혼에 내재한 "이전의 현존재"[41], 즉 전존재의 상태로 몰입해 들어가 그 내면의 풍경을 형상화하는 자이다.

이러한 맥락에서 보면, 트라클의 「어느 요절한 이에게」에 등장하는 소년상은 전존재의 상징으로 확대 해석될 수 있다. 그리고 은색("은빛 얼굴")은 전존재의 현현을 시각적으로 표현하는 색채상징으로 사용되었

39 Hugo von Hofmannsthal, *Briefe 1890-1901*, Berlin 1953, p. 156.

40 Hugo von Hofmannsthal, *Aufzeichnungen*, p. 214.

41 Werner Metzeler, *Ursprung und Krise von Hofmannsthals Mystik*, München 1988, p. 49.

다면, 푸른색은 전존재의 이미지("푸른 웃음")와 전존재를 향한 시인의 무한 동경("푸른 꽃")의 표식으로 사용되었다고 볼 수 있다. 또한 죽음과 생명, 부패와 부활의 상반가치를 동시에 가시화하는 초록색은 분리되었던 전존재와 현존재의 재결합을 매개하는 색채, 즉 '전존재로의 귀환을 통한 실존의 유한성 극복'이라는 시의 핵심 주제를 대변하는 색채로 읽힌다.

정리해 본다. "초록빛 강"이 암시적으로 환기시키는 이상화된 유년기로의 회귀에 대한 갈망, 즉 소년을 향한 동경은 다음의 네 가지 측면을 상징한다.

1) 전기적 관점: 여동생과의 사랑으로 인해 죄책감에 시달렸던 '저주받은 시인' 트라클이 가닿고자 했던 원죄 없는 절대 순수 세계에 대한 지향이 초록색에 반영되어 있다. 근친상간이라는 죄의식으로 인해 성을 파멸적인 요소로 인식하던 트라클이 동경하는 양성(兩性) 분화 이전의 "전(前)성적인 세계"(vorgeschlechtliche Welt)[42]를 상징하는 것이다.
2) 예술사적 차원: 초록색은 세기전환기 위기의식 속에서 자본주의와 기계문명을 부정하고 억눌린 인간성의 해방을 부르짖으며 문명 이전의 원초적인 시원의 세계로 귀환하기를 갈망했던 표현주의의 근본정신과도 일맥상통한다.
3) 심리학적 관점: 무언가 낯설고도 친숙한 영체(靈體)로 환영처럼 나타나는 소년(전존재)은 서정적 자아의 또 다른 자아, 즉 도플갱어

42 Alfred Doppler, *Poetisches Bild als historisches Abbild. Der Wandlungsprozeß in der Lyrik Georg Trakls*. In: *Wirklichkeit im Siegel der Sprache. Ansätze zur Literatur des 20. Jahrhunderts in Österreich*, Wien 1975, p. 128.

로도 읽힌다.[43] 즉 실제 인간이라기보다는 꿈의 인물처럼 현현하는 소년은 서정적 자아의 무의식에 잠재된 '분할된 자아'이다. 이런 맥락에서 보면, 초록빛 강은 분리되었던 자아의 결합을 상징한다.

4) 상호텍스트성 관점: 초록색은 호프만스탈이 추구하는 '전존재'의 본질을 가시화하는 색채상징이다.

* * *

지금까지 분석한 초록색의 함의를 정리해 본다. 트라클의 시세계에서 초록색은 특정한 방향의 상징적 의미로 고착되지 않고 개별 시 텍스트의 맥락 속에서 부단히 의미의 변신을 거듭한다. 초록색은 생명, 기쁨, 환희, 순수, 구원, 시혼과 같은 긍정적인 가치와 우울, 몰락, 죽음, 죄의식, 공포와 같은 부정적 가치를 모두 갖는 양가성의 색채이다. 초록색은 트라클의 시세계에서 상징적 의미의 스펙트럼이 가장 넓은 색이다. 초록색은 서정적 자연이 산책자에게 주는 서늘한 위안("여름의 초록색 계단")의 색채이자 시적 자아의 내면을 지배하는 고독과 우울("초록색 베일")의 거점이다. 또한 초록색은 방랑자의 시혼("초록빛이 되는 발걸음")을 상징한다. 이런 맥락에서 초록색은 낭만주의의 색상이다. 또한 초록색은 세기전환기에 팽배한 파멸과 묵시록적 공포("초록색 사냥꾼")를 체

---

43 독일어권 문학에서 '도플갱어'란 개념을 최초로 사용한 작가는 장 파울(Jean Paul)인데, 그는 소설 『지벤케스』에서 도플갱어를 "자기 자신을 보는 사람"이라고 규정한다.(Jean Paul, *Sämtliche Werke*. Herausgegeben von Norbert Milier, Bd. I. 2, München 1989, p. 67.) 이런 맥락에서 보면, 「어느 요절한 이에게」에서 배후에 숨은 서정적 자아는 동향 친구라는 타자를 기억하는 자가 아니라 바로 자신을 보는 자로 해석될 수 있다.

현하며, 타락한 세계에 대한 점증하는 공포("이끼 낀 눈동자")와 불안("초록의 어둠")의 표식이다. 초록색은 대도시 문명의 광기를 향해 내지르는 원시적 자연의 환희("초록의 기쁨")이다. 이렇게 보면 초록색은 표현주의의 깃발색이다. 한편 초록색은 '몰락 속 구원'을 계시하는 성령("초록색이 되어가는 십자가")의 색채란 측면에서 종교적이다. 이처럼 초록색은 트라클 시의 핵심 주제들을 광범위하게 포괄한다. 하인리히 골드만이 적시한 것처럼 트라클의 시에서 초록색은 "변신의 색채"[44]이다.

---

44 Heinrich Goldmann, *Katabasis. Eine tiefenpsychologische Studie zur Symbolik der Dichtungen Georg Trakls*, Salzburg 1975, p. 45.

제6장

보라색

제6장
보라색

1. 보라색 달팽이: 고통의 진액

보라색은 고통의 진액이다. 보라색의 탄생 배경에는 죽음의 비극이 숨어 있다. 보라색(Purpur)의 어원은 지중해에 서식하는 가시달팽이 뮤렉스(Murex)의 라틴어 명칭인 '푸르푸라'(purpura)에서 유래됐다. 고대 페니키아인들은 껍데기가 있는 복족류(復足類) 뿔고둥 푸르푸라가 분비하는 무색의 점액에서 보라색 염료를 만들었다. 손수건 한 장 크기를 염색할 수 있는 1.4g의 보라색 염료를 얻기 위해 무려 12,000마리의 가시달팽이를 잡아 끓여야 했다. 옛사람들이 엄청난 희생의 대가로 소량 생산되는 보라색을 '달팽이의 피'라고 부른 이유는 여기에 있다.[1] 보라색에 관한 시인 아르튀르 랭보의 상상력도 고대인들의 그것과 흡사하다. 랭보는 모음과 색채의 공감각적 공명에 주목해 색채의 우주론을 펼친 「모음들」(*voyelles*)에서 보라색을 푸르푸라가 내뿜은 선혈로 상상한다. "보랏

1 에바 헬러, 『색의 유혹. 재미있는 열세 가지 색깔 이야기 2』, 이영희 옮김, 예담, 2002, 100~101쪽.

빛, 토한 피”(pourpres, sang craché).[2] 트라클은 어려서부터 프랑스 북동부 알자스로렌 출신의 입주 가정교사 마리 보링에게서 불어를 배우며 랭보의 시를 접할 수 있었다. 이런 이유에서일까, 트라클의 심상에 각인된 보라색 이미지는 랭보의 시상(詩想)과 유사하다. 「하나의 오팔을 보는 세 시선」(*Drei Blicke in einen Opal*)의 다음 시구에서 랭보의 잔영이 목격된다.[3]

> 보라색 달팽이는 깨진 갑각(甲殼)에서 기어 나오고
> 가시덩굴 속에서 마비된 채 암울하게 피를 토한다.
> Die Purpurschnecken kriechen aus zerbrochenen Schalen
> Und speien Blut in Dorngewinde starr und grau. (HKA I, 67)

트라클에게 보라색은 피의 색이다. 보라색은 해체(“깨진 갑각”), 억압(“가시덩굴”), 경직(“마비”), 절망(“암울”), 고통(“피”)과 같은 트라클 문학이 대변하는 부정성의 총화를 상징적으로 가시화한다. 여기서 달팽이가 토해내는 보랏빛 피는 세기전환기 벌거벗은 실존이 직면한 비극적 수난과 임박한 유럽 문명의 파멸을 계시한다. 인간과 세계를 지켜주던 보호막(갑각)은 이미 박살났다. 트라클의 시세계에서 보라색은 불길한 징조를 암시하기도 한다. 「고향에서」의 다음 시구를 보라.

> 임박한 불행을 지연시키는 썩은 지붕에서부터

2 아르튀르 랭보, 『나의 방랑. 랭보 시집』, 한대균 옮김, 문학과지성사, 2014, 109쪽.

3 트라클의 작품 「심연에서」와 「죽은 교회」(*Die tote Kirche*)는 각각 랭보의 「어린 시절」(*Enfance*)과 「교회에 모인 가난한 사람들」(*Les pauvres à l'église*)에서 직접적인 영향을 받아 집필된 작품이다. 트라클의 랭보 수용은 또 다른 연구 주제이다.

고양이의 그림자는 푸르고 좁게 미끄러진다.
보랏빛으로 선 양초의 불꽃.
Der Katze Schatten gleitet blau und schmal
Vom morschen Dach, das nahes Unheil säumt,
Die Kerzenflamme, die sich purpurn bäumt. (HKA I, 60)

트라클의 시세계를 고통스럽게 물들인 보랏빛 피의 앞뒤 맥락을 관찰해 보면, 보라색이 '입'과 '몸'과 같은 신체 이미지와 결합되어 있고 '깨지다'(zerbrechen) 혹은 '박살나다'(zerschellen)와 같은 분쇄와 관련된 어휘와 자주 연계되어 사용됨을 알 수 있다.

① 축복 받은 이들의 입이 보랏빛으로 깨졌다
Purpurn zerbrach der Gesegneten Mund (HKA I, 80)

② 타락한 방에서 차갑게
입과 거짓은 보랏빛으로 깨졌다
Purpurn brachen Mund und Lüge
In verfallner Kammer kühl; (HKA I, 164)

③ 인간의 황금빛 초상을
얼음같이 차가운 영원의 파도가
삼켜버릴 것 같다. 끔찍한 암초에서
보랏빛 육신이 가루처럼 부서지고
어두운 목소리
바다 위에서 탄식한다.
Des Menschen goldnes Bildnis

Verschlänge die eisige Woge
Der Ewigkeit. An schaurigen Riffen
Zerschellt der purpurne Leib
Und es klagt die dunkle Stimme
Über dem Meer. (HKA I, 166)

트라클의 보라색은 표면적으로는 입술의 색이자 부서진 입에서 흘러나오는 피의 색이다. 그러나 보라색의 이면에는 모종의 상징적 함의가 은폐되어 있다. 트라클의 중기시에 속하는 「기도의 노래」(*Stundenlied*)에서 인용한 ①은 신의 부름을 받은 성인들이 종교적 박해를 당해 순교하는 모습을 묘사한다. 신의 복음을 널리 선교해야 할 입의 기능이 완전히 해체된 상황은 종교적 차원을 넘어 시대의 알레고리로도 읽힌다. 트라클은 자신이 살던 시대를 더 이상 진리가 소통될 수 없는 전망부재의 시대, 일찍이 횔덜린이 그랬듯이, 신성이 사라진 시대로 인식했다. 이렇게 보면 '으깨진 보랏빛 입'은 트라클의 암울한 현실인식이 시적 이미지로 가시화된 것으로 해석될 수 있다. 말하자면 진리의 메가폰(입)이 산산이 부서진 시대에 대한 통렬한 자각이 트라클 영혼의 감광판에 보라색으로 인화된 것이다.

오스트리아 표현주의 문예지 <브렌너>에 발표된 후기시 「밤의 귀의」에서 인용한 ②의 보라색은 트라클의 죄의식과 연동된다. 여동생을 향한 성적 리비도는 "육욕의 보랏빛 불꽃"(HKA I, 98)을 점화시켰다.[4] 시민계급의 성적 모럴과 윤리적 금기를 파기했다는 트라클의 원죄 의식과

4 보라색은 금지된 욕망의 색이다. 오스카 와일드는 금지된 섹스를 '회색 시대의 보랏빛 시간'이라 불렀다. 시인 키츠도 '보라색으로 도배한 달콤한 범죄의 궁전'을 동경했다.(에바 헬러, 『색의 유혹. 재미있는 열세 가지 색깔 이야기 2』, 117쪽 참조.)

(누이를 사랑한다는) 진실을 말할 수 없는 트라클의 자기기만은 ②에서 "타락한 방"과 "입과 거짓"이란 시구에 암호처럼 농축되어 있다. 이렇게 보면 '보랏빛으로 부서진 입'은 트라클이 시달렸던 원죄의식과 내면의 분열이 환각적인 이미지로 표출된 것으로 읽힌다. 이런 맥락에서, 산문시 「악의 변신」에서 원죄의 사과 열매가 보라색으로 묘사된 대목은, 트라클의 시세계에서 보라색이 죄책감과 내밀히 연관되어 있음을 재차 환기한다.

> 기형의 작은 사과나무 그늘 속 은빛 발걸음. 검은 가지 속에서 열매는 보랏빛으로 빛나고 풀 속에서 뱀은 허물 벗는다.
>
> Silberner Schritt im Schatten verkrüppelter Apfelbäumchen. Purpurn leuchtet die Frucht im schwarzen Geist und im Gras häutet sich die Schlange. (HKA I, 98)

보랏빛 사과 열매는 허물 벗는 뱀의 이미지와 결합해, 괴테가 『색채론』에서 보라색의 속성으로 언급한 "사악함의 극단"[5]을 상징적으로 형상화한다.

「그로덱」(*Grodek*)과 함께 트라클의 마지막 시로 분류되는 「탄식」에서 인용한 ③의 보라색은 무참히 산화(散花)하는 병사들의 육체를 강렬하게 형상화한다. 보라색은 "고통의 색"[6]이다. 1차 세계대전 발발 직후 약사 시보로 참전한 시인은 1914년 9월 11일 그로덱 전선에서 퇴각하면서 정신분열증 증세가 악화되어 크라카우 위수병원 정신병동으로 호송되었

5 요한 볼프강 폰 괴테, 『색채론』, 장희창 옮김, 민음사, 2013, 257쪽.

6 Eduard Lachmann, *Kreuz und Abend. Eine Interpretation der Dichtungen Georg Trakls*, Salzburg 1954, p. 176.

다. 트라클은 당시 정신병동 침상에서 쓴 「그로덱」과 「탄식」을 10월 25일 병문안 온 루트비히 폰 피커에게 읽어 주었다. 트라클이 자살로 생을 마감하기 열흘 전 최후의 낭송이었다. ③에서 보라색은 황금색과 선명한 보색 대비를 이루며 전쟁의 참상과 인류 몰락의 비극성을 고조시킨다. 트라클의 시에서 황금색은 신과 인간과 자연이 평화롭게 공존하던 '황금시대'를 상징한다. 그러나 인류의 이상("인간의 황금빛 초상")은 완전히 침몰했다.[7] 인간의 인간다움을 소생시킬 기미는 보이지 않는다. "얼음같이 차가운 영원의 파도"가 인류의 이상을 실은 배를 좌초시켰기 때문이다. 이제 질풍노도의 바다(전쟁) 위에 남은 것은 "끔찍한 암초"와 충돌해 박살나는 인간의 시신과 비명뿐이다. 이것이 트라클이 전쟁이라는 "새로운 거대한 도살장"(HKA I, 542)에서 목도한 인류 몰락의 살풍경이다. 결론적으로 ③의 보라색은 전쟁의 야만적 폭력성을 고발하는 색채로 기능한다. 1차 대전 참전 중 쓴 또 다른 작품 「동쪽에서」(*Im Osten*)에서도 보라색은 유혈이 낭자한 전장을 가시화하는 색채로 등장한다.

> 겨울 폭풍의 거친 오르간 소리와 같은 것은
> 민족의 무서운 분노,
> 도살장의 보랏빛 파도
> Den wilden Orgeln des Wintersturms
> Gleicht des Volkes finstrer Zorn,
> Die purpurne Woge der Schlacht. (HKA I, 165)

전쟁의 무차별적 잔인성을 폭풍이 몰아치는 광포한 바다의 이미지와

7 Vgl. Winfried Freund, *Deutsche Lyrik. Interpretationen vom Barock bis zur Gegenwart*, München 1990, p. 149.

연결시킨다는 점에서 「탄식」의 착상법과 유사하다. 소리의 파동("거친 오르간 소리")과 색채의 파장("보랏빛 파도")이 공감각적으로 결합됨으로써 전쟁의 공포가 극대화되고 전면화된다. 트라클에게 전쟁터는 보랏빛 피바다로 인식되었던 것이다.

2. 보랏빛 달: 몰락의 비전

보라색은 묵시록적 환상을 극대화한다. 괴테는 『색채론』에서 보라색의 속성을 이렇게 묘사한다. "보라색 유리는 환한 주위 풍경을 무시무시한 분위기로 바꾸어 놓는다. 그러므로 최후의 심판날의 땅과 하늘에는 이러한 색조가 지배할 것임에 틀림없다."[8] 괴테와 유사한 맥락에서 칸딘스키도 보라색을 비인간적이고 병적이며 비극적인 색으로 해석한다.

> 주황은 빨강이 노랑에 의해서 인간에게로 더 가까이 오게 됨으로써 생겨난 색이라면, 빨강이 파랑에 의해서 인간에게서 멀어져 감으로써 생겨난 색이 보라색이다. 즉 보라색은 인간으로부터 멀어지려는 경향을 가지고 있다. [……] 때문에 보라색은 일종의 병적이며, 불꽃이 꺼져 버린 것 같은 요소를 가지고 있으며, 또한 내부에 비극적인 요소를 가지고 있다.[9]

내면의 불꽃(빨강)이 꺼진 보라색은 절망과 죽음의 색을 의미한다. 빛

8 요한 볼프강 폰 괴테, 『색채론』, 256쪽.

9 바실리 칸딘스키, 『예술에서의 정신적인 것에 대하여』, 권영필 옮김, 열화당, 99쪽.

은 색의 모체다. 그런데 보라색에서는 그 빛이 소멸됐다. 생명의 불꽃이 냉각된 병적인 색이 된 것이다. 이런 보라색의 속성을 요하네스 이텐은 『색채의 예술』에서 "비극적 종말이 일시에 분출되는 색"[10]으로 규정한다. 트라클의 시에 나타나는 보라색도 괴테, 칸딘스키, 이텐이 해석한 보라색의 상징적 자장(磁場)에서 움직인다. 트라클의 보라색은 '어둠'과 '죽음' 모티브와 밀접한 연관성을 가지며 아래와 같이 다양하게 변주된다.

① 슬프다, 저녁 창가, 보랏빛 꽃에서 잿빛 해골 하나, 죽음이 걸어 나왔을 때.
Weh, des Abends am Fenster, da aus purpurnen Blumen, ein gräulich Gerippe, der Tod trat. (「꿈과 착란」, HKA I, 148)

② 오 그 사람이 보랏빛 잠 속에서 썩어 없어지면서
느릿한 양손을 펼친다.
O, dann öffnet jener die langsamen Hände
Verwesend in purpurnem Schlaf. (「밤의 영혼」(*Nachtseele*), HKA I, 186)

③ 어떤 사자(死者)가 너를 방문한다. 심장에서는 저절로 피가 쏟아져 흐르고 검은 눈썹에는 형언할 수 없는 순간이 둥지를 튼다. 어두운 만남이여. 너, 보랏빛 달이여, 사자가 올리브나무의 초록빛 그늘 속에 나타날 때. 불멸의 밤이 그를 뒤따른다.

10 Johannes Itten, *Kunst der Farben. Subjektives Erleben und objektives Erkennen als Wege zur Kunst*, Ravensburg 1970, p. 166.

Ein Toter besucht dich. Aus dem Herzen rinnt das selbstvergossene Blut und in schwarzer Braue nistet unsäglicher Augenblick; dunkle Begegnung. Du - ein purpurner Mond, da jener im grünen Schatten des Ölbaums erscheint. Dem folgt unvergängliche Nacht. (「악의 변신」, HKA I, 98)

①의 보라색은 죽음의 자궁이다. 꽃이 해골을 잉태하는 사태는 모순적이다. 트라클은 아름답고 부드러운 '꽃의 서정', 그 이면에 배태된 '생의 덧없음'을 투시한다. "보랏빛 꽃"은 삶에 내재한 필멸의 비극성을 주제화한 바로크시대 특유의 '바니타스'를 체현한다. 요컨대 보라색은 생의 허무함과 유한함을 환기한다. ②의 보라색은 부패의 온상이다. "보랏빛 잠"은 죽음의 환각을 무의식적으로 체험하게 만드는 초현실을 상징한다. ③의 보라색은 죽음의 귀착점이다. 심장에서 피가 흐르고 검은 눈썹을 지닌 망자가 찾아가는 곳은 "보랏빛 달"이다. 죽은 자와 달의 "어두운 만남"을 통해 죽음의 서사는 완성된다. 트라클의 시에서 달빛은 낭만적 서정성을 고취하는 시적 표상으로 기능하지 않는다. 괴테의 달빛이 시적 화자의 영혼을 자연과 호흡케 만들고 그의 고단한 운명애를 다정한 벗의 눈빛처럼 위무한다면, 트라클의 보랏빛 달은 죽음을 견인한다.

정리하자면, 트라클 시에서 보라색은 죽음의 시발점("보랏빛 꽃")이자 과정("보랏빛 잠")이고 종점("보랏빛 달")이다. 죽음의 보라색은 대지에서 피어나고 천상에서 빛나며 인간의 내면을 지배한다. 그렇다면 트라클 시를 추동하는 이 몰락의 비전은 어디서 기인한 것인가? 앞서 살펴보았듯이, 신성이 사라진 시대에 대한 절망, 근친상간의 죄의식, 삶에 대한 환멸, 전쟁의 공포가 트라클의 시혼을 소멸을 향한 동경의 벼랑 끝에 서게 만들었다. 요컨대 트라클의 시는 '죽음에 이르는 병'을 앓는다. 트라클의 시는 죽음을 분만한다. 그리고 이 사산(死産)을 유발하는 역병은 - 트라클의 색채 상상력에 근거하면 - '보랏빛'이다.

> 창녀가 얼음 같은 전율 속에서 죽은 아이를 낳는다.
> [……]
> 보랏빛 역병
> Hure, die in eisigen Schauern ein totes Kindlein gebärt.
> [……]
> Purpurne Seuche (「벙어리가 된 자들에게」, HKA I, 124)

3. 보랏빛 웃음: 풍요와 도취

트라클의 시에서 보라색은 가을의 색채이다. 가을이 수확의 계절임을 감안할 때, 가을은 성숙함, 충만함, 풍요로움, 기쁨, 안식, 겸허 등을 상징한다. 하지만 가을은 결실의 시간인 동시에 조락의 시간이기도 하다. 추락하는 열매, 서늘한 안개에 뒤덮인 저녁하늘, 이른 아침 된서리를 맞은 벌판 등은 가을이 겨울로 가는 문턱임을 타전하는 자연의 신호들이다. 이렇게 보면 가을은 성장의 종착점이자 몰락의 출발점이다. 트라클의 시에서 가을은 대부분 몰락으로 경도된 죽음의 풍경으로 부정적으로 묘사되고 있다. 하지만 트라클의 시에서 가을의 긍정적인 측면도 묘사된다. 여기서 주목해야 할 지점은 가을의 기쁨, 충만, 풍요, 산책, 청명, 평화, 도취 등이 노래될 때마다 그 주변에 보라색 색채 이미지가 동행하고 있다는 사실이다.

① 가을에 낙엽은 보라색으로 변한다. 수도사의 정신은
청명한 날들을 산책한다. 포도는 익고
널찍한 뜰에 대기는 축제와 같다.
Purpurn färbt sich das Laub im Herbst; der mönchische Geist
Durchwandelt heitere Tage; reif ist die Traube
Und festlich die Luft in geräumigen Höfen. (HKA I, 80)

② 밀과 포도는 베어졌다.
가을과 평온 속 촌락
망치와 모루 소리 계속 울린다,
보랏빛 오두막 속 웃음
Geschnitten sind Korn und Traube,
Der Weiler in Herbst und Ruh.
Hammer und Amboß klingt immerzu,
Lachen in purpurner Laube. (HKA I, 106)

③ 누렇게 익은 곡식 단을 지나
해지는 여름을 통과하는 산책. 제비가 날아들고 날아가는
백회칠 된 아치 아래서 우리는 불같은 포도주를 마셨다네.
아름다워라, 오 우울과 보랏빛 웃음.
Wanderschaft durch dämmernden Sommer
An Bündeln vergilbten Korns vorbei. Unter getünchten Bogen,
Wo die Schwalbe aus und ein flog, tranken wir feurigen Wein.
Schön: o Schwermut und purpurnes Lachen. (HKA I, 93)

「기도의 노래」에서 인용한 ①의 보라색은 단풍으로 물든 낙엽의 모습을 인상적으로 재현한다. 여기서 보라색은 쇠락의 계절 가을을 환기시키기보다는 맑고 밝은 가을 하늘("청명한 날들"), 순수한 영혼("수도사의 정신"), 성숙함("포도는 익고"), 여유로움("산책"), 해방감("널찍한 뜰"), 환희("축제")와 같은 가을의 낭만적인 정취를 고조시키는 역할을 한다. 「길 따라서」에서 인용한 ②의 보라색도 낙엽과 연관이 있다. "보랏빛 오두막"의 정체는 보랏빛으로 물든 덩굴 따위로 뒤덮인 숲 속 정자이다. 그리고 이곳은 고독한 은둔의 장소가 아니다. 이 오두막에서는 명랑한 웃음소리가 들리고, 이 기쁨의 소리는 모루에 힘차게 부딪치는 망치소리와 어우러져 생의 활력을 북돋는다. 수확이 끝난 마을은 평화롭고 풍요롭다. 「란스의 저녁」에서 인용한 ③의 보라색은 도취와 망각의 색이다. 횔덜린은 「빵과 포도주」에서 포도주를 신이 인간에게 선사한 환희의 음료라고 상상한다. 트라클을 대변하는 시적 화자는 달콤한 포도주에 취한 몽환적인 상태에서 침울함("우울")과 기쁨("웃음")이 뒤섞이는 체험을 한다.[11] 여기서 "보랏빛 웃음"은 트라클의 영혼을 지배하는 우울의 감정마저 망각하게 만드는 디오니소스적 도취 상태를 암시한다.[12]

11 트라클의 시에서 보라색은 우울의 색이기도 하다. 시인의 우울한 심리상태가 무의식적 차원에서 색채 이미지로 발화될 때 보라색이 등장한다: "이렇게 조용히 달빛은/ 우울의 보랏빛 흉터들을 덮는다."(「서양」, HKA I, 140), "발걸음과 우울이 하나가 되어 보랏빛 태양 속에서 울린다."(「저녁에」, HKA I, 338)

12 존 밀턴(John Milton)은 가면극 『코무스』(*Comus*) 제1막 46~47행에서 포도 재배법과 포도주를 만드는 방법을 발견한 주신(酒神) 바쿠스(디오니소스)를 이렇게 묘사한다. "보라색 포도에서 잘못 쓰면 독이 되는/ 저 달콤한 포도주를 처음 짜낸 바쿠스"(John Milton, *Comus*. Illustrated by Arthur Rackham, South Carolina 2010, p. 17.)

4. 보랏빛 포도: 신성의 열매

보라색은 신성의 색이다. 보라색이 지닌 신성의 근원은 희소성과 신비한 광채에 있다. 앞서 언급했듯이 보라색 염료는 대량의 푸르푸라로부터 극히 소량만 추출할 수 있었기 때문에 매우 고가로 거래되었고, 그런 만큼 값비싼 보라색은 권력의 특권과 종교적 위엄을 대변하는 상징으로 자리 잡았다.[13] 고대 그리스시대 곡식의 신 데메테르(Demeter)를 모시는 엘레우시스(Eleusis) 사당의 제사장 비의(緋衣)와 고대 로마 황제의 자포(紫袍)나 추기경의 제복이 보라색이었던 이유는 여기에 있다. 고대인들은 보라색으로 염색된 직물이 내뿜는 신비한 광채를 거룩한 신의 빛으로 인식했다. 보라색의 라틴어 어원인 '푸르푸라'는 가시달팽이의 이름 이외에도 '빛의 순수함'을 의미하는 라틴어 '푸리타테 루키스'(puritate lucis)에서 유래했다는 사실은 보랏빛과 신성의 연관성을 잘 보여준다.[14] 구약에서 보라색은, 이스라엘 민족이 이집트를 탈출해 가나안 땅으로 가는 과정에서 제사를 지내기 위해 광야에 설치한 임시 이동 성전(聖殿)인 성막(聖幕)의 색으로 자주 등장하며, 신약에서는 예수의 성의(聖衣)를 보라색으로 묘사한다. 스페인 매너리즘을 대표하는 화가 엘 그레코(El Greco)는 십자가에 못 박힌 예수를 안장할 때 그의 몸을 감싼 수의를 보라색으로 표현했다. 보라색이 분무하는 신성한 아우라의 기원은 이처

---

13 로마제국에서는 황제와 황제의 계승자만이 보라색 옷을 입을 수 있었다. 고대 로마의 박물학자 플리니우스는 『박물지』(*Historia naturalis*)에서 보라색을 이렇게 묘사한다. "이 고대 티레(보라색 염료가 발명된 고대 페니키아 도시)의 색깔은 엉긴 피의 색일 때 최고로 인정을 받으며, 반사광에 의해 어두워지고 투과광에 의해 반짝인다. 그것은 모든 옷을 빛나게 하며 황금과 함께 승리의 영광을 누린다.(주드 스튜어트, 『무지개에는 왜 갈색이 없을까? 색에 관한 세상의 모든 지식』, 배은경 옮김, 아트북스, 2013, 136~137쪽에서 재인용)

14 Vgl. Hajo Düchting, *Farbrausch. Die Farbe in der Malerei*, Stuttgart 2009, p. 64~65.

럼 역사적이다. 보라색은 위대한 과거를 가지고 있다. 요컨대 보라색은 "신학의 색"[15]이다. 이러한 종교성이 트라클의 보라색에 짙게 드리워져 있다.

트라클의 시에서 보라색은 가을의 색이자 포도의 색이다.

> ① 오 그대 고요와 황금빛 가을의 시간들이여,
> 그때 우리 평화로운 수도사들은 보랏빛 포도를 짰다.
> 그리고 언덕과 숲은 사방으로 빛났다.
> O, ihr Zeiten der Stille und goldener Herbste,
> Da wir friedliche Mönche die purpurne Traube gekeltert;
> Und rings erglänzten Hügel und Wald. (HKA I, 119)

> ② 너는 그러나 부드러운 발걸음으로 밤 속으로 걸어간다
> 보랏빛 포도송이가 가득 달려 있는 밤으로,
> 그리고 너는 푸름 속에서 더욱 아름답게 팔을 움직인다.
> Du aber gehst mit weichen Schritten in die Nacht,
> Die voll purpurner Trauben hängt
> Und du regst die Arme schöner im Blau. (HKA I, 26)

> ③ 움막 둘레로 덩굴 뻗은 보랏빛 포도나무,
> 누렇게 익은 곡식 단에서 들리는 소리,
> 벌들의 붕붕거리는 소리, 두루미의 비상.
> 저녁에 부활한 자들은 바위 오솔길에서 만난다.
> Um die Lehmhütten rankt purpurner Wein,

15 에바 헬러, 『색의 유혹. 재미있는 열세 가지 색깔 이야기 2』, 106쪽.

Tönende Bündel vergilbten Korns,
Das Summen der Bienen, der Flug des Kranichs.
Am Abend begegnen sich Auferstandene auf Felsenpfaden.
(HKA I, 72)

중기시에 속하는 「서양의 노래」에서 인용한 ①의 보라색은 완성의 징표이다. 성만찬의 포도주를 제조하기 위해 수도사들이 짜는 보랏빛 포도는 풍요로운 가을의 황금빛 이미지("언덕과 숲은 사방으로 빛났다")와 조응하며 가을이 결실의 시간임을 조용히 웅변한다. 여기서 보랏빛 포도의 이미지는 릴케의 「가을날」(*Herbsttag*)에 등장하는 "마지막 과실들"을 연상시킨다. 릴케는 예술의 절대적 완성을 포도가 무르익어 가는 과정에 비유하며 「가을날」 제2연에서 가을을 이렇게 예찬한다.

마지막 과실들이 무르익도록 명해주소서
이틀만 더 남국의 날을 베푸시어
과일들의 완성을 재촉하시고, 진한 포도주에
마지막 단맛이 스미게 하소서.
Befiehl den letzten Früchten voll zu sein;
gib ihnen noch zwei südlichere Tage,
dränge sie zur Vollendung hin und jage
die letzte Süße in den schweren Wein[16]

'황금빛 가을의 시간'을 머금은 트라클의 잘 익은 보랏빛 포도는, 릴

16 Rainer Maria Rilke, *Sämtliche Werke*. Herausgegeben von Rilke-Archiv. Bd. 1, Frankfurt am Main 1987, p. 398.

케의 시구에 비유하자면, '마지막 단맛'이 스민 '진한 포도주'의 재료로 사용되었으리라 상상할 수 있다. 『시집』에 실린 초기시 「소년 엘리스에게」서 인용한 ②의 보라색에는 구원의 신성함이 서려 있다. 요절한 소년 엘리스의 몰락과 구원의 과정을 그린 이 작품에서 밤은 공포와 절망의 시간이 아니라 오히려 공포와 절망이 치유되는 "영혼의 피난처"[17]로 기능한다. 엘리스는 이러한 안식의 "밤 속으로" 들어간다. 트라클은 이 밤을 다른 작품에서 푸른색 이미지로 표현한다. "오 밤의 복된 푸름 속에서 누리는 삶이여"(HKA I, 144)와 같은 시구에 잘 나타나 있듯이, 트라클의 시에서 푸른색은 성스러움과 신성함을 상징하는 대표적인 색채이다. 이 신성한 "푸름" 속에 보랏빛 포도가 송이송이 알차게 영글어 있다. 트라클의 시에서 보라색 포도는 성스러운 푸름 속의 심장이다. 또 다른 초기 작품 「헬리안」에서 인용한 ③의 보라색은 따뜻한 노란색("누렇게 익은 곡식 단")과 함께 결실의 계절 가을을 색채 이미지로 가시화할 뿐만 아니라 부활의 모티브("저녁에 부활한 자들은 바위 오솔길에서 만난다")를 계시한다. 지금까지 살펴보았듯이 트라클의 보라색에는 종교적인 상징성이 짙게 드리워져 있다. 보라색은 포도의 색이자 신성의 색인 것이다.[18] 여기 보랏빛으로 오롯한 구원의 별이 있다.

---

17 William H. Rey, *Poesie der Antipoesie. Moderne deutsche Lyrik. Genesis, Theorie, Struktur*, Heidelberg 1978, p. 233.

18 물론 포도가 부정적인 상징으로 사용된 경우도 있다. 경제공황기 미국의 우울한 초상을 형상화한 존 스타인벡(John Steinbeck)의 소설 『분노의 포도』(*Grapes of Wrath*)가 그 실례이다. 영원히 고조될 듯 보였던 아메리칸 드림이 악몽으로 곤두박질치던 1930년대 미국의 피폐한 상황을 작가는 포도의 비유로 이렇게 일갈한다. "사람들의 눈 속에 패배감이 있다. 굶주린 사람들의 눈 속에 점점 커져가는 분노가 있다. 분노의 포도가 사람들의 영혼을 가득 채우며 점점 익어간다."(존 슈타인벡, 『분노의 포도 2』, 김승욱 옮김, 민음사, 2008, 255쪽.)

십자가와 저녁.
그의 별이 보랏빛 양팔로
아무도 살지 않는 창으로 올라가는 소리 내는 자를 껴안는다.
Kreuz und Abend;
Umfängt den Tönenden mit purpurnen Armen sein Stern,
Der zu unbewohnten Fenstern hinaufsteigt. (「호엔부르크」, HKA I, 87)

"아무도 살지 않는 창으로 올라가는 소리 내는 자"는 지상을 떠나 천상으로 올라가는 죽은 이의 영혼을 의미한다. 트라클은 이 망자를 포옹하는 구원의 별을 보랏빛 양팔로 상상한다.

트라클의 시는 '몰락의 비전'과 '구원의 갈구' 사이에서 몸부림치며 구현된다. 타락과 죄의식에 가위눌려 신음할수록 순수한 세계에 대한 갈망은 간절해지고, 인간과 세계에 대한 절망으로 영혼이 파괴될수록 자아 해방에 대한 의지는 뜨거워지며, 몰락의 심연으로 경도될수록 구원을 향한 의지는 강렬해진다. 트라클의 시는 삶과 죽음, 소멸과 부활, 절망과 희망, 아름다움과 추함, 선과 악의 팽팽한 대립과 모순을 고통스럽게 견딘다. 양극 사이의 조화로운 변증법적 균형점을 찾지 않는 것이다. 구원이 트라클 시의 마지막 종착점이라면 그의 문학은 종교적 고해성사의 단계에 머물지 모른다. 그의 시에서 구원은 간절히 모색되지만 그 실현은 번번이 유예된다. 좌절의 고통을 인내하고 내면화하는 트라클의 시는 그래서 처절하게 아름답다. 이 인고(忍苦)의 태도는 십자가에서 내려진 예수의 수난상, 특히 14세기 마인츠에서 제작된 것으로 추정되는 <뢰트겐 피에타>(*Pietà Roettgen*)를 연상시킨다. 극한의 고통 속에서 죽어간 예수의 모습을 참혹하게, 다소 과장되게 표현한 중세 독일 고딕풍 목재

조각 피에타상이다. 예수의 죽음을 아름답게 미화한 미켈란젤로의 대리석 피에타상과는 달리, 피골이 상접해 마치 뻣뻣한 나무토막처럼 보이는 예수는 가시면류관을 쓴 채 목을 축 늘어뜨리고 있다. 여기서 주목해야 할 지점은 십자가 책형의 상처로부터 흘러나오는 피의 모습이다. 옆구리, 손등, 발등에서 샘솟듯 흐르는 피의 형태가 마치 '포도송이'처럼 형상화되었다. 이는 예수가 자신을 포도나무에 비유한 것에서 비롯됐다.[19]

그림 16. 작자미상, 〈뢰트겐 피에타〉, 1360년경 참조 (p. 28)

> 내가 참 포도나무요 내 아버지는 그 농부이시다. 나에게 붙어 있으면 열매를 맺지 않는 가지는 아버지께서 다 쳐내시고, 열매를 맺는 가지는 모두 깨끗이 손질하시어 더 많은 열매를 맺게 하신다. [……] 내 안에 머물러라. 나도 너희 안에 머무르겠다. 나는 포도나무요 너희는 가지다. (요한복음 15장 1~5절)

예수의 몸이 포도나무라면 예수의 피는 포도주이다. 그렇다면 포도주는 '성혈'(sanguis christi)의 상징이다. 인류 구원의 길은 이 고통의 피(포도주)에서 열린다. 가톨릭교회 성찬례 때 사용하는 축성된 포도주는 예수가 십자가에서 흘렸던 피와 동일하다. 몰락의 심연 속에서 한 줌의 빛을 모색하는 트라클 시세계는 보랏빛 피(고통과 죽음)와 보랏빛 포도주(신성과 구원) 사이에 존재한다. 보라색이 지닌 양극성 사이에 트라클 시의 본령이 자리 잡고 있는 것이다.

---

19 김홍섭, 『미술로 읽는 독일문화』, 전남대학교출판부, 2012, pp. 72~73 참조.

* * *

지금까지 언급한 보라색의 상징성을 토대로 두 가지 결론을 맺는다.

첫째, 트라클의 보라색은 부정적 가치와 긍정적 가치를 동시에 갖는 양가적인 색채이다. 보라색은 트라클 시의 근간을 이루는 고통, 불안, 죄의식, 부패, 죽음, 소멸, 절망, 우울과 같은 부정적 가치와 환희, 도취, 시혼, 신성, 구원 등과 같은 긍정적 가치를 압축한 색채암호로 기능한다. 보라색의 가치 값은 개별 시 작품의 맥락에 따라 변하는 것이 일반적이지만, 한 작품 안에서 – 실례로 「기도의 노래」, 「헬리안」, 「서양의 노래」에서 – 긍정과 부정의 단애를 오가기도 한다. 보라색의 상징성이 지닌 야누스의 얼굴은 보라색 자체의 색상이 갖는 속성과 무관하지 않아 보인다. 보라색은 붉은색과 푸른색이 혼합된 이차색이다. 따라서 색채 심리학자 하랄드 브램이 『색의 힘』에서 적시한 대로, "보라에서는 원색인 빨강과 파랑이 극단적으로 대립한다. 불의 열기와 얼음의 차가움이 섞여 있는 형태이다. 양극단은 보라 안에 그대로 머물러 특별하고 매혹적인 분위기를 풍기게 한다."[20]

둘째, 보라색은 품이 넓은 색이다. 괴테는 『색채론』에서 보라색의 속성을 이렇게 언급한다. "프리즘에서 보라색이 생겨나는 것을 잘 관찰한 사람이라면 이 색이 때로는 실제로, 때로는 잠재적으로 다른 모든 색을 포함하고 있다는 주장을 모순이라고 여기지 않을 것이다."[21] 괴테의 생각과 유사하게, 보라색은 트라클의 시에 자주 출몰하는 다른 색채의 상징적 의미를 거의 모두 포괄한다. 보라색에는 푸른색(신성, 성스러움),

---

20 하랄드 브램, 『색의 힘. 컬러의 의미와 상징』, 이재만 옮김, 일진사, 2010, 130쪽.

21 요한 볼프강 본 괴테, 『색채론』, 255쪽.

검은색(부패, 죽음, 우울, 파멸), 붉은색(환희, 도취), 흰색(불안, 죄의식), 황금색(충만, 구원)의 함의가 잠재되어 있다. 시의 특정한 맥락 속에서 무수한 이미지들과 결합해 다양한 의미를 분사하는 보라색은 개인의 체험(근친상간, 약물중독), 문화적 배경(표현주의), 역사적 상황(전쟁) 등을 고려하지 않으면 그 의미를 온전히 파악하기 힘들다. 트라클 색상어 해독의 난해함은 여기에 있다.

제7장

검은색

제7장
검은색

1. 검은 이슬: 비애의 눈물

예부터 사람들은 우울한 사람의 피는 검다고 생각했다. 우울한 사람의 혈관에는 검은 쓸개에서 분비되는 체액, 이른바 '후모르 멜랑콜리쿠스'(humor melancholicus)가 흐른다고 생각했기 때문이다. 멜랑콜리의 생리적 모체이자 저장소는 쓸개이다. 멜랑콜리의 어원 속에 검은색이 포함된 이유도 이와 무관하지 않다. 멜랑콜리는 그리스어로 검은색을 뜻하는 '멜라스'(melas)와 담즙을 의미하는 '클뢰'(chole)의 조합에서 파생되었다. 고대 그리스 의학은 노란 담즙이 검게 변하여 과도하게 분비되는 병으로 우울을 이해했던 것이다.[1] "노란 담즙은 감성적 기복이 심한 다

1 히포크라테스는, 인간의 몸은 혈액(공기), 점액(물), 노란 담즙(불), 검은 담즙(흙) 등 4가지 체액(4체액설)으로 이뤄져 있으며, 이들이 균형을 이룰 때 인간은 건강하다고 보았다. 만약 어느 하나의 체액이 많아지면 특정한 체질이 형성되고 특정한 기분 상태가 나타난다고 보았으며, 이 4체액 가운데 검은 담즙이 과도하게 분비되어 형성된 특정한 체질과 심적 상태를 나타내는 말이 멜랑콜리였다(김동규, 『멜랑콜리아. 서양문화의 근원적 파토스』, 문학동네, 2014, 439~447쪽 참조).

혈질을 결정짓지만, 검은 담즙은 그 색깔처럼 어둡고 음울한 성격을 형성한다."[2] 그렇다면 흑담즙은 언제 만들어지는가? 상실의 슬픔을 애도의 절차를 통해 극복하지 못할 때, 말하자면 슬픔이 차곡차곡 누적될 때 분비된다. 사람은 슬픔에 직면했을 때 눈물을 통해 상실의 감정을 쏟아낸다. 그것이 애도작업이다. 그러나 멜랑콜리커는 상실한 대상과의 결별에 실패한다. 그 대신 상실한 대상을 세상에서 가장 안전한 곳, 즉 자신의 마음속으로 데리고 온다. 즉 자기 자신과 상실한 대상을 부단히 동일화한다. 우울한 자는 상실한 대상을 영원히 소유하고자 한다. 만해 한용운 시인의 어법을 차용하자면, 우울한 자는, 님은 떠났지만 님을 고이 보내 드리지 못하는 사람이다. 현실(이미 님은 나를 떠났다)과 이상(여전히 나는 님과 함께 있다) 사이의 아득한 괴리감에서 촉발되는 비애로 인해 멜랑콜리커의 비장(脾臟)은 더욱 캄캄해지는 것이다.

그렇다면 트라클은 왜 멜랑콜리한가? 트라클은 어떤 대상과의 이별을 완성하지 못했는가? 자전적인 측면에서 보면, 트라클은 여동생과의 이루어질 수 없는 사랑과 결별할 수 없었다. 근친상간을 엄격하게 금지하는 시민사회의 성윤리와 사랑에 대한 자신의 진정성 사이에서 트라클은 고통스럽게 갈등했다. 철학적 차원에서 보면, 트라클은 더 이상 되돌아갈 수 없는 존재의 시원에 대한 갈망으로 늘 우울했다. 근원적인 고향상실이 야기한 실존적 좌표 상실이 그의 피를 어둡게 만들었다. 하이데거가 트라클의 시를 "현세를 떠나 원초의 세계를 향해 걸어가는 귀향자의 노래"[3]로 명명한 이유는 여기에 있다. 한편 당대의 역사적 상황에서 보자면, 트라클은 폭력적인 기계문명(전쟁)의 혼돈을 감당할 수 없어 침울

2 김동규, 『멜랑콜리아. 서양문화의 근원적 파토스』, 75쪽.

3 마르틴 하이데거. 『언어로의 도상에서』, 신상희 옮김, 나남, 2012, 47쪽.

했다. 타락한 인류 역사에 대한 환멸과 폭압적인 기계 문명에 대한 불만이 흑담즙의 분비를 촉진시킨 것이다. 트라클을 지배하는 이와 같은 '검은' 우울의 감정은 박쥐와 부엉이 같은 동물의 알레고리로 표현된다.

① 저녁에 박쥐들의 외침을 듣는다.
[……]
검은 가지 사이로 고통스러운 종소리 울린다.
얼굴 위에 방울져 떨어지는 이슬.
Am Abend hört man den Schrei der Fledermäuse.
[……]
Durch schwarzes Geäst tönen schmerzliche Glocken.
Auf das Gesicht tropft Tau. (HKA I, 32)

② Am Waldsaum, erstrahlen die finstern Wege
In die steinerne Stadt;
Öfter ruft aus schwarzer Schwermut das Käuzchen den Trunknen.
숲가에서, 석화(石化)된 도시로 가는
으스스한 길이 빛난다.
종종 부엉이가 검은 우울로부터 술 취한 이를 부른다. (HKA I, 186)

「저녁 내 마음」에서 인용한 ①의 박쥐는 우울을 상징하는 대표적인 동물이다. '북유럽의 다빈치'로 불리는 알브레히트 뒤러(Albrecht Dürer)의 <멜랑콜리아 1>(*Melencolia 1*)의 왼편 상단에 위치한 박쥐(이 그림의 주제인 '멜랑콜리'를 현수막처럼 펼치고 있다)에 잘 나타나듯이, 박쥐는 "우울증 기질이 있는 사람들이 상상해 만든 절망과 공포의 세계"[4]를 상징적으로 체현한다. 박쥐는 침울함이 점점 고조되는 시간대인 저녁의 반복적인 도래를 알리는 어둠의 사자(使者)이다. 박쥐는 이 그림 전체를 지배하는 여인, 즉 한 손으로 머리를 괸 채 깊은 상념에 빠져 있는 천사의 우울한 심리 상태를 가시화하는 역할을 한다. 그림 17. 알브레히트 뒤러, 〈멜랑콜리아 I〉, 1514년 참조 (p. 29) "태양은 검은 천 속으로 사라졌다. 언제나 지나간 저녁은 다시 온다."(「도중에」(*Unterwegs*), HKA I, 81)라는 시구에 잘 나타나 있듯이, 빛의 세계가 "검은 천"(어둠)에 싸여 소멸되면 박쥐의 울음소리가 본격적으로 메아리치기 시작한다. 여기서 ①의 시적 화자가 듣는 박쥐의 외침은 화자의 영혼에서 울리는 비애의 울음소리로 읽힌다. 어떤 종교적 구원의 종소리도 시적 화자의 우울을 치유할 수 없다. 오히려 종소리는 우울의 감정을 증폭시킨다. "고통스러운 종소리"가 시적 화자의 내면을 청각적으로 환기한다면, "검은 가지"는 그것을 시각적으로 재현한다. 아마도 시인을 대변하는 화자는 어둠이 내린 숲 속을 산책하고 있었을 것이다. 그리고 박쥐의 울음소리에서 자신의 내면에 잠복한 우울의 목소리를 감청했을 것이다. 저 멀리 마을 성당 첨탑에서 울려 퍼지는 종소리마저 절망적으로 들릴 만큼 그의 심적 상태는 불안하고 어둡고 침울했을 것이다. 따라서 그의 얼굴에 떨어지는 검은 밤이슬은 '후모르 멜랑콜리쿠스'를 상징한다고 해석할 수 있을 것이다. 신이 사라진 절망의 세계, 구원의 가능성이 희박한 하늘에서 내리는 비관의 눈물이 밤이슬의 정체이다. 그리고 이 이슬을 맞은 자, 몰락의 예감으로 전율할 것이다. 「고독한 자의 가을」에 맺힌 이 검은 이슬을 보라.

---

4 Thorsten Valk, *Melancholie im Werk Goethe: Genese-Symtomatik-Theapie*, Berlin 2002, p. 128.

이슬이 앙상한 버드나무에서
검게 방울져 내릴 때면 뼛속 깊이 전율이 엄습한다.
anfällt ein knöchern Grauen,
Wenn schwarz der Tau tropft von den kahlen Weiden. (HKA I, 109)

「소년 엘리스에게」의 결구에도 검은 이슬이 맺혀 있다.

거기서 때론 연약한 짐승 한 마리 나와
천천히 무거운 눈꺼풀을 내려뜨린다.
너의 관자놀이 위에 검은 이슬 방울져 내린다.
Daraus bisweilen ein sanftes Tier tritt
Und langsam die schweren Lider senkt.
Auf deine Schläfen tropft schwarzer Tau. (HKA I, 26)

소년 엘리스는 현실에서 이루어질 수 없는 소망을 대변하는 비현실적인 인물로서 트라클의 시에 호출된 신화적 존재이다. 트라클은 실존적 삶의 고통을 미학적 형상을 통해 극복해 보고자 시도했던 것이다. 그러나 히브리어로 '나의 신'을 의미하는 '엘리'(Elli), 혹은 선지자 '엘리아'(Elia)를 연상시키는 이 신비한 소년도 종국에는 좌절하고 몰락하게 되는 것으로 시는 마무리된다. 시인을 대변하는 "연약한 짐승" 한 마리가 죽은 엘리스의 창백한 시신 위에 눈물을 떨군다. 엘리스의 관자놀이를 적시는 이슬은 엘리스를 소생시키려는 시인의 최후의 시도로 보인다. 그러나 이 눈물은 더 이상 순수하고 투명하고 영롱한 이슬이 아니다. 이슬은 검게 부패했다. 생명과 죽음이 하나의 모순된 이미지로 통합된 검은 이슬이란 이미지는 파울 첼란의 「죽음의 푸가」에 등장하는 "검은 우유"(schwarze Milch)[5]로 변주되어 계승된 바 있다. 한편 트라클의 검은 이슬은 「심연에서」에서는 "검은 비"의 이미지로 변주되기도 한다.

> 그것은 검은 비가 떨어지는 추수 끝난 밭.
> 그것은 외로이 서 있는 갈색 나무 한 그루.
> 텅 빈 오두막들을 맴돌며 속삭이는 바람.
> 이 얼마나 쓸쓸한 저녁인가
> Es ist ein Stoppelfeld, in das ein schwarzer Regen fällt.
> Es ist ein brauner Baum, der einsam dasteht.
> Es ist ein Zischelwind, der leere Hütten umkreist.
> Wie traurig dieser Abend. (HKA I, 46)

「밤의 영혼」에서 인용한 ②의 부엉이 역시 우울의 정조를 극적으로 고조시키는 역할을 한다. 부엉이는 존재의 좌표를 상실한 방랑자의 멜랑콜리를 상징적으로 체현한다. 트라클의 시세계에서 문명의 도시는 환멸의 대상이다. 모든 생명이 말살된 황폐한 곳, 비유하자면 "석화된" 곳으로 표상된다.[6] 그래서 도시로 가는 길은 어둡고, 자연("숲")과 문명("도시")의 경계에 선 방랑자의 마음은 침울하다. 숲을 잠식해 들어오는 문명의 광휘 앞에서 신화적 유토피아를 기억하는 시인의 우울한 마음이 부엉이의 울음소리를 통해 형상화되고 있다. 이 상실의 체험을 잠시 망

---

5 Paul Celan, *Gedichte in zwei Bänden*, Bd. 1, Frankfurt am Main 1977, p. 41.

6 트라클의 시에서 검은색은 타락한 문명의 광기를 상징하는 색채로 사용되기도 한다. "검은 곤돌라를 타고 흔들거리며 몰락한 도시 사이로 지나간다."(「방랑자」, HKA I, 122), "오 대도시의 광기여, 그대 저녁의/ 검은 담장 가에 기형의 나무들이 굳어 있고"(「벙어리가 된 자들에게」, HKA I, 124) 죽음의 관(棺)을 연상시키는 검은 곤돌라는 시적 화자를 몰락한 도시로 안내하고, 검은 담장 가에 서 있는 기형화된 나무들은 도시문명에 내재한 파괴의 악령을 그로테스크하게 형상화한다.

각할 수 있는 유일한 길은 도취일 것이다. 우울은 알코올을 부르고 이 알코올의 숙취는 더 깊은 우울을 잉태한다. 삶의 실낱같은 희망을 연장하는 유일한 길이 도취의 늪일 때, "검은 우울"에서 해방될 가능성은 희박하다. 트라클이 알코올과 약물중독에 빠져 좀처럼 헤어 나오지 못한 사정은 여기에 있다.

트라클의 우울은 애도와 차별된다. 애도는 상실한 대상과의 결별을 완성하는 절차이다. 삶의 슬픔과 고통을 극복하기 위한 감정적 통과의례가 애도인 것이다. 프로이트가 설명했듯이 애도 작업은 현실성 검사를 통해 대상 상실을 극복하려는 심리적 대처행위이다.[7] 트라클에게는 상실한 대상을 다른 대상으로 대처할 수 있는 현실 감각이 결핍되어 있다. 따라서 현실과 이상의 낙차를 인내해야 하는 트라클의 자아는 늘 우울하다. 이러한 자아의 모습은 프로이트가 언급한 멜랑콜리적 자아와 흡사하다. "애도의 경우 세계가 초라하고 공허하다면, 멜랑콜리의 경우 그 초라하고 공허한 것은 자아이다."[8] 이 공허함을 조금이라도 채워 보기 위해 트라클은 언어와 삶 사이의 전면전을 도모한다. 그가 우울의 비애를 견딜 수 있는 유일한 길은 시작(詩作)뿐이었기 때문이다.

나아가 트라클의 검은색이 분무하는 우울의 아우라는 베를린 표현주의와 차별되는 오스트리아 표현주의의 특징을 대변한다는 측면에서도 의미심장하다. 트라클이 시작 활동을 하던 20세기 초 오스트리아는 비인, 프라하, 부다페스트 등을 포함한 광대한 도나우제국을 지배하고 있었다. 공식적으로 '오스트리아-헝가리 왕국'이라 불리는 합스부르크제국은, 1866년 승승장구하는 프로이센과의 주도권 쟁탈 전쟁에서 패한 이

7 Vgl. Sigmund Freud, *Trauer und Melancholie. Melancholie oder vom Glück, unglücklich zu sein*, München 1977, p. 164.

8 Sigmund Freud, *Trauer und Melancholie*, p. 165.

후 독일연방에서 물러나와 서서히 쇠퇴의 길을 가고 있었다. 외견상으로는 러시아 다음으로 광대한 영토를 보유한 열강의 모습을 띠었지만, 실제로는 수세기 동안 신성로마제국의 중심으로서 누려 왔던 주도권을 상실하면서 더 이상 게르만 세계의 헤게모니를 견지할 힘을 갖고 있지 못했다. '합스부르크 신화'의 붕괴와 더불어 오스트리아 지식사회와 예술계 전반에 무력감과 멜랑콜리의 정조가 확산되었고, 과거의 영광에 대한 회상이 초래한 비애감이 팽배했다. 헤르베르트 자이들러(Herbert Seidler)는 세기전환기 빈 모더니즘의 특징을 다음처럼 설명한다. "당시 중부유럽의 정신적 공간 속에서 비인의 상태, 즉 제국의 명약관화한 몰락으로의 접근은 무력감, 우울함, 애수어린 회상과 지나가 버린 것에 대한 의식적인 연결을 뉘앙스가 풍부한 예술적 형식과 결합시켰다."**9** 무력감, 우울함, 애수어린 회상 등과 같은 키워드는 트라클의 검은색이 지닌 상징성과 상통한다. 이렇게 보면 트라클의 시에서 검은색은 제국의 쇠락과 곧 도래할 세계대전의 파국을 예언하는 신호로도 읽힌다. 이것이 트라클 시에 잠복한 리얼리즘이다. 헬무트 호프아커(Helmut Hoffacker)는 지극히 사적인 트라클 시에 내재한 현실성을 이렇게 간파한다.

> 트라클은 붕괴되어 가는 외적 현상을 자신의 내면으로 끌어들여 그것을 다시 서정적으로 압축했던 시인이었다. [……] 그가 분명히 의식하지 못한 채 괴로워하면서 체험한 위협적인 몰락의 현실은 전쟁이라는 역사적 현실을 통해 입증되었다. 전쟁의 두려움과 혼돈을 그의 서정시는 예언적으로 미리 보여준 셈이다. 이것이 그의 서정시에 담긴 리얼리즘적 요소이다."**10**

9 Herbert Seidler, *Expressionismus in Österreich?* In: Zoran Konstnatiovic(Hg.), *Expressionismus im Europäischen Zwischenfeld*, Innsbruck 1976, p. 27.

트라클의 27년간의 생애가 1900년이라는 세기의 분기점을 중심으로 14년씩 대칭적으로 양분되어 있다는 점이 시사하듯이, 그는 짧지만 그야말로 격동의 전환기를 통과했다. 그의 시에는 전망이 부재한 시대의 불안과 모순이 암호처럼 스며있다. 여기서 색채 메타포가 중요한 역할을 수행한다. 트라클이 "그의 시대가 낳은 가장 강하면서도 가장 조용한, 그러기에 최고의 감동을 불러일으키는 시인 중 한 사람"[11]으로 평가받는 이유는 여기에 있다.

2. 검은 운항: 파국의 징후

플로리안 일리스(Florian Illies)는 『1913년. 세기의 여름』(*1913. Der Sommer des Jahrhunderts*)에서 1913년 유럽 지성사의 풍경을 흥미롭게 재구성한다. 일리스는 제국주의가 정점으로 치닫고, 제1차 세계대전의 서곡이라고 할 발칸전쟁이 한창이며, 기술 발전은 속도를 더해가고, 도시는 자기소외와 신경과민에 시달리는 사람들로 득시글거리던 1913년 당대의 예술가들이 시대의 위기와 어떻게 대결하며 모더니즘 문화를 꽃피웠는지를 세밀히 추적한다. 이 책에는 마르셀 프루스트, 로베르트 무질, 프란츠 카프카, 라이너 마리아 릴케, 게오르크 트라클, 프란츠 마르크, 에른스트 루트비히 키르히너, 오스카 코코슈카, 지그문트 프로이

---

10 Helmut Hoffacker, *Die literarische Revolte des Expressionismus*. In: Wolfgang Beutin, u. Klaus Ehlert, *Deutsche Literaturgeschichte. Von den Anfängen bis zur Gegenwart*, Stuttgart 1992, p. 338.

11 Kasimir Edschmid, *Lebendiger Expressionismus. Auseinandersetzungen, Gestalten, Erinnerungen*, München 1964, p. 99.

트, 루트비히 비트겐슈타인, 아르놀트 쇤베르크 등 문학, 미술, 철학, 음악 등의 분야에서 족적을 남긴 인물들이 300명 이상 출몰한다. 일리스는 이 인물들의 작품, 편지, 자서전, 전기, 사진, 신문과 잡지 등 방대한 자료를 수집하여 재구성함으로써 1913년 한 해를 1월부터 12월까지 월별로 재현하는 데 성공한다. 요컨대 이 책은 1913년 유럽 모더니즘의 생생한 풍경을 입체적으로 읽을 수 있는 독창적인 콜라주이다.

이 책의 8월 부분, 즉 '세기의 여름'이 절정에 도달한 시점에 트라클이 등장한다. 누이동생과의 근친상간으로 인한 깊은 죄의식에 시달리며, 상습적인 마약복용과 알코올중독이 초래한 극심한 우울증을 앓고 있던 트라클이 1913년 최후로 선택한 처방은 여름휴가였다. 표현주의 문예지 <브렌너>의 편집자 칼 크라우스와 건축가이자 건축비평가로서 표현주의 화가 코코슈카의 후원자였던 아돌프 로오스(Adolf Loos) 부부의 권유로 트라클은 이들과 함께 휴양 차 여행을 떠난다. 목적지는 베네치아였다. 그러나 베네치아의 화창한 날씨도, 따뜻한 해수도 그의 침울함을 명랑함으로 바꾸기에는 역부족이었다. 일리스는 오스트리아 인스부르크 대학 브렌너 아카이브 연구소에 소장된 사진 한 장에서 그의 치유 불가능한 절망의 심연을 목도한다. 그림 18. 〈베네치아 리도 해변의 게오르크 트라클〉, 1913년 참조 (p. 29)

> 8월 중순, 게오르크 트라클은 베네치아의 해수욕장을 정처 없이 거닐고 있다. 햇살이 화창하게 내리쬐고, 바닷물은 따뜻한데, 이 시인은 세상에서 가장 불행하다. 1913년 어느 8월에 찍은 사진 속의 그는 모래사장을 터덜터덜 걷고 있다. 머리카락은 뻣뻣하고 까칠까칠하고, 피부는 땅속 깊은 동굴에 사는 도롱뇽처럼 창백하다. 왼손은 꽃봉오리처럼 오므리고 있고, 입술은 뾰족하게 내밀고 있다. 수영복 차림으로 바다로부터 등을 돌린 채, 비참한 기분을 그대로 드러내면서, 절망에 빠지고 향수병에

걸린 채, 그리고 혼자서 시구를 중얼거리는 것처럼 보인다. 밤에 트라클은 호텔로 돌아와 그 시구를 옮겨 적는다.[12]

그날 밤 트라클이 호텔에 돌아와 쓴 작품이 「베네치아에서」(*In Venedig*)이다. <브렌너>에 발표한 후 『꿈속의 제바스치안』 제4장 은둔자의 노래(*Gesang des Abgeschiedenen*)의 첫 번째 시로 선택할 정도로 트라클은 이 작품에 강한 애착을 가졌다. 1913년 출간된 첫 시집 『시집』의 초기 작품들이 대부분 운율과 각운을 맞춘 정형시라면, 그의 중기작품에 해당되는 「베네치아에서」는 무운시이다. 전문을 읽어 보자.

밤처럼 깜깜한 방의 정적.
고독한 이의
노래하는 호흡 앞에서
촛대는 은빛으로 껌벅거린다.
마술적인 장미구름.

검은 파리 떼가
돌로 둘러싸인 방을 어둡게 하고
실향자의 머리는
황금 시절의 고통으로
응고된다.

미동도 하지 않고 바다는 밤을 새운다.
별과 검은 운항은

12 플로리안 일리스, 『1913년. 세기의 여름』, 한경희 옮김, 문학동네, 2013, 240쪽.

운하에서 사라졌다.
아이야, 너의 병든 웃음이
잠 속에서 나직이 날 뒤따랐다.
Stille in nächtigem Zimmer.
Silbern flackert der Leuchter
Vor dem singenden Odem
Des Einsamen;
Zauberisches Rosengewölk,

Schwärzlicher Fliegenschwarm
Verdunkelt den steinernen Raum
Und es starrt von der Qual
Des goldenen Tags das Haupt
Des Heimatlosen.

Reglos nachtet das Meer.
Stern und schwärzliche Fahrt
Entschwand am Kanal.
Kind, dein kränkliches Lächeln
Folgte mir leise im Schlaf. (HKA I, 131)

제1연에 묘사되어 있듯이, 시인에게 호텔방은 쾌적하고 따뜻한 안식처로 감지되지 않는다. 그의 황폐한 내면처럼 칠흑 같고 얼음장 같다. 절대 고독만이 그의 유일한 동반자이다. 어두운 방구석에서 '운둔자의 노래'를 부르는 시인 앞에 창백한 은빛 촛대만이 유령처럼 오롯하다.[13] 고독과 소외와 죽음을 환기하는 은빛 촛대에서 촛불이 파리하게 흔들거린다. 운둔자의 노래, 소외된 자의 호흡에 맞춰 춤을 춘다. 트라클은 어둠 속에 번지는 이 촛불의 붉은 환영을 "마술적인 장미구름"이란 색채 이미지로 암호처럼 표현한다. 일반적으로 트라클의 시에 사용된 붉은색은 인간을 위협하고 불안하게 만드는 악마적 열정의 색채로 해석된다.

제1연에서는 검은색, 은색, 붉은색이 대조를 이루며 표현주의 회화의 강렬한 화풍을 재현한다면, 제2연에서는 검은색과 황금색이 팽팽히 대치함으로써 현재의 '암울'과 과거의 '찬란'을 강하게 대비시킨다. 몰락과 부패와 죽음을 상징하는 "검은 파리 떼"가 "밤처럼 깜깜한 방"을 더욱더 어둡게 만든다. 차가운 돌로 둘러싸인 방은 냉기로 가득 차 비정하다. 시인에게 호텔 방은 외부세계와의 소통이 차단된 무덤의 석실(石室)과 흡사한 공간일 뿐이다. 시인이 위치한 물리적 공간의 상태("밤처럼 깜깜한 방", "검은 파리 떼")는 시인의 내면 상태와 일치한다. 헬무트 호프아커의 말처럼 "트라클의 시에서 세계의 상태는 주체의 상태와 동일하며, 역으로 주체의 상태는 세계의 상태와 동일하다."[14]

이 유배지와 같은 검은 불모의 공간에서 시인을 대변하는 "고독한 이", 즉 "실향자의 머리"는 아름다웠던 과거에 대한 기억으로 딱딱하게 석화된다. 트라클에게 다시 되돌아갈 수 없는 황금 시절이란, 계절적인 차원에서는 생명이 역동하는 봄이고, 자전적인 측면에서는 순수한 유년기이며 공간적인 영역에서는 자신의 고향, 모차르트가 태어난 바로크 예술문화도시 잘츠부르크이다. 그러나 황금 시절로 되돌아 갈 수는 없는

13 트라클 시세계에서 은빛은 밤, 소외, 정적 등을 상징한다. 예컨대 인스부르크 위에 위치한 란스 지방의 풍경을 침울하게 묘사한 「란스의 저녁」의 다음 시구를 보라. "은빛 물은 숲의 계단 너머로 흐른다./ 밤 그리고 어느 망각된 생의 말 없음."(HKA I, 93) 달빛에 비쳐 은빛으로 빛나는 물은 창백하다. 또한 은빛은 「헬리안」에서 죽음의 전령으로 전이되기도 한다. "그가 은빛 발걸음으로 안으로 들어섰을 때/ 그들은 죽어서 황량한 방에서 나온다."(HKA I, 71)

14 Helmut Hoffacker, Die literarische Revolte des Expressionismus, p. 337.

것이 엄연한 현실이다. 이 좌절감이 그의 영혼을 돌처럼 차갑게 만든다.

트라클은 대도시 빈과 인스부르크에서 영위하는 소시민적 삶에 정착할 수 없었다. 「베네치아에서」를 쓴 1913년 당시 트라클의 생활과 정신상태는 불안정했다. 부친의 급작스러운 사망 이후 형이 경영하던 철물업이 파산함에 따라 경제적으로 곤궁에 시달렸다. 1910년 약학사 학위를 취득했지만 안정적인 직장을 구하지 못하고 여러 약국을 전전해야만 했다. 어렵게 취업했더라도 비사교적인 성격 때문에 쫓겨나기 일쑤였다. 트라클의 연인이자 자신의 시의 뮤즈였던 여동생 그레테는 1913년 유산으로 사경을 헤매고 있었다.[15] 트라클은 세상을 원망하기보다는 자신의 영혼과 육체를 저주했다. 트라클은 루트비히 폰 피커에게 보낸 1913년 11월 26일자 편지에 당시 자신의 상태를 이렇게 기술했다.

> 나는 이 불행한 우울함의 병독으로 가득 찬 육체가 더 이상 살 의지도 없고 살 수도 없는 그 날이 오기만을 기다리고 있다네.
>
> Ich sehne den Tag herbei, an dem die Seele in diesem unseeligen von Schwermut verpesteten Körper nicht mehr wird wohnen wollen und können. (HKA I, 519)

베네치아의 청명한 날씨와 푸른 바다도 그의 침울함을 명랑함으로 바꿀 수 없었던 이유는 여기에 있다.

제3연의 1~3행에 묘사되고 있듯이, 트라클에게 베네치아의 바다는 생명의 모태로 인식되지 않는다. 바다는 생기를 잃고 미동도 하지 않는다. 운하는 별빛으로 반짝이지 않는다. 곤돌라의 움직임("검은 운항")도

15 Vgl. Otto Basil, *Trakl in Selbstzeugnissen und Bilddokumenten*, Hamburg 1978, p. 80.

감지되지 않는다. 베네치아의 바다는 죽음의 바다일 뿐이다. 바다에 대한 이러한 묘사는 객관적인 대상 인식의 결과로 보기 힘들다. 오히려 그의 내면 상태가 바다로 투사되었다고 보는 것이 타당하다. 바다가 순간적으로 포착된 하나의 인상으로서 '내면화'된 것이 아니라, 그의 좌초된 영혼이 바다라는 바깥으로 쏟아부어져 낯선 이미지로 '외화(外化)'된 것이다.

트라클의 베네치아는 니체가 경험한 베네치아 바다와는 대척점에 있다. 1988년 겨울 투른에 머물면서 그해 여름 여행했던 베네치아를 회상하며 쓴 니체의 「베네치아」(*Venedig*)의 전문은 다음과 같다.

> 갈색으로 물든 밤
> 다리에 서 있다네
> 아득한 곳에서 다가오는 노래 소리.
> 그것은 황금빛 방울 되어
> 잔물결 이는 수면 위로 굴렀다네.
> 곤돌라, 빛, 음악
> 황홀하게 도취된 채 어스름 속으로 헤엄쳐 갔다네.
>
> 나의 영혼, 현악 연주,
> 어느 보이지 않는 손가락이 켜듯
> 오색 축복에 몸을 떨면서
> 몰래 가락 맞춰 곤돌라의 노래 읊조렸거니
> 누군가 그 노래 들었으랴?
> An der Brücke stand
> Jüngst ich in brauner Nacht.
> Fernher kam Gesang:

goldener Tropfen quoll's
Über die zitternde Fläche weg.
Gondeln, Lichter, Musik
Trunken schwamm's
in die Dämmerung hinaus.

Meine Seele, ein Saitenspiel,
Sang sich, unsichtbar beruehrt,
Heimlich ein Gondellied dazu,
Zitternd vor bunter Seligkeit.
Hörte jemand ihr zu?[16]

인상파 화가가 그린 한 폭의 아름다운 그림을 보는 것 같다. 시적 화자는 베네치아 운하의 어느 다리에서 서서 멀리서 들려오는 노래 소리를 감청한다. 세계의 근원(바다)에서 울리는 이 신비한 소리는 황금색 물방울로 가시화된다. 청각("음악")과 시각("빛")이 결합된 공감적 이미지의 율동이 시적 화자의 영혼에 잔잔한 감동의 파문을 일으킨다. 존재의 시원에서 연주되는 디오니소스의 음악에 도취된 듯 곤돌라는 베네치아의 바다를 항해한다. 시적 자아의 영혼도 마치 바깥소리에 반응하는 현악기처럼 공명을 일으킨다. 그리고 이제 스스로 곤돌라의 노래가 되어 바다를 향해, 음악이 들려오는 소리의 근원지를 향해, 존재의 시원을 향해 은밀히 나아간다. 니체는 『이 사람을 보라』(*Ecce homo*)에서 베네치아를 이렇게 찬송한다. "음악을 표현할 다른 단어를 찾아보면, 나는 언제나 베네치아라는 단어를 발견하게 된다. 나는 눈물과 음악을 구별할

16 Friedrich Nietzsche, *Werke*. Kritische Gesamtausgabe. Bd. VIII, Berlin 1967, p. 52.

수 없다."17

그러나 트라클은 베네치아의 밤바다에서 자신을 은밀하게 추궁하는 어느 아이의 "병든 웃음소리"에 시달린다. 여기서 병든 아이의 정체는 불확실하다. 추측건대 트라클 내면에 잠복하는 존재론적 불안과 공포의 맹아로 읽힌다. 트라클의 의식과 무의식을 지배하며 그의 삶을 조롱하고 비웃는 악령, 말하자면 그의 분열된 자아로 보인다. 이 작품에서 트라클의 영혼을 지배하는 불길한 색채 이미지는 검은색이다. 전망부재의 어두움이 깊어질수록, 검은 파리 떼가 기승을 부릴수록, 검은 곤돌라의 움직임이 감지되지 않을수록 트라클의 영혼은 점점 몰락의 심연으로 경도된다.

트라클은 베네치아에 12일간 머물다 빈으로 돌아갔다. 그는 이듬해인 1914년 8월 1차 세계대전에 참전했다가 불귀의 객이 됐다. 그는 1913년 여름 베네치아에서 이미 파멸의 징후를 직감했다. 자신의 파멸뿐만 아니라 곧 밀어닥칠 문명의 대폭발, 즉 전쟁이라는 파국의 전조를 검은색 이미지를 통해 부지불식간 표출했던 것이다. 이런 맥락에서 우울에 대한 수전 손택(Susan Sontag)의 통찰은 의미심장하다.

---

17 Friedrich Nietzsche, *Ecce homo*, p. 291. 이런 도취적 행복감은 토마스 만의 『베니스에서의 죽음』에서 아셴바흐가 베네치아 해변에 앉아 느끼는 감정과 유사하다. "그는 바다를 향해 넓게 펼쳐진 금빛 모래사장 쪽으로 의자를 좀 더 끌어내리고 앉았다. [……] <그래 난 그대로 머물러 있을 거야> 하고 아셴바흐는 생각했다. <더 나은 곳이 어디란 말인가?> 그는 두 손을 무릎 위에 포개놓고 눈을 광대한 바다 쪽으로 돌렸다. 그의 시선은 미끄러져 내리고 몽롱해졌다. 그러고는 황량한 바다의 단조로운 안개 속에서 흩어져 버렸다. 그가 바다를 사랑하는 데에는 그럴 만한 이유가 있었다. 힘겹게 창작하는 예술가로서, 단순하고도 거대한 바다의 품에 안겨 현상들의 다양하고 까다로운 형상 앞에 자신을 숨기기를 갈망하는 예술가로서 잠시 휴식을 취하고 싶은 것이 그 한 가지 이유였다."(토마스 만, 『토니오 크뢰거 · 트리스탄 · 베니스에서의 죽음』, 안삼환 외 옮김, 민음사, 2009, 458~459쪽.)

우울한 인간은 죽음의 그림자에 쫓기고 있기 때문에, 세상을 어떻게 읽어야 할지 가장 잘 아는 사람은 바로 우울증 환자이다. 혹은, 세계는 다른 누구도 아닌 우울한 인간의 관찰에 스스로를 내맡긴다고 할 수 있을 것이다.[18]

3. 검은 침묵: 죽음의 제왕

일찍이 사람들은 검은색을 빛의 완벽한 부재를 구현하는 색으로 상정했다. 무지개의 색을 모두 합하면 흰색이 된다. 빛은 자고로 흰색이다. 그러나 검은색에는 빛이 없다. 빛이 생명이라면 검은색에는 생명이 부재한다. 검은색을 "암흑의 대리자"[19]로 규정한 괴테는 검은색의 생성과정을 다음처럼 설명한다.

> 우리는 검은색을 불완전 연소된 식물의 영역에서 만난다. 아주 특이하다고 할 수밖에 없는 물질인 석탄은 우리에게 검은색을 보여준다. 예컨대 판자와 같은 목재가 빛과 물, 그리고 습기에 의해 그 가소(可燒) 성분을 부분적으로 빼앗기면 처음에는 회색, 그리고 나서는 검은색이 나타난다. 동물의 몸의 부분들을 연소시켜 석탄으로 만들 수 있는 것도 마찬가지이다.[20]

검은색은 생명이 소각된 후의 표징이다. 뭐든 불에 타면 검게 된다.

---

18 수전 손택, 『우울한 열정』, 홍한별 옮김, 도서출판 시울, 2006, 77쪽.

19 요한 볼프강 폰 괴테, 『색채론』, 장희창 옮김, 민음사, 2003, 52쪽.

20 위의 책, 181쪽.

그을음, 재, 매연, 석탄, 숯, 생명의 마지막 상태에서 검은빛이 발현된다. 검은색은 죽음이 출산한 색이다. 예컨대 트라클의 「죽음의 일곱 노래」에서 생명이 말살된 황폐한 검은 대지의 이미지("타는 짐승들의 황야")는 망자를 태운 검은 배의 이미지와 결합되어 검은색의 부정성을 극대화한다.

> 침묵하며 죽은 것 하나 퇴락한 집을 떠난다.
>
> 오, 인간의 부패한 형상, 차디찬 금속으로 짜 맞추었던 것,
> 밤과 사멸한 숲들의 공포
> 그리고 타는 짐승들의 황야.
> 영혼의 무풍상태.
>
> 검은 나룻배를 타고 그 자는 희미하게 빛나는 강을 내려갔다
> Schweigend verläßt ein Totes das verfallene Haus.
>
> O des Menschen verweste Gestalt: gefügt aus kalten Metallen,
> Nacht und Schrecken versunkener Wälder
> Und der sengenden Wildnis des Tiers;
> Windesstille der Seele.
>
> Auf schwärzlichem Kahn fuhr jener schimmernde Ströme hinab,
> (HKA I, 126f.)

이처럼 검은색은 죽음을 통해 생산되고 다시 죽음을 양산한다. "영혼의 무풍상태"란 생명의 운동이 완전히 정지된 상태를 의미한다. 색채로

비유하자면 검은색에 가깝다. 독일 색채 심리학자 루돌프 슈타이너(Rudolf Steiner)에 의하면 검은색은 죽음의 영상이다.

> 만일 우리를 둘러싸고 있는 것이 절대적인 검은 어둠이라면, 그 속에서는 어떤 생명의 운동도 있을 수 없다. 식물이 숯으로 변하면 생명은 떠나간다. 검은색은 생명에 대한 이질성이며 적대성이다. 숯이 이것을 말하고 있다. 식물이 탄화하면 검게 변한다. 생명은 검은색 속에서는 운동하지 않는다.[21]

따라서 생명의 맥박이 정지된 검은색에서는 희망의 비전이 스며 있을 수 없다. 검은색은 좀처럼 어떤 가능성이 움틀 여지를 주지 않는다. 검은색의 심연을 지배하는 절대적인 힘은 영원한 침묵뿐이다. 칸딘스키가 검은색을 "가능성이 없는 무(無)"로 규정한 이유는 여기에 있다.

> 그리고 가능성이 없는 무(無), 해가 진 후의 죽은 무, 미래와 희망이 없는 영원한 침묵 같은 것이 바로 검은색의 내적 울림인 것이다. [……] 검은색은 다 타버린 장작더미처럼 꺼져가는 빛이요, 어떤 사건이 일어나도 아무것도 느끼지 못하고 모든 것을 흘려 보내는 주검처럼 움직이지 못하는 것이다. 그것은 인생의 종언인 죽음 후 육체의 침묵과도 같은 것이다.[22]

트라클의 시세계에서 검은색은 죽음의 제왕으로 군림한다. "미래와 희망이 없는 영원한 침묵"의 울림이 검은색을 통해 가시화된다.

---

21 루돌프 슈타이너, 『색채의 본질』, 양억관 옮김, 물병자리, 2014, 24~25쪽.

22 바실리 칸딘스키, 『예술에서의 정신적인 것에 대하여』, 권영필 옮김, 열화당, 2010, 94~95쪽.

추수 끝난 밭과 오솔길 너머
이미 검은 침묵이 두려워 떨고 있다.
Über Stoppelfeld und Pfad
Banget schon ein schwarzes Schweigen. (「가을의 영혼」, HKA I, 107)

추수가 끝난 텅 빈 들판은 가을이 소멸의 계절임을 보여준다. 풍요로웠던 생명의 대지는 이제 죽음의 검은 아우라에 의해 점령당했다. 여기서 검은 침묵은 미래를 잉태한 절대 고독의 상태를 의미하지 않는다. 검은 침묵은 진득한 성찰로 이어지지 않는다. 검은 침묵은 오히려 불안해 떨고 있다. 검은 침묵은 죽음의 공포에 휩싸여 있는 것이다.

시인 트라클만큼 죽음이란 화두를 붙잡고 산 시인도 흔치 않다. 트라클과 친분이 두터웠던 오스트리아 출신 시인 테오도로 되블러(Theodor Däubler)는 트라클과의 소풍 경험을 이렇게 기억한다.

부드러운 슬픔을 지닌 이 시인과 함께한 내 마지막 소풍은 인스부르크에서였다. 봄날 우리는 마을들을 통과해 시내로 갔다. 그러면서 우리는 서로를 제대로 알게 됐다. 그는 소풍 길에 우리가 만났던 아이들에게 조심스럽게 말을 건넸고, 그러지 않을 때면 쉼 없이 죽음에 대해 얘기했다.[23]

죽음의 문제가 트라클의 일상 속에 얼마나 깊게 침윤되어 있었는가를 잘 보여주는 대목이다. 트라클의 시에는 세계에 대한 부정적인 인식에서 비롯된 좌절과 고통의 흉터가 즐비하고, 젊어서 세상을 등진 불우한 운

---

23 Ignanz Zangerle(Hg.), *Erinnerungen an Georg Trakl, Zeugnisse und Briefe*, Salzburg 1959, p. 12.

명을 미리 예견하는 듯 몰락과 죽음의 우울한 그림자가 짙게 드리워져 있다. 색채에 비유하자면 트라클의 시는 '검은 존재론'(schwarze Ontologie)의 화신이다. 트라클의 시세계에서 빛을 잃은 하늘은 암흑이다(「겨울 해질녘」). 달은 검게 빛난다(「상심의 시간」(*Stunde des Grams*)). 구름도 검고(「편력」) 새들의 날갯짓도 검다(「휴식과 침묵」). 검은 비가 내리고(「심연에서」) 검은 뇌우가 몰아친다(「여름」(*Sommer*)). 지상의 사정도 설상가상이다.

> 헐벗은 나무가 검은 고통 속에 비틀어진다.
> Ein kahler Baum krümmt sich in schwarzen Schmerz. (「어느 봄날 저녁」(*Ein Frühlingsabend*), HKA I, 180)

> 오, 몰락의 쓰디쓴 시간이여,
> 그때 우리는 검은 물 속 돌 같은 얼굴을 주시했다.
> O, die bittere Stunde des Untergangs,
> Da wir ein steinernes Antlitz in schwarzen Wassern beschaun. (「서양의 노래」, HKA I, 119)

나무는 검은 고통 속에서 곧게 서지 못하고, 근원적인 생명력을 상실한 검은 물은 돌처럼 경직된 존재를 되비추는 거울일 뿐이다. 하늘과 땅, 천상과 지상을 지배하는 것은 죽음의 검은색이다. 어느 곳에도 구원의 길은 없어 보인다. "가시 관목 속 구세주의 검은 머리"(「마을에서」, HKA I, 63~64)가 부활할 기미는 감지되지 않는다. 오직 들리는 것은 신의 탄식뿐이다.

언제나
검은 담장 가에서는 신의 외로운 바람 소리 울린다.
Immer tönt
An schwarzen Mauern Gottes einsamer Wind. (「엘리스」, HKA I, 86)

검은 담장은 신과 인간의 소통을 차단시키는 장벽을 상징한다. 신의 신음 소리가 휘몰아칠수록 종말의 시간은 가까워진다. 신의 탄식은 때론 번개와 천둥소리를 동반한 강력한 뇌우의 이미지로 변주되기도 한다.

검은 뇌우가 위협하노니
언덕 위로.
귀뚜라미의 옛 노래가
들판에서 꺼져간다.
Schwarzes Gewitter droht
Über dem Hügel.
Das alte Lied der Grille
Erstirbt im Feld. (「여름」, HKA I, 136)

검은 뇌우는 신이 인간 세상에 타전하는 묵시록적 경고이다. 검은 뇌우의 고성 앞에 귀뚜라미의 나지막한 울음소리 따위는 들리지 않는다. 파멸과 죽음의 시간이 임박한 것이다.

4. 검은 부패: 몰락의 궁극

부패는 죽음 이후의 사태이다. 모든 것은 결국 검정색으로 끝난다. 부패한 고기는 검게 변한다. 죽은 식물이 썩으면 검게 변한다. 나무가 타도 검게 변한다. 생명의 종착점은 검은색이다. 그리스인들이 시간의 신 크로노스의 옷을 검은색으로 칠한 이유는 여기에 있다. 검은색은 죽음의 색이자 부패의 색이다. 그래서 검은색에서는 악취가 난다. 랭보는 시 「모음들」에서 검은색을 이렇게 묘사한다.

> 지독한 악취 주위에 윙윙거리는
> 번쩍거리는 파리들의 시커먼 코르셋[24]

이 부패의 검은 악취를 트라클은 「늪가에서」(*Am Moor*)에서 이렇게 형상화한다.

> 혼란. 퇴락한 오두막에는
> 검은 날개로 부패가 날아오른다.
> 기형의 자작나무들이 바람 속에서 탄식한다.
> Aufruhr. In verfallener Hütte
> Aufflattert mit schwarzen Flügeln die Fäulnis;
> Verkrüppelte Birken seufzen im Wind. (HKA I, 91)

트라클은 부패의 온상인 늪가에 자리 잡은 폐가에서부터 대기로 번져

---

24 아르튀르 랭보, 『나의 방랑. 랭보 시집』, 한대균 옮김, 문학과지성사, 2014, 109쪽.

나가는 악취를 “검은 날개로 부패가 날아오른다”란 시적 표현으로 바꿨다. 부패는 죽음을 계속해서 살아 움직이게 한다. 검은 부패는 죽음을 확산시킨다. 이 ‘부패의 정신’이 자작나무를 불구로 만든다. 신과 인간의 소통이 절연된 세계에서 자연과 인간의 교감을 기대한 것은 언감생심이다. 검은색은 트라클 시의 마지막 기착점이다. 산문시 「계시와 몰락」의 다음 장면에 잘 나타나 있다.

> 침묵하며 나는 그을린 건재 밑 황폐한 술집에 앉아 고독하게 술을 마셨다. 빛나는 시체가 어두운 것 위로 몸을 숙이자 죽은 양 한 마리가 내 발치에 놓여 있었다. 부패하는 푸름에서 누이의 창백한 형상이 걸어 나왔다. 그리고 그녀의 피 흘리는 입이 말했다. 찌르라 검은 가시여.
>
> Schweigend saß ich in verlassener Schenke unter verrauchtem Holzgebälk und einsam beim Wein; ein strahlender Leichnam über ein Dunkles geneigt und es lag ein totes Lamm zu meinen Füßen. Aus verwesender Blaue trat die bleiche Gestalt der Schwester und also sprach ihr blutender Mund: Stich schwarzer Dorn. (HKA I, 103)

시인을 대변하는 일인칭 시적 화자인 ‘나’는 몽롱한 도취와 환각의 상태에서 죽은 양을 본다. 부패가 진행되자 시신은 차츰 초록색으로 변해 간다. 트라클은 이 과정을 “부패하는 푸름”이란 색채 이미지로 포착한다. 이미 언급했듯이, 순수, 신성, 사랑, 진리를 구현하는 푸른색은 트라클의 시학에서 긍정성의 총화로 기능한다. 그런데 이 푸름이 썩기 시작한 것이다. 몰락이 본격화된 것이다. 트라클은 이 부패해 가는 양의 모습에서 피 흘리는 누이의 죽음을 목도한다. 그리고 이 죽음은 누이의 폐부를 찌르고 들어오는 “검은 가시”에서 종결된다. 짧은 장면이지만, 다채로운 색상어가 이어진다. 검게 그을린 건재에서 이미 죽음의 냄새가 난다. 순수한 하얀 양이 부패하며 초록색으로 변한다. 창백한 누이의 입에서 붉은 피가 흘러나온다. 그리고 종국에는 검은 가시의 호출로 몰락의 사태는 종결된다. 요컨대 검은색은 트라클 시학이 추구하는 '부정성의 총체'이다.

이제 트라클의 마지막 시 「그로덱」을 꼼꼼히 분석할 때가 됐다. 2014년 8월 4일 뉴욕 유엔본부에서 뜻깊은 시낭송 행사가 열렸다. 1차 세계대전 발발 100주년을 맞아 당시 병력을 파병했던 14개국 유엔 주재 대사들이 전쟁의 참상을 고발한 반전시를 낭송했다. 그중 하랄트 브라운(Harald Braun) 독일 대사가 선택한 시는 "세계대전 중 독일어로 쓰인 가장 감동적인 전쟁시"[25]로 평가 받는 트라클의 「그로덱」이었다. 2014년은 트라클이 사망한 지 100년이 되는 해이다. 그로덱은 현재 우크라이나에 속하는 동갈리치엔(Ostgalizien) 인근 지명으로 세계대전 당시 오스트리아-헝가리 군대가 러시아 군대를 맞아 격전을 벌였다가 대패한 곳이다. 이 살육의 현장에 오스트리아 인스부르크 위생부대 소속 약사시보로 종군한 시인 트라클이 있었다.

당시 대부분의 젊은이들은, 전쟁이 타락한 기계문명과 시민사회를 일거에 파괴하고 새로운 인류의 여명을 열어줄 기회라 기대하며 전선에 뛰어들었다. 준엄한 역사 법칙에 따라 필연적으로 발생한 시대 전환의 상징으로 전쟁을 인식했던 것이다. "진정 앞으로 나가길 원한다면, 우리를 과거와 연결시키는 탯줄을 끊어야만 할 것이다."[26]란 표현주의 화가 프란츠 마르크의 선언 속에, 낡은 가치 체계와의 과격한 결별을 선언한

25 Jörn Leonhard, *Die Büchse der Pandora. Geschichte des Ersten Weltkriegs*, München 2014, p. 127.

26 Wassily Kandinsky, *Franz Marc, Der Blaue Reiter*, München 1984, p. 282.

당대 젊은 지식인의 의지가 잘 나타난다. "싸움보다 아름다운 것은 없다."[27]는 필리포 마리네티(Filippo Marinetti)의 『미래주의 선언』(*Futurist Manifesto*)도 전쟁을 찬미하던 당시의 도발적인 분위기를 짐작하게 한다. 그러나 트라클은, 그들처럼 전쟁을 무조건 찬미의 시선으로 보지 않았다. 그는 전쟁을 계기로 아버지 사후(1910년 8월 18일) 직업 없이 전전하며 겪던 경제적 어려움을 돌파하고, 자신의 알코올 및 약물중독을 극복할 수 있으리라 생각했다.

> 트라클은 우선 전쟁을 내면적으로 긍정적으로 받아들인 것처럼 보인다. 그렇다고 그가 용기나 혹은 오만에 들떠 참전했던 것이 아니라 전쟁을 통해 자신이 처한 어려움에 종지부를 찍기를 기대했기 때문이다.[28]

그러나 그것은 오산이었다. 전쟁의 이상에 가려 있던 (전쟁의 실상을 체험하는 순간, 게오르크 하임의 시 「전쟁」(*Der Krieg*)의 첫 시구를 빌려 비유하자면 "오랫동안 잠자고 있던 그[전쟁]가 깨어 일어나는"[29] 순간, 이미 때는 늦었다. 초기 표현주의 시단의 주역이었던 에른스트 슈타들러(Ernst Stadler), 아우구스트 슈트람(August Stramm) 등과 함께 트라클은 전장에서 사망했다.

「그로덱」은 트라클의 마지막 작품이다. 연이은 패배로 오스트리아-헝가리 연합군이 1914년 9월 11일 그로덱 전선에서 퇴각할 때, 트라클의 정신은 분열되기 시작했다. 그는 90명이 넘는 부상병들을 거의 혼자 돌

27 이택광, 『세계를 뒤흔든 미래주의 선언』, 그린비, 2008, 65쪽.

28 Otto Basil, *Georg Trakl in Selbstzeugnissen und Bilddokumenten*, Hamburg 1965, p. 145.

29 Kurt Pinthus(Hg.), *Menschheitsdämmerung. Ein Dokument des Expressionismus*, Leipzig 1968, p. 88.

봐야 했다. 피범벅이 된 중상자들의 비명과 살려 달라는 절규를 트라클의 예민한 정신은 감당할 수 없었다. 극한의 고통을 견디지 못하고 권총을 꺼내 자기 머리통에 발사한 부상병을 눈앞에서 목도하기도 했다. 피는 사방으로 분사되어 시뻘겋게 벽을 물들였다. 이 아비규환을 감내할 수 없었던 트라클은 급기야 두 차례 탈영을 시도했으나 체포되어 정신감정 후 크라카우 위수병원 정신병동으로 후송되었다. 시인 횔덜린이 앓았던 정신질환인 조발성 치매증(dementia praecox)이 그의 병명이었다. 트라클은 자신의 극단적인 전쟁체험을 10월 초 루트비히 폰 피커에게 편지로 알렸다.

> 새로운 거대한 도살장이 준비된 것처럼 보입니다.
> Es scheint sich eine neue große Schlacht vorzubereiten. (HKA I, 542)

트라클에게 전장은 인간 도축장에 다름 아니었다. 트라클의 발병과 입원 소식을 들은, 그의 지기지우(知己之友) 피커는 10월 25, 26일 양일간 크라카우를 방문했다. 트라클은 병문안 온 피커에게 야전병원 침상에서 쓴 두 편의 시 「탄식」과 「그로덱」을 낭송했고, 독일 바로크 시인 요한 크리스티안 귄터(Johann Christian Günther)의 시구 "흔히 훌륭한 죽음은 최선의 인생경로이다"를 읽어 주었다.[30] 자신의 다가오는 죽음을 예감한 트라클은 피커가 인스부르크로 돌아간 다음 날인 10월 27일 자필원고 「탄식」과 「그로덱」을 우편으로 친구에게 부쳤다. 그가 유언장처럼 쓴 마지막 편지에 이런 구절이 적혀 있었다.

---

30 Vgl. Otto Basil, *Georg Trakl in Selbstzeugnissen und Bilddokumenten,* p. 152.

당신이 야전병원을 방문한 이래 난 갑절로 슬퍼진 기분입니다. 나는 이미 이 세계 저편을 느끼고 있습니다. 끝으로 덧붙이고 싶은 말이 있습니다. 내가 죽으면 내가 가진 돈과 그 밖의 물건들을 모두 내가 사랑하는 누이 그레테의 소유가 되게 하는 것이 나의 소망이자 뜻입니다.

Seit Ihrem Besuch im Spital ist mir doppelt traurig zu Mute. Ich fühle mich fast schon jenseits der Welt. Zum Schlusse will ich noch beifügen, daß im Fall meines Ablebens, es mein Wunsch und Wille ist, daß meine liebe Schwester Grete, alles was ich an Geld und sonstigen Gegenständen besitze, zu eigen haben soll. (HKA I, 546)

피커가 이 편지를 받았을 때, 트라클은 이미 이 세상 사람이 아니었다. 릴케와 트라클에게 2만 크로넨의 창작 장학금을 지원해 준 철학자 비트겐슈타인도 트라클의 입원 소식을 듣고 서둘러 크라카우로 왔으나, 생명을 구할 수는 없었다.[31] 비트겐슈타인이 도착하기 사흘 전인 1914년 11월 3일 트라클은 27세의 짧은 생을 마감했다. 사인은 코카인 과다복용으로 인한 심장마비였다. 11월 6일 트라클은 크라카우의 라코비츠(Rakowitzer) 공동묘지에 안장되었고, 1925년 그의 유골은 피커에 의해 오스트리아 인스부르크 근교 뮈라우(Mühlau)로 이장되었다. 여기까지가 「그로덱」의 비극적 전사(前史)다. 시의 전문은 다음과 같다.

저녁에 가을 숲은 살인적인 무기들 소리로
울린다, 황금빛 평원
그리고 푸른 호수들, 그 위로 태양은

31 윌리엄 존스턴, 『제국의 종말 지성의 탄생. 합스부르크 제국의 정신사와 문화사의 재발견』, 변학수, 오용록 옮김, 글항아리, 2008, 343쪽 참조.

더욱 암울하게 구른다. 밤은
죽어가는 병사들을, 산산이 깨진 그들의 입에서 터져 나오는
거친 탄식을 감싸 안는다.
그러나 목초지에는 어느 진노한 신이 머물고 있는
붉은 구름, 다 토해낸 피가
조용히 모인다, 달빛 싸늘함.
모든 거리는 검은 부패로 흘러든다.
밤의 황금가지인 별들 아래
누이의 그림자가 침묵하는 숲을 가로질러 흔들거리며 간다,
영웅들의 혼령과 피 흘리는 머리를 맞이하고자.
그리고 갈대밭에서는 가을의 어두운 피리 소리 나직이 울린다.
오 더욱 자랑스러운 슬픔이여! 너희 청동 제단이여
오늘 격렬한 고통이 넋의 뜨거운 불꽃을 키운다,
태어나지 않은 손자들.

Am Abend tönen die herbstlichen Wälder
Von tödlichen Waffen, die goldnen Ebenen
Und blauen Seen, darüber die Sonne
Düstrer hinrollt; umfängt die Nacht
Sterbende Krieger, die wilde Klage
Ihrer zerbrochenen Münder.
Doch stille sammelt im Weidengrund
Rotes Gewölk, darin ein zürnender Gott wohnt
Das vergoßne Blut sich, mondne Kühle;
Alle Straßen münden in schwarze Verwesung.
Unter goldnem Gezweig der Nacht und Sternen
Es schwankt der Schwester Schatten durch den schweigenden Hain,

Zu grüßen die Geister der Helden, die blutenden Häupter;
Und leise tönen im Rohr die dunklen Flöten des Herbstes.
O stolzere Trauer! ihr ehernen Altäre
Die heiße Flamme des Geistes nährt heute ein gewaltiger Schmerz,
Die ungebornen Enkel. (HKA I, 167)

이 시의 정중앙에 위치한 "모든 거리는 검은 부패로 흘러든다"는 암호 같은 시구를 이해하기 위해서는 먼 길을 돌아가야 한다. 이 작품의 문장구조, 음향성, 수사법, 공간, 소리 이미지에 나타나는 대조의 미학에 대한 분석이 선행되어야 색채의 상징성을 입체적으로 해명할 수 있기 때문이다.

1) 문장구조

「그로덱」은 시행의 길이가 일정하지 않은 17행으로 구성된 자유리듬시이다. 연의 구분도 없고, 전통적인 정형시의 율격을 따르지도 않았다. 이러한 무질서 속에 두 가지 대조의 규칙성이 발견된다. 첫째, 8행을 제외하고 모든 시행의 끝에는 명사가 포진되어 있다. 전쟁이라는 극한의 한계상황에 직면해 순간적으로 떠오르는 시상(詩想)을 언어로 치환한다면, 조사, 부사, 형용사 등이 생략된 형태를 지닐 수밖에 없다. 모든 수식과 부연이 제거된 본질의 언어인, 명사와 동사로만 구성될 가능성이 높은 것이다. 참전한 표현주의 시인들의 작품이 주로 명사와 동사로 구성된 사정은 여기에 있다. 16개의 명사가 빠른 호흡으로 이어가며 시 전체에 긴장감과 속도감을 부여한다. 전쟁이 증폭시키는 심리적 공포와 두려움의 심장박동이, 가파르게 도열한 명사들의 수직축에서 가시화된다. 여기서 주목해야 할 대목은, 명사들이 갖는 가치 값(긍정성/부정성)이 8대

8로 양분되어 대조를 이루고 있다는 점이다. 긍정성을 지시하는 명사는 가을의 풍경(숲, 평원, 목초지), 따뜻함(태양), 빛(별), 미래(손자)와 연관되어 있다면, 부정성을 함의한 명사는 아픔(고통, 탄식), 신체(입, 머리), 암흑(밤), 죽음(부패), 냉기(싸늘함), 희생(제단)과 제휴한다.

둘째, 명사로 시행을 종결하기 위해 시의 구문을 중간에서 강제로 끊어 다음 행에 걸치게 만든 양행걸침인 앙장브망이 의도적으로 사용되었다. 이는 전쟁의 참상을 표현한 시의 전반부(1~9행)에 집중적으로 나타난다. 기성의 질서와 제도를 유린하는 전쟁의 무차별한 폭력성이 문장의 기맥을 강제로 자르는 앙장브망으로 표출된 것이다. 7-9행에서는 문법적 교란도 나타난다. 동사 'sammeln'에 귀속된 재귀대명사 'sich'가 문장의 끝을 배치하는 어순의 파격을 통해 통사론적 질서를 해체한다. 그러나 시의 후반부(10-17행)에서는 행갈이로 인해 그 흐름이 끊기지 않으면서도, 문법적 결함이 없는 문장들이 등장한다. 「그로덱」에서는 앙장브망으로 인해 통사적 단위가 다른 시행으로 넘어가는 시행들(run-on lines)과 한 시행이 통사론적 단락으로 끝나는 시행들(end-stopped lines)이 대조를 이룬다. 문장의 분절과 연속이 대비를 이루고 있는 것이다.

2) 음향성

압운이 사용되지 않아 음악성을 느낄 수 없었던 대부분의 시행들과 대조적으로 11-13행에서 서정적 음향성이 감지된다. 초두음의 자음(g, sch, h)이 일치하는 두음법이 효과적으로 사용되었기 때문이다. 그렇다면 왜 11-13행인가? 전쟁에 동원된 무기의 포효("살인적인 무기들 소리")에서, 죽어가는 병사들의 고통스러운 신음("거친 탄식")에서 서정적 화음을 기대할 수 없다. 그러나 유사한 소리를 내는 음절의 반복으로 인해 음악성을 내장한 11-13행에서 전사자들의 영혼("영웅들의 혼령")을 품어 안고 이들의 고통("피 흘리는 머리")을 위령하는 절대적 모성의 상징인 "누이"가 등장한다. "누이"는 트라클이 사랑했던 4살 손아래 누이 그레테이자 전장에서 쓰러진 모든 망자들의 누이이다. 누이는 "그림자"로 존재한다. 죽은 이들의 혼백이 그림자로 떠도는 하데스(Hades)의 명부(冥府)에 도착했다는 의미이다. 따라서 누이가 걸어가는 "침묵하는 숲"은 피안의 세계를 의미한다. '누이'의 임무는 두 가지이다. 첫째로 누이는, 바그너의 악극 『니벨룽겐의 반지』(*Der Ring des Nibelungen*) 제2부 「발퀴레」(*Walküre*)에 나타나듯이, 전쟁터에서 목숨을 바친 전사자의 영혼("영웅들의 혼령")을 오딘(Odin)의 발할라(Valhalla) 궁전으로 인도하는 게르만 신화의 여사제 발퀴레(전사자를 선별하는 여인)를 대변한다. 이런 누이의 이미지는 「그로덱」 직전에 쓴 그의 또 다른 전쟁시 「우울」(*Schwermut*)에서 전사자의 유골을 수습하는 "여수도사"로 변주되어 형상화된 바 있다.

그때 안개 낀 초원 위에서
검은 말들이 뛰어오른다.
너희들 병사들이여!
태양이 죽어가며 구르는 언덕으로부터
선혈이 웃어대며 추락한다
참나무 아래로
아무런 말도 없이! 오, 군대의
원한에 사무친 우울이여. 빛나는 투구가
철거덕 소리를 내며 자줏빛 이마에서 떨어졌다.

가을밤이 그렇게 서늘하게 찾아오고,

으스러진 남자들의 유골을 굽어보며
별들과 함께 빛난다,
그 말없는 여수도사.
Da springen die schwarzen Pferde
Auf nebliger Weide.
Ihr Soldaten!
Vom Hügel, wo sterbend die Sonne rollt
Stürzt das lachende Blut
Unter Eichen
Sprachlos! O grollende Schwermut
Des Heers; ein strahlender Helm
Sank klirrend von purpurner Stirne.

Herbstesnacht so kühle kommt,
Erglänzt mit Sternen
Über zerbrochenem Männergebein
Die stille Mönchin. (HKA I, 161)

트라클 시의 이미지는 고도로 회귀적이기 때문에 다른 시와 겹쳐 읽는 독법이 필요하다. 여기서도 「그로덱」의 시적 이미지와 거의 유사한 "병사", "구르는 해", "토해낸 피", "가을밤", "별" 등과 같은 대상이 나타난다.

두 번째로 누이는, 바흐의 오라토리오 「마태 수난곡」(*Matthäuspassion*) 합창 63곡 「오 피투성이로 상처 난 머리여」(*O Haupt voll Blut und Wunden*)가 환기하듯이,[32] 인류의 죄를 등에 업고 희생당한 자("피 흘리는 머리")를 품어 안는 성모 역할을 구현한다. "피 흘리는 머리"를 맞이하는 누이의 모습에서 16세기 스페인 매너리즘 종교화의 대가 루이스 데 모랄레스(Luis de Morales)의 <피에타>(*Pieta*)를 연상할 수 있다. 트라클의 시세계에서 누이는 신화적 신비함과 종교적 숭고함을 동시에 지닌 존재이다. 이러한 누이가 등장하는 배경(“밤의 황금가지인 별들 아래”), 누이가 망자의 숲을 통과하는 과정(“누이의 그림자가 침묵하는 숲을 가로질러 흔들거리며 간다”), 그리고 누이가 현현한 이유(“영웅들의 혼령과 피 흘리는 머리를 맞이하고자”)를 묘사하는 시행에서 모두 두음법이 사용된 것은 결코 우연이 아니다. 전쟁이라는 처참한 현실과 대조되는 구원의 초현실을 음향적 차원에서 구현해보려는 시인의 의도가 반영된 것으로 읽힌다. 그림 19. 루이스 데 모랄레스, 〈피에타〉, 1560년 참조 (p. 30)

3) 모순형용

「그로덱」에서는 어떤 특별한 의미나 효과를 얻기 위해 보편적인 단어의 연결체로부터 벗어나는 시적 비유 형태인 모순형용(Oxymoron)이 눈에 띈다.

> ① 태양은/ 더욱 암울하게 구른다
> ② 더욱 자랑스러운 슬픔이여! 너희 청동 제단이여/ 오늘 격렬한 고통이 넋의 뜨거운 불꽃을 키운다 [밑줄 필자]

①에서는 주어(태양)와 동사(구른다)의 결합이 모순된다. 태양은 땅

32 “오 피투성이로 상처 난 머리여/ 고통과 비웃음으로 가득하도다/ 가시관을 쓰시고/ 조롱당하신 머리/ 오 한 때 모든 존귀와 장식으로/ 아름답게 입으신 머리가/ 이제 가장 큰 모욕을 당하셨으니/ 제게 찬미 받으소서!” (Christoph Stegmann(Hg.), *Seniorenliederbuch. Bekannte Texte aus dem evangelischen Gesangbuch*, Hamburg 2011, p. 36.)

위를 구를 수 없다. 태양은 천공의 궤도를 따라 운행한다(태양은 항성이고 지구가 태양 주위를 회전하지만, 시적 화자의 눈에는 당연히 태양이 움직이는 것으로 보인다). 그러나 트라클은 태양이 풍경을 밝히는 광원(光源)이 아니라 풍경을 압사시키는 거대한 돌덩어리로 상상했다. 아름다운 자연을 무자비하게 훼손하고 파괴하는 태양은 전쟁의 마성(魔性)을 상징한다. 아름다운 그로덱의 "황금빛 평원"과 "푸른 호수" 위로 쿵쾅쿵쾅 굴러가는 태양은 전쟁의 무차별적인 폭력성을 설득력 있게 재현한다. 태양이 지상을 짓밟으며 빚어내는 마찰음은 그로덱 숲 속에서 울리는 "살인적인 무기들 소리"(1행)와 연계되고, 병사들이 내지르는 "거친 탄식"(6행)의 원인이 된다. 맷돌처럼 구르는 '돌덩이 태양'은 자연과 인간을 으깨어 부순다. 전쟁의 폭력은 전면적이다. 트라클에게 생명의 근원, 희망의 빛으로 상징되는 태양은 절망적인 대상으로 인식된다. 태양이 "암울하게" 구른다고 상상한 이유는 여기에 있다. '암울한 태양'의 이미지도 어둠과 빛이 결합된 또 하나의 모순형용이다.

②에서는 형용사(자랑스러운)와 명사(슬픔)가 서로 양립한다. 아귀지옥의 전장에서 몸부림치는 실존의 정신적 고통을 수식하는 시어로 '자랑스러운'은 어울리지 않는다. "자랑스러운 슬픔"도 역설적인 조합인데, 시인은 슬픔 앞에 "더욱 자랑스러운"이라는 형용사 비교급까지 덧붙였다. 게르하르트 카이저(Gerhard Kaiser)는 이 시구에 이어지는 다음 행("오늘 격렬한 고통이 넋의 뜨거운 불꽃을 키운다")과 연관지어 자랑스러운 슬픔을 이렇게 해석한다.

> 인간의 슬픔은 신의 분노나 자연의 암흑보다 더욱 자랑스러운 것이다. 왜냐하면 슬픔은 인간 영혼의 불꽃에 자양분을 주는 제물(祭物)이기 때문이다.[33]

카이저에 따르면 트라클의 슬픔은 인류를 구원하기 위해 신의 제단에 봉헌된 제물이다. 슬픔과 제물의 연관성은 "더욱 자랑스러운 슬픔이여"와 동격으로 쓰인 "청동 제단"이란 시어에서 분명해진다. 청동 제단은 유대교에서 번제(燔祭)를 지내는 전형적인 제단 양식이다. 구약시대에 이스라엘 민족이 야훼신에게 올린 동물의 희생의식에 사용된 제단을 뜻한다. 이런 맥락에서 보면, "피 흘리는 머리"의 슬픔은 구원을 위한 공희(供犧)를 의미한다. 실존이 체험하는 '지금 여기'의 고통은 새로운 인류의 여명("태어나지 않은 손자")을 여는 최후의 통과제의이다. 극한의 한계상황에 내몰린 실존의 고통은 미래의 가능성을 모색하기 위해 당연히 치러야 할 자기희생이다. 트라클의 후기시 「뇌우」에 이런 시구가 있다.

> 오 고통이여, 그대 위대한 영혼을
> 불태우는 응시여!
> O Schmerz, du flammendes Anschaun
> Der großen Seele! (HKA I, 157)

이 시구가 암시하듯이, 트라클에게 고통은 과거로의 퇴각을 의미하지 않는다. 고통은 영혼을 불사르는 뜨거운 응시이다. 아직 존재하지 않는 미지의 가치에 대한 간절한 호소이자 기구(祈求)이다. 트라클이 슬픔을 '자랑스럽다'고, 아니 '더욱 자랑스럽다'고 생각한 이유는 여기에 있다. 영혼(넋)을 양육하는 고통[34], 달리 말하자면 '더욱 자랑스러운 슬픔'은

---

33 Gerhard Kasier, *Geschichte der deutschen Lyrik von Heine bis zur Gegenwart. Ein Grundriß in Interpretationen*. Bd. 2, Frankfurt am Main 1991, p. 628.

34 트라클의 시구 "오늘 격렬한 고통이 넋의 뜨거운 불꽃을 키운다"는 1926년 12월 중순 백혈병 투병 중이던 릴케가 마지막으로 쓴 시와 놀랍도록 유사하다. "오라, 그대, 내가 인정하는 마지막 존재여,/ 육체의 조직 속에 깃든 치유되지 않는 고통아./ 혼의 열기로 타올랐듯이,

숭고하기까지 하다. 이 슬픔은 이성적 판단과 합리적 정신의 한계선을 넘어선 무한한 사태, "현시 불가능한 것의 부정적 현시"[35]가 일어나는 숭고의 사건이기 때문이다. 트라클의 슬픔이 갖는 기능은 추모와 애도 그 이상이다. 프란츠 퓌만(Franz Fühmann)은 트라클의 슬픔을 "온갖 위안보다 더욱 자랑스러운 슬픔"[36]이라고 해석했다.

4) 공간

넓은 공간과 협소한 공간이 교차되면서 대조를 이룬다. 맨 먼저 전쟁의 참상이 그려진 시의 전반부(1~8행)를 보자. 서두에서는, 트라클이 1914년 10월 피커에게 보낸 편지에서 그로덱을 "완만하고 밝은 구릉지"(HKA I, 542)라고 묘사한 것처럼, 어느 가을 해질녘 그로덱의 평화롭고 드넓은 자연풍경이 파노라마처럼 펼쳐진다. "가을 숲", "황금빛 평원", "푸른 호수"가 마치 영화에서 피사체로부터 카메라가 멀리 떨어지면서 얻는 원경(遠景)처럼 전개된다. 그러다가 해가 완전히 지고 어둠이 짙어지자 시적 화자의 렌즈는 롱 샷(long-shot)에서 클로즈업(close-up)으로 교체된다. 스크린 전체가 죽음을 목전에 둔 군인들의 "깨진 입"으로 가득 채워진다. "기능을 상실한 입의 무기력한 저항"[37]이 쏟아내는 붉은 피가 한 곳으로 모인다. 선혈이 한 장소로 '집결'하는 시적 이미지

보라, 나는 타오른다/ 그대 속에서. 장작은 그대 넘실거리는 불꽃을/ 받아들이기를 오랫동안 거부했다,/ 그러나 이제 나 그대를 키우고, 나는 그대 속으로 타오른다."(Rainer Maria Rilke, *Sämtliche Werke*. Bd. 2, Gedichte, Frankfurt am Main 1987, p. 511.)

35 장-뤽 낭시 외, 『숭고에 대하여』, 김예령 옮김, 문학과지성사, 2005, 223쪽.

36 Franz Fühmann, *Vor Feuerschlünden. Erfahrungen mit Georg Trakls Gedicht*, Rostock 2000, p. 242.

37 Theo Buck, *Negative Utopie. Zu Georg Trakls Gedicht Grodek*. In: Remy Colombat u. Gerald Sieg(Hg.), *Frühling der Seele. Pariser Trakl Symposium*, Innsbruck 1995, p. 172.

는 줌 인(zoom-in) 효과를 떠올리게 한다. 넓은 공간과 협소한 공간의 대조는 "시의 중심축"[38]인 10행에서 첨예화된다.

모든 거리는 검은 부패로 흘러든다.

샛길은 없다. 우회로도 없다. 인간의 문명("모든 거리")은 몰락의 소실점("검은 부패")으로 귀착될 수밖에 없다. 삶의 공간은 해체의 흑점(黑點) 속에서 사멸된다. 인간과 세계에 대한 트라클의 비관론이 이 참언(讖言)적인 아포리즘에 집약되어 있는 것이다.

「그로덱」 후반부(11-17행)에서 협소한 공간은 다시 넓어진다. 황금빛 별들이 점점이 박혀 있는 낭만적인 밤하늘이 펼쳐진다. 트라클은 별자리를 "밤의 황금가지"로 상상했다. 참혹한 현실 저편을 향한 동경이 시적 무대를 우주로 확산한다. 이러한 천상의 세계와 조응하면서 누이가 횡단하는 "숲"이 나타난다. 피리 소리가 사방으로 울려 퍼지는 "갈대밭"도 나타난다. 모두 열린 공간이다. 그러나 시가 종결로 치달으며 현실의 구체적인 공간은 추상적인 원점으로 응집된다.

태어나지 않은 손자들.

"태어나지 않은 손자들"은 현실태(actual)가 아니다. 이들은 시공간을 점유한 실존이 아니다. 이들은 미래를 상상임신한 인류의 순수한 잠재태(virtual)이다. 앞서 언급한 "검은 부패"의 흑점이 죽음의 종점이라면 "태어나지 않은 손자들"은 생명의 시원인 것이다. 인간의 삶이 진실로 충만

---

38 Bernd Matzkowski, *Textanalyse und Interpretaion zu Georg Trakl. Das lyrische Schaffen*, Hollfeld 2011, p. 105.

한 곳, 신과 자연과 인간이 조화로운 합일을 이루던 곳이 '태어나지 않은 손자'의 본향이다. 이곳이 바로 트라클 시학의 텔로스(Telos)이다. 이 대목에서 주목해야 할 점은, 손자의 자양분이 전쟁에서 부당하게 희생당한 자들의 "격렬한 고통"이라는 것이다. 요컨대 "몰락하는 자가 손자의 부양자"[39]인 것이다. 트라클은 모든 것이 파괴된 전장 한복판에서 새로운 시작을 예언하고 있다.

5) 소리

소리의 높낮이(고저), 세기(강도), 모양새(음색)가 대조적이다. 「그로덱」에서 실제 전투 장면은 등장하지 않는다. 시인은 전쟁의 참상을 소리로 표현한다. 목가적인 자연에서 울리는 무기들의 발포 소리가 고막을 찢는다. 총탄이 발사되고 수류탄이 터지고 포탄이 폭발한다. 이러한 전쟁의 굉음을 트라클은 "저녁에 가을 숲은 살인적인 무기들 소리로/ 울린다"고 압축한다. 기실 숲 속에서 울리는 소리의 실상은, 트라클이 전쟁을 다룬 다른 시에서 묘사한 것처럼, "겨울 폭풍의 거친 오르간 소리"(HKA I, 165)와 흡사할 것이다. 하지만 「그로덱」에서 트라클은 "울린다"는 동사 하나로 전쟁의 공포를 청각적으로 상상하게 만든다.

시의 서두를 강타하던 무기들의 날카로운 고음은 죽어가는(아직 죽지 않은) 병사들의 낮은 한숨 소리("탄식")와 강한 대조를 이룬다. "탄식"은 전쟁의 참상 앞에 몸부림치며 내지르던 비명과 경악 '이후'의 비극을 소리로 재현한다. 말하자면 더 이상 어떤 소리도 내지를 수 없는 '실존의 영도 상태'에서 터져 나오는 단말마가 "거친 탄식"이다. 그렇기 때문에

---

39 Friedrich Georg Jünger, *Georg Trakls Gedichte*. In: Heinz Ludwig Arnold(Hg.), *Georg Trakl*, Text+Kritik, 4/4a, Stuttgart 1969, p. 12.

탄식의 톤은 낮다. 그러나 거칠다. 탄식에 농축된 고통의 강도가 상상을 초월하기 때문이다. 탄식은 비명과 경악 이후의 사건이다. 그러나 시의 후반부로 가면서 탄식의 소리조차 들리지 않는다. 부상자들이 모두 전사한 것이다. 이제 숲에는 밤의 정적만이 흐른다. 그러자 "침묵하는 숲"에서 전투의 굉음에 파묻혀 들리지 않던 소리가 조용히 퍼져 나가기 시작한다. 살의(殺意)로 들끓던 무기들의 소음 대신에 "피리 소리"가 조용히 울린다. 시인은 갈대밭 사이로 통과하는 바람 소리에서 피리 소리를 연상한 것이다. 이 피리 소리는 신화적, 종교적 상상력을 자극한다. 이루지 못한 사랑의 아픔을 위령하기 위해 갈대를 꺾어 피리라는 악기를 최초로 만든 목양신 판(Pan)과 구약시대 갖은 핍박을 견딘 '눈물의 선지자' 예레미야(Jeremiah)를 떠올리게 한다.("그러므로 내 마음은 모압 때문에 피리처럼 슬피 운다. 내 마음은 키르헤레스 사람들 때문에 슬피 운다. 그들이 쌓아 둔 재물이 사라졌기 때문이다."[예레미야서 48장 36절]) 판과 예레미야에게 공히 피리 소리는 상실의 슬픔과 연관이 있다. 트라클의 피리도 상실의 아픔과 '죽음의 명상'(meditatio mortis)을 노래한다. 그래서 피리 소리는 밝지 않고 침울하다. "어두운 피리 소리"는 저음이다.(형용사 "어두운"(dunkel)에는 "저음의"라는 뜻도 있다) 망자의 혼백을 추도하고 위령하는 레퀴엠이 그로덱의 갈대밭에서 울리고 있는 것이다.

6) 색채

대조적인 색채 사용이 인상적이다. 황금색과 푸른색이 긍정적 가치를 대변한다면, 붉은색과 검은색은 부정적 의미소이다.

"황금빛 평원"이란 시어에서 선명하게 나타나듯이, 결실의 계절인 가

읕은 풍요와 충만을 상징한다. 잘 익은 곡식의 이삭으로 황금물결을 이루는 들판이 핏빛 전쟁의 무대가 된다는 사실이 전쟁의 비극성을 서정적으로 높인다. 한편 밤하늘을 수놓는 별자리에 대한 은유인 "밤의 황금가지"에서 황금색은 신성의 광채이다. 종교적 차원에서 영원히 빛나는 황금색은 신의 은총과 천국의 빛을 상징한다. 구원을 상징하는 누이가 등장하는 배경으로 황금색이 사용된 것은 이런 맥락에서 수긍된다. 또한 "황금가지"는 트라클 시세계의 이상향인 신과 인간과 자연이 평화롭게 공존하던 황금시대를 상징한다. 이런 의미에서 보면 "황금가지"가 펼쳐진 별이 빛나는 천공은, 트라클이 동경하는 전쟁을 통해 인류가 몰락하기 이전의 유토피아를 상징한다. 그러나 이 시대로 되돌아갈 길은 없다. 황금시대에 대한 갈망의 정도는 엄존하는 현실(전쟁)에 대한 절망에 비례한다. 그래서 그로덱의 밤하늘을 수놓는 별들의 황금빛은 찬란하게 우울하다.

푸른색은 원죄 없는 순수성을 상징한다. 누이 그레테를 사랑한 트라클은 시민계급의 윤리적 금기를 파기했다는 죄책감에 시달렸다. 그는 늘 자신을 저주받은 시인으로 생각했다. 자기파멸의 나락이 깊을수록 시쓰기에 대한 열망은 커졌지만, 내면의 분열은 트라클의 영혼을 황폐화시켰다. 트라클의 시에서 푸른색은 사회적 억압과 도덕적 금기가 없는 세계, 인간의 성이 분화되기 이전의 세계를 가시화하는 색으로 애용되었다. 흥미로운 점은, 누이동생과의 이룰 수 없는 사랑이란 개인적 비극이 초래한 원초 세계에 대한 갈망은 당대를 풍미했던 표현주의 예술사조의 이념과도 일맥상통한다는 사실이다. 세기전환기 위기의식 속에서 자본주의와 기계문명을 부정하고 억눌린 인간성의 해방을 부르짖으며 절대적이고 원초적인 세계로 귀환하기를 갈망했던 표현주의의 근본정신을 상기해 보면, 트라클의 푸른색은 물질문명에 의해 세상이 타락하기 이전의 상태를 상징한다. 이렇게 보면, 「그로덱」에서 묘사된 "푸른 호수들"은 그로덱 주변에 위치한 여러 호수들에 대한 묘사 그 이상의 의미를 지닌다. 푸른빛을 깊이 머금은 호수들은 물질문명이 전쟁이라는 야만적인 형태로 폭발하기 이전의 상태인 원죄 없는 순수한 세계를 조용히 웅변하고 있는 것이다. 그러나 이 푸른 호수는 곧 붉은 피로 물들 것이다.

붉은색은 전사자들이 흘린 피의 총합이자 이런 희생을 강요하는 파괴적 욕망의 화신이다. 군인들이 흘린 피로 이루어진 "붉은 구름"에 거주하는 "진노한 신"은 전쟁의 신을 의미한다. 피에 굶주린 군신(軍神) 마르스(Mars)가 욕망하는 것은 전사자의 피다.[40] 트라클은 그로덱의 목초지 군데군데 고인 시신들의 핏물에서 석양으로 붉게 물든 그로덱 가을 하늘의 구름을 떠올린 것이다. 그리고 해가 완전히 지고 밤이 깊어지자 이 쏟아진 선혈(鮮血) 위로 차가운 달빛("달빛 싸늘함", 9행)이 비춘다. 트라클의 시에서 달은 낭만적 동경의 대상이 아니다. 구름과 마찬가지로 달도 피에 목말랐다. 달은 인간의 생명을 사냥하는 난폭한 냉혈한이다. 이처럼 「그로덱」에서는 서정적인 풍경(구름, 달빛)과 비서정적인 고통(피)이 강한 대비를 이루면서 전쟁의 비극성이 고조된다.

검은색은 죽음의 제왕이다. 트라클 시세계에서 검은색은 생명이 말살된 무의 세계를 상징한다. 모든 가능성이 말살되는 일점, 해체가 종결되는 일점, 부정성이 완성되는 일점, 이 바로 "검은 부패"의 정체인 것이

40 독일 색채심리학자 하랄드 브램이 정리한 색과 점성술의 연관성 도표에 따르면 붉은색은 화성의 색이다. 태양계의 행성 중 화성은 고대 중국에서는 불의 행성으로, 바빌로니아에서는 죽음의 상징으로, 그리고 고대 그리스와 로마에서는 호전적인 전쟁의 신으로 숭상되었다. 서양 문화권에서 일반적으로 붉은색은 군신 마르스의 색이다. 로마 군대들은 붉은색 깃발을 공격 신호로 이용했다. 적군이 피를 흘리도록 만들라는 강력한 명령의 표시로 붉은색을 사용한 것이다.(하랄드 브램, 『색의 힘. 컬러의 의미와 상징』, 이재만 옮김, 일진사, 2010, 213쪽 참조.)

다. 여기가 바로 소멸을 지향하는 트라클의 시의 궁극인 것이다. "본질(Wesen)은 부패(Verwsen) 속에서 종말을 고하게 된다."[41] 따라서 전쟁의 신 마르스의 정언명령은 이렇게 괄약될 수 있다.

> 모든 거리는 검은 부패로 흘러든다.

지금까지 언급한 색채 상징성을 바탕으로 색들의 상호 관계를 정리해 본다. 인간이 타락하기 이전의 순수성을 저수(貯水)했던 "푸른 호수"는 전쟁의 폭력에 의해 도륙되어 붉은 핏물로 목초지 위에 고여 있다가 "검은 부패"의 심연으로 빨려들어 간다. 그 암흑의 심연 위에 "황금가지"가 펼쳐져 있다. 「그로덱」에서 붉은색(피)은 푸른색(호수)과 대조를 이루며 더욱 잔인해진다. 이렇게 광포해진 붉은색(피)을 모두 흡수하는 검은색(부패)은 더욱 무자비해진다. 영원히 빛나는 불멸의 황금색(별)은 모든 것을 필멸로 이끄는 검은색(부패)을 굽어보며 더욱 무기력해진다. 푸른 호수 — 붉은 구름 — 검은 부패 — 황금가지. 이 색채의 연쇄가, 트라클이 전쟁의 참혹함을 시적으로 형상화하기 위해 구성한 대조의 색채미학이다.

* * *

검은색은 몰락으로 경도된 트라클 시의 마지막 기착점이다. 세상에 존재하는 모든 색들을 혼합하면 검은색이 된다. 슬픔, 우울, 비애, 상실,

---

41 Friedrich Georg Jünger, *Trakls Gedichte*, p. 10.

위협, 공포, 절망, 죄의식, 속죄, 은둔, 죽음, 소멸, 부패 등 트라클의 시학이 추구했던 모든 부정성을 단 하나의 이미지로 표현한다면 단연코 검은색이다. 트라클의 시가 걸어온 모든 길은 결국 한 곳에서 만난다. "모든 거리는 검은 부패로 흘러든다." 검은색은 트라클 시학의 소실점이다. 트라클 시의 모든 것은 검은색으로 초점화되었다가 결국 검은색에서 사라지지고 만다. 그 너머로는 더 이상 시가 될 수 없는 최후의 경계에 트라클의 검은색이 있다. 27살에 요절한 시인 트라클의 영혼의 최후를 독점했던 단 하나의 절대적인 이미지가 있다면 러시아 절대주의 회화의 창시자 말레비치의 <검은 사각형>(*Black Square*)과 흡사할 것이다. 그림 20. 카지미르 말레비치, 〈검은 사각형〉, 1915년 참조 (p. 30)

제2부

트라클 시의 상호매체성

제1장

시와 그림: 트라클과 코코슈카/ 브뢰겔

제1장
시와 그림:
트라클과 코코슈카/ 브뢰겔

1. 트라클 시의 회화성

트라클의 시는 회화적이다. 트라클 선집을 묶은 볼프강 슈네디츠(Wolfgang Schneditz)는 트라클을 "시 속의 화가"[1]로 명명했다. 세 가지 측면에서, 트라클 문학의 시각적 조형성의 근거를 찾을 수 있다.

첫째, 트라클은 자신만의 독창적인 상상력의 팔레트 위에서 고도의 상징적인 색채언어를 빚어낸다. 예컨대 「헬리안」 한 작품에서만 무려 30개의 색조 형용사가 등장하는데, 이러한 잦은 색채은유의 사용은 당시 발아하기 시작한 초기 표현주의 추상미술 문법과 맥을 같이 한다. 특히 색채를 '영혼의 진동'으로 이해한 칸딘스키의 추상양식은, 내면의 감정과 영혼을 가시화하는 시적 기제로 색채은유를 애용한 트라클의 시작법

---

1 Wolfgang Schneditz, *Georg Trakl-Nachlass und Biographie. Gedichte, Briefe, Bilder, Essays*, Frankfurt am Main 1949, p. 105.

과 상통한다.

둘째, 독창적이고 비의적인 어휘, 감각적 지각으로 표상된 자연풍경, 비유의 보조관념으로 사용된 심상 등이 트라클 작품 곳곳에서 변용되어 반복적으로 출현함으로써 고도의 회귀적인 시각적 이미지가 창출된다. 되풀이해 등장하는 푸른 꽃, 검은 이슬, 피 흘리는 들짐승, 핏물에서 노는 까마귀, 석화(石化)된 머리, 고개 숙인 이마, 태어나지 않은 손자, 여수도승, 하얀 발걸음, 성스러운 푸름 등이 "트라클-세계"(Trakl-Welt)[2]를 구축하는 시적 이미지이다. 말하자면 트라클의 시세계는 지적인 사색의 공간을 제공하는 "로고포에이아"(logopoeia)보다는 감각적 표상이 미감을 제공하는 – 이미지즘의 창시자 에즈라 파운드(Ezra Pound)가 표방했던 – "파노포에이아"(phanopoeia)[3]에 가깝다.

셋째, 트라클은 이미지와 이미지를 낯설게 연결하는 '표현주의 병렬양식'을 통해 이미지에 담긴 개별적 가치를 극대화한다. 여러 이미지들을 한 공간에 임의적으로 병존시킴으로써 시 텍스트를 한 폭의 그림처럼 만든다. "인접한 이미지와 어울리지 않게 독자적으로 존재하는 이미지를 행마다 순수 형식 속에 담고 있는 병렬양식은 일치하지 않는 '지각'의 병립이라는 표현을 가능하게 했다."[4]는 켐퍼의 지적처럼, 트라클 시의 구성원리가 공간구조 속에 여러 장면과 대상들이 병렬적, 동시적으로 공존하는 그림과 유사해질 수 있는 이유는, 바로 병렬양식의 사용에 있다.

이러한 세 가지 특징이 잘 나타나는 작품이 「밤」(*Die Nacht*)이다. 1914

---

2 Josef Leitgeb, *Die Trakl-Welt. Zum Sprachbestand der Dichtungen Georg Trakls*, Innnsburck 1951, p. 14.

3 에즈라 파운드, 『현대시학입문』, 이덕형 옮김, 문예출판사, 1984, 287쪽.

4 Hans-Georg Kemper, *Lyrik-Lyrische Komik. Über Verformungen einer formstrengen Gattung*, Tübingen 2009, p. 66.

년 6월 <브렌너>에 「뇌우」, 「저녁」과 함께 실린 「밤」은 트라클 후기시의 전형적인 특징인 "거친 리듬의 강세화를 지닌 짧은 시행들"[5]로 구성된 작품이다. 「밤」은 트라클이 그림에서 직접 시적 영감을 얻어 쓴 '형상시'(Bildgedicht)[6]라는 측면에서도 회화와 밀접한 연관성이 있다. 트라클은 이 시를 오스트리아 표현주의 운동의 대표적인 화가 오스카 코코슈카의 유화 <바람의 신부>(*Die Windsbraut*)의 창작 과정을 보면서 썼다.[7] <바람의 신부>는 27살의 청년 코코슈카와 연인 알마 말러(Alma Mahler)의 격정적인 사랑의 경험이 강렬한 붓 터치와 차고 어두운 청회색으로 묘사된 표현주의 회화의 대표작으로 꼽힌다.

그림 21. 오스카 코코슈카, 〈바람의 신부〉, 1913년 참조 (p. 31)

트라클은 1913년 빈에 체류할 당시 친구 에르하르트 부쉬벡의 소개로 코코슈카를 알게 되어 교제하게 되었다. 코코슈카가 난파선에 누운 자신과 연인 말러의 이인 초상화를 그리고 있을 때, 트라클은 거의 매일 그의 아틀리에를 방문했다. 트라클은 그의 작업 과정을 뒤에서 지켜보면서 「밤」을 썼고, '바람의 신부'란 그림의 제목도 지어주었다.[8] 플로리안 일리스는 "시민사회의 두 이단아"[9]인 트라클과 코코슈카의 만남을 이렇게

5 Erich Bolli, *Georg Trakls dunkler Wohllaut. Ein Beitrag zum Verständinis seines dichterischen Sprechens*, Zürich 1978, p. 161.

6 '형상시'는 다섯 종류로 분류된다. 1) 시 전체를 관류하는 시적 이미지로 어떤 효과를 만들어내는 것을 목표로 하는 시, 2) 화가나 그래픽 작가를 겸한 시인에 의해 비유적 표현을 예술적으로 통합시키는 시운, 3) 형상적 보완을 추가하도록 작가에 의해서 구상된 시구, 4) 문자의 형태 배열을 통해 시각적 모형을 만드는 시, 5) 미술작품을 주제로 쓴 시.(Vgl. Gisbert Kranz, *Das Bildgedicht in Europa. Zur Theorie und Geschichte einer literarischen Gattung*, Paderborn 1973, pp. 9~11.) 이 글에서 사용하는 형상시 개념은 1)과 5)에 국한한다.

7 돌풍으로 번역한 독일어 'Windsbraut'에는 세 가지 의미가 있다. 첫째, 갑자기 세게 부는 회오리바람, 즉 돌풍이다. 둘째, 전용된 의미로 정령이나 정신을 의미한다. 셋째, 아어(雅語)로 야성적이고 격정적인 본성을 지닌 아름다운 여인을 의미한다. 의역하자면 '바람의 신부'이다.

8 Vgl. Hans Weichselbaum, *Georg Trakl. Eine Biographie*, Salzburg 2014, p. 148.

기술한다.

> 이 무렵 트라클은 일을 마치기가 무섭게 코코슈카의 아틀리에로 기어 들어간다. 코코슈카는 불안하게 흔들리면서 캔버스 앞에 서 있다. 알마의 부정에 대한 사나운 내면의 꿈에 빠진 채, 입에는 담배를 물고, 손바닥에는 물감을 담고서, 붓과 오른손 검지로 그림을 그리고 있었다. 트라클은 그 뒤에 있는 맥주통 위에 앉아 몇 시간 동안 앞으로 갔다 뒤로 갔다, 앞으로 갔다 뒤로 갔다 한다. 그걸 보면 누구라도 미쳐버릴 것이다. 그러나 광인 코코슈카는 그 모습에서 마음이 진정되는 것처럼 느낀다. 이따금 트라클이 앉아 있는 구석에서 둔탁한 웅얼거림이 들린다. 트라클은 자작시를 낭송하기 시작하고, 까마귀, 비운, 부패, 몰락에 대해 얘기하고, 절망적으로 자기 누이를 찾으며 부르짖는다. 그러고는 다시 영원의 침묵 속으로 가라앉아 말없이 앞으로 갔다 뒤로 갔다 한다. 그리고 그 그림에 제목을 붙여준 사람도 트라클이다. 바로 <바람의 신부>였다.[10]

코코슈카는 왜 광기에 휩싸여 이 그림을 그렸는가? 코코슈카가 열렬히 사랑했던 알마는 화가 에밀 야콥 쉰들러(Emil Jakob Schindler)의 딸로서 미술과 음악을 공부하였으며, 타고난 미모와 지성으로 뭇 남성들에게 선망의 대상이었다. 그녀는 스물두 살 나이에 당대 최고의 작곡가 구스타프 말러(Gustav Mahler)와 결혼하였고, 말러가 사망한 이후에는 바우하우스를 창설한 건축가 발터 그로피우스(Walter Gropius)와 재혼하였으며, 다시 작가 프란츠 베르펠의 아내가 되었다. 아르누보의 대가 구스타프 클림트 역시 한때 알마의 연인이었다. 요컨대 말러는 빈 예술문화계

---

9 Otto Basil, *Georg Trakl in Selbstzeugnissen und Bilddokumenten*, Hamburg 1978, p. 105.

10 플로리안 일리스, 『1913년. 세기의 여름』, 한경희 옮김, 문학동네, 2013, 221쪽.

의 뮤즈이자 팜파탈이었다. 코코슈카가 알마를 만난 것은 말러가 사망한 이듬해였다. 촉망받는 젊은 화가로 이름을 얻고 있던 코코슈카는 이 아름다운 미망인을 처음 본 순간 한눈에 마음을 빼앗겼다. 알마는 그보다 일곱 살 연상이었지만 나이는 전혀 문제될 것이 없었고, 두 사람은 깊은 사랑에 빠져들었다. <바람의 신부>의 주제는 이 둘의 사랑이다. 어두운 밤 거친 폭풍우가 두 사람의 주위를 에워싸고, 여인은 지친 듯 남자의 어깨에 기대 잠이 들어 있다. 그림 속 남자는 소용돌이치는 폭풍우에 항거하려는 듯, 절대로 이 여인을 놓치지 않겠다는 듯 두 눈을 부릅뜨고 여인의 한쪽 손을 힘주어 잡고 있다. 딱딱하게 경직된 남자의 몸과 창백하고 비장한 얼굴에서 격정적인 성애가 끝난 이후 엄습한 죽음과 같은 허망함이 감지된다. 금기의 위반이 촉발한 광풍과 같은 사랑의 리비도가 소진된 이후 맞닥뜨린 우울함이 느껴진다. 비상하는 황홀감과 추락하는 멜랑콜리의 교차 속에서 남자의 육체와 영혼은 완전히 탈진한 것으로 보인다. '산주검'(*undead*)과 같은 이 남자의 모습에서 에로티즘의 본질은 "죽음까지 파고드는 삶"[11]이라는 조르주 바타유(Georges Bataille)의 말이 오버랩 된다. 코코슈카는 자서전 『내 삶』(*Mein Leben*)에 당시 상황을 이렇게 고백한다.

> 그때 나는 나와 알마의 이인 초상화를 그리고 있었다. 운명에 거슬러 나를 광란하게 만드는 것은 질투만은 아니었다. 나는 임박해 오는 비운의 숙명을 예감했다. 멜랑콜리가 우리의 엑스터시 위에, 도취와 사랑 위에 자신의 암울한 그림자를 드리웠고 아폴론의 칠현금을 침묵하게 만들었다.[12]

11 조르주 바타유, 『에로티즘』, 조한경 옮김, 민음사, 1996, 9쪽.

코코슈카는 알마와의 완전한 결합을 요구하였지만, 코코슈카의 거칠고 불안한 성격을 부담스러워했던 알마는 끝내 그의 청혼을 받아들이지 않았을 뿐만 아니라 건축가 그로피우스와 새로운 밀회를 시작했다. 이러한 이별에 대한 예감에 시달리며 코코슈카는 광인처럼 <바람의 신부>를 완성했던 것이다. 앞서 일리스가 코코슈카가 이 그림을 "알마의 부정에 대한 사나운 내면의 꿈에 빠진 채" 그렸다고 묘사한 이유는 여기에 있다. 알마는 <바람의 신부>가 완성된 지 얼마 지나지 않아 코코슈카를 떠난다. <바람의 신부>에서 휘몰아치는 돌풍이 사랑의 격정과 욕망을 상징한다면, 이 질풍노도의 바다 한가운데 난파선처럼 떠 있는 둘의 침대는 방향을 잃은 사랑, 좌초한 사랑을 의미한다.

트라클은 이 그림을 보고 선 굵게 휘몰아치는 회오리바람, 말하자면 사랑(에로스)과 죽음(타나토스), 열락과 우울, 화염과 냉기, 상승과 하강이 합치되는 마성적인 돌풍을 다음과 같은 시적 이미지로 치환한다.

거무스름한 암벽 위로
죽음에 취하여
작열하는 돌풍이 추락한다,
빙하의
푸른 물결
그리고 계곡에서는
종소리가 굉음을 낸다.
불꽃이여, 저주여
그리고 육욕의
음울한 유희,

12 Oskar Kokoschka, *Mein Leben*, Wien 2008, p. 131.

석화(石化)된 머리가
하늘로 돌진한다.
Über schwärzliche Klippen
Stürzt todestrunken
Die erglühende Windsbraut,
Die blaue Woge
Des Gletschers
Und es dröhnt
Gewaltig die Glocke im Tal:
Flammen, Flüche
Und die dunklen
Spiele der Wollust,
Stürmt den Himmel
Ein versteinertes Haupt. (HKA I, 160)

일정한 율격과 압운의 규칙성이 없는 찬가(Hymme) 형식의 자유리듬 시이다. 속기사가 빠르게 받아 적은 것처럼 행과 행의 이미지가 얼핏 보면 두서없어 배열된 것처럼 보인다. 그러나 이 "명사의 덩어리"[13] 안에 모종의 대립의 미학이 발견된다. 검은색("거무스름한 암벽")과 붉은색("작열하는", "불꽃")이 강렬한 대조를 이루며, 흰색("빙하")과 푸른색("푸른 물결")이 대치한다. 이미지의 감각적 전이도 일어난다. 돌풍이 일으키는 거친 물결(시각적 이미지)은 계곡에서 울리는 종소리의 강한 진동(청각적 이미지)으로 변환된다. 불의 열기("작열하는 돌풍")와 얼음의 냉기("빙하")가 충돌하고, 지상으로의 하강운동("추락한다")과 천상으로

13 Erich Bolli, *Georg Trakls dunkler Wohllau,* p. 162.

의 상승운동("돌진한다")이 교차된다. 다양한 차원에서 일어나는 대조의 미학은 시 텍스트에 표현주의 화풍 특유의 강한 역동적 이미지를 부여한다. 표현주의 그림에서 꿈틀거리는 거친 붓 터치가 언어로 변환된 것 같은 인상이다.

트라클은 코코슈카 그림 속 배경인 망망대해를 태고의 산 속 계곡 이미지로 바꿔 놓았다. 불처럼 타오르는 돌풍이 검은 절벽으로 추락하는 시적 이미지는 코코슈카의 회화에서 사랑과 죽음이 하나로 합치되는 디오니소스적 엑스터시를 형상화한 것으로 읽힌다. 이어지는 "빙하의/ 푸른 물결"이란 이미지는 죽음을 상징하는 검은 암벽 이미지와 대조를 이루며 절망과 파멸의 심연 깊숙한 곳에 위치한 태고의 시원을 가리킨다. 그러나 이 푸른 유토피아로 되돌아 갈 길은 요원하다. 그곳은 딱딱하고 두꺼운 얼음 장벽으로 둘러싸여 있기 때문이다.

깊숙한 계곡으로 떨어진 돌풍은 종을 무자비하게 유린한다. 이 종에서 평화와 구원의 소리가 울려 퍼지지 않는다. 오히려 저주의 굉음이 화염처럼 요동친다. 트라클은 이 돌풍의 절규를 "불꽃이여, 저주여"라는 두 명사로 압축한다. 트라클 시에서 붉은색은 죄의식을 상징한다. 두운(F)이 일치하는 "불꽃"(Flammen)과 "저주"(Flüche)는, 지상의 심연(계곡)을 휘저으며 돌풍이 알리는 묵시록적 전언의 핵심 내용이다. 불꽃이 심판의 화염을 의미한다면, 저주의 구체적인 내용은 무엇인가? 바로 다음 행에 단서가 있다. 타락한 인간의 성적 본능("육욕의 음울한 유희")에 재앙과 불행의 불씨가 있는 것이다. 여기서 신으로부터 저주받았다는 죄의식은 트라클의 전기적 사실과 관계된다. 여러 차례 언급했듯이, 트라클은 누이동생과의 근친상간의 경험으로 인해 늘 자신을 저주 받는 존재로 멸시했다. 산문시 「꿈과 착란」에 나오는 "오 저주 받은 성(性)이여"(HKA I, 149)에 잘 나타나듯이, 그에게 여동생은 사랑의 천사이자 시의 뮤즈이면서 동시에 "불타는 악마"(HKA I, 149)였다. 이러한 죄책감이 트라클의 영혼을 황폐화시켰다. 전망부재의 심연 속에서 시인의 정신은 돌처럼 경직되었던 것이다. 앞서 일리스가 언급한 대로, 트라클이 <바람의 신부>를 보면서 "비운, 부패, 몰락에 대해 얘기하고, 절망적으로 자기 누이를 찾으며 부르짖는" 이유는 여기에 있었다. 트라클은 코코슈카와 알마의 좌초된 사랑에서 자신과 누이동생과의 비극적 운명을 읽어냈던 것이다. 여기서 우리는 "석화된 머리"가 날아오르는 방향에 주목해야 한다. 그곳은 "하늘"이다. 트라클은 절망의 암흑 속에서 한 줌의 희망을 끝까지 포기하지 않았던 것으로 판단된다. 고위공이 적시했듯이, 석화된 머리의 비상은 "추락과 죽음을 거쳐 다시 천상으로 상승하는 소생의 비상"[14]으로 해석될 수 있다. 물론 이러한 부활의 과정은 시인 자신의 속죄와 참화의 통과제의를 통해서 성취된다. 「밤」은 이러한 트라클 시의 핵심 주제를 색채 이미지, 비의적인 어휘, 낯선 이미지의 병치를 통해 회화적으로 구현하는 데 성공한 작품이다. 요컨대 「밤」은 <바람의 신부>를 재구성한 것이 아니라 재창조한 것이다.

2. 말하는 그림: 트라클의 시 「겨울에」

1910년에 발표한 「겨울에」도 회화에서 자극과 영감을 받아 탄생한 형상시이다. 앞서 「밤」의 경우처럼, 트라클의 시는 표현주의 회화와 밀접한 연관성이 있다. 그러나 「겨울에」의 모태가 된 작품은 전위적이고 실

14 고위공, 『문학과 미술의 만남. 상호매체성의 미학』, 미술문화, 2004, p. 72.

험적인 표현주의 회화가 아니라 유럽역사상 최초로 농민의 일상에 기초한 풍속화와 풍경화를 그린, 16세기 플랑드르 화가 피테르 브뢰겔의 <눈 속의 사냥꾼들>(*Die Jäger im Schnee*)이다. 트라클의 시와 브뢰겔 그림 사이의 연관성을 밝히기 전에 먼저 「겨울에」의 형식과 내용에 대한 분석이 선행되어야 한다. 「겨울에」에 내재된 회화적 요소, 즉 앞서 언급한 트라클 시의 시각적 조형성을 구현하는 '색채은유', '회귀적인 이미지의 변용', '병렬양식' 등에 대한 분석을 토대로, 트라클의 시와 브뢰겔의 그림, 텍스트와 형상 사이의 상호매체성(Intermedialität)을 논할 수 있기 때문이다. 전문을 읽어 보자.

> 들판은 희고 차갑게 빛난다.
> 하늘은 외롭고 섬뜩하다.
> 까마귀들은 연못 위를 선회하고
> 사냥꾼들이 숲에서 내려온다.
>
> 침묵은 검은 우듬지 속에 머문다.
> 불빛 한 가닥 오두막에서 휙 스쳐간다.
> 이따금 아주 멀리서 썰매의 종소리 울리고
> 천천히 잿빛 달이 떠오른다.
>
> 들짐승 한 마리 밭둑에서 가만히 피 흘리며 죽어가고
> 까마귀 떼가 피 어린 도랑에서 첨벙댄다.
> 갈대는 곧추서서 노랗게 전율한다.
> 서리, 연기, 텅 빈 숲 속 한걸음.
> Der Acker leuchtet weiß und kalt.
> Der Himmel ist einsam und ungeheuer.

Dohlen kreisen über dem Weiher
Und Jäger steigen nieder vom Wald.

Ein Schweigen in schwarzen Wipfeln wohnt.
Ein Feuerschein huscht aus den Hütten.
Bisweilen schellt sehr fern ein Schlitten
Und langsam steigt der graue Mond.

Ein Wild verblutet sanft am Rain
Und Raben plätschern in blutigen Gossen.
Das Rohr bebt gelb und aufgeschossen.
Frost, Rauch, ein Schritt im leeren Hain. (HKA I, 39)

1) 상실과 위협

제1연에서 하얀 눈으로 뒤덮인 들판은 차갑게 빛난다. 눈은 대지를 포근히 품어 안지 않는다. 오히려 눈은 대지를 점령하는 '부드러운 폭력'이다. 태양빛에 반사된 눈부신 하얀 눈은 겨울의 풍경을 더욱 냉랭하게 만든다. 흰 눈으로 덮인 들판은 소외된 하늘("외롭고")의 이미지와 상응하고, 번뜩이는 흰 눈의 냉기는 위협적인 하늘("섬뜩하다")의 이미지와 조응한다. 낭만적인 겨울 풍경이라 판단하기 어렵다.

이어지는 3-4행에서는 살의의 동태(動態)와 폭력의 기미가 감지된다. 검은 깃털을 지닌 수상한 까마귀 떼가 하얗게 눈 덮인 들판(연못)과 시각적인 대조를 이루며 공중을 선회한다. 트라클 시세계에서 까마귀는 흉조(凶兆)로 등장한다. 「까마귀들」(*Die Raben*)에서 묘사된 것처럼, 까마귀는 거칠게 울고, 들녘의 평온을 깨뜨리며, 서로 다툰다(Vgl. HKA I,

11). 이러한 까마귀는 살의의 욕망으로 가득 찬 죽음의 전도사이다. 「까마귀들」의 3연과 「겨울 해질녘」의 1연과 2연을 인용한다.

어디선가 썩은 짐승 냄새를 맡은 까마귀들은
갑자기 북쪽으로 날아가
쾌락에 치 떠는 대기 속에서
장례식 행렬처럼 사라진다
Um ein Aas, das sie irgendwo wittern,
Und plötzlich richten nach Nord sie den Flug
Und schwinden wie ein Leichenzug
In Lüften, die von Wollust zittern. (HKA I, 11).

검은 금속의 하늘,
저녁에 굶주림으로 미친 까마귀들이
붉은 폭풍우에 이리저리 휘날린다,
공원 위로 비통하고 창백하게.

구름 떼 속에 햇살이 얼어붙는다.
그리고 사탄의 저주 앞에서
그들이 원을 그리며 선회하다
일곱 번 돌고 내려온다.
감미롭게 썩은 부패물 속에서
소리 없이 까마귀들이 부리를 휘두른다
Schwarze Himmel von Metall.
Kreuz in roten Stürmen wehen
Abends hungertolle Krähen

Über Parken gram und fahl.

Im Gewölk erfriert ein Strahl;
Und vor Satans Flüchen drehen
Jene sich im Kreis und gehen
Nieder siebenfach an Zahl.

In Verfaultem süß und schal
Lautlos ihre Schnäbel mähen. (HKA I, 20)

인용한 시구의 맥락 속에서 보면, 「겨울에」에서 연못 위를 선회하는 까마귀들의 저의를 짐작할 수 있다. 까마귀들은 "짐승 시체 냄새를" 맡고 있는 것이다. 이런 맥락에서 동사 "선회하다"는 4행의 사냥꾼의 하비투스(Habitus)와 제휴한다. 지상의 먹잇감을 찾아 공중을 맴도는 까마귀들의 허기는 숲에서 들짐승을 뒤쫓는 사냥꾼들의 욕망과 중첩되기 때문이다. 트라클 시에서 까마귀와 마찬가지로 사냥꾼도 반복적으로 출현하는데, 예외 없이 파괴충동으로 들끓는 붉은색과 결합되어 부정적 이미지 창출의 주역을 맡는다.

① 산들. 어둠, 침묵 그리고 눈.
사냥이 숲에서 붉게 내려온다.
오, 들짐승의 이끼 같은 눈빛이여
Gebirge: Schwärze, Schweigen und Schnee.
Rot vom Wald niedersteigt die Jagd;
O, die moosigen Blicke des Wilds. (HKA I, 115).

② 폭풍 같은 전나무들이 황혼 위로 무겁게 스러졌고 붉은 사냥꾼이 숲 속에서 나타났다.

Schwer sanken die stürmischen Tannen über Dämmerung und der rote Jäger trat aus dem Wald. (HKA I, 148).

①과 ②에서 사냥꾼은 저녁 무렵 숲 속에서 밖으로 나온다. 시공간 설정과 사냥꾼의 동선(動線)이 「겨울에」와 흡사하다. 특히 「탄생」에서 인용한 ①은 계절("눈"), 정조("침묵"), 이미지("들짐승") 차원에서도 「겨울에」와 놀랍도록 동일해서, 흡사 「겨울에」의 압축판으로 읽힌다. 트라클의 시에서 짐승을 잡는 유렵(遊獵) 행위인 사냥은 피의 색으로 가시화된다. 트라클의 산문시 「꿈과 착란」에서 인용한 ②에서 사냥 행위의 주체인 사냥꾼도 붉은색으로 묘사된다. 전나무가 스러진 사건과 붉은 사냥꾼이 등장한 사건 사이에 연관성을 찾기 어렵다. 서사의 개연성을 부정하고 이미지의 논리적 연속성을 해체하는 병렬양식이 적용된 사례이다. 하지만 두 사건 사이에 보이지 않는 내적 관계 맺음을 추론해 볼 수 있다. 우선 사냥꾼은 숲 속에서 생명체를 살해하고 귀환했다고 가정할 수 있다. 그의 손에 피가 묻어 있을 것이다. 그래서 "붉은 사냥꾼"이다. 그가 신성한 숲의 질서를 교란한 결과, 전나무들이 전복된다.

물론 「겨울에」에 등장하는 사냥꾼은 붉은색으로 채색되어 있지 않다. "사냥꾼들이 숲에서 내려온다." 사냥꾼의 귀환은 가치중립적으로 보인다. 그러나 접속사("그리고")로 연결된 바로 앞 3행의 죽음의 전령사 '까마귀' 이미지와 연결 짓고, 1～2행에서 묘사된 냉혹한 '들판'과 섬뜩한 '하늘' 이미지와 연관 지어 보며, 나아가 트라클의 다른 작품에 등장하는 '사냥꾼' 이미지와 상호텍스트적으로 관계 맺어 보면, 사냥꾼을 긍정적으로 해석할 여지는 아주 좁아진다.

지금까지의 분석에서 드러났듯이, 제1연을 구성하는 4개의 구문이 각각 창출한 개별 이미지들은 추위, 상실, 위협(살의)이라는 이 시의 핵심 주제를 통해 내적으로 회통(會通)한다. 추위, 상실, 위협은 트라클이 이해한 겨울이라는 시간의 의미소이다. 균터 발트만이 언급한 것처럼 “각각의 시행들에 표출된 내용들은 공간적, 인과적으로 결속되어 있지 않고 단지 겨울의 시간적인 관계를 통해서만 차례로 배열되어 있다.”[15]

1연에서 또 한 가지 주목해야 할 점은 겨울 풍경을 관찰하는 보이지 않는 ‘시적 자아’의 시선의 방향이다. 1행에서 아래편 대지(들판)를 톺던 시선이 2행에서는 갑자기 허공(하늘)으로 향한다. 이렇게 천상을 향하던 시선은 3연에서 선회하는 까마귀 떼로 초점을 맞추었다가, 4연에 접어들자마자 다시 지상의 사람(숲에서 내려오는 사냥꾼들)들로 하강한다. ‘아래 — 위 — 위 — 아래’라는 시야의 방향성 도식은 1연의 포옹각운(a-b-b-a) 형식과 절묘하게 부합되면서, 시각적 이미지(시선의 운동성)와 청각적 율동(압운의 음향성)이 공감각적으로 통섭된다. 그러나 이와 같은 시의 형식이 빚어내는 조화와 질서의 아름다움은 시적 자아의 분열된 내면 상태(상실, 소외, 고독, 공포)와 선명한 대조를 이룬다. 「겨울에」를 집필하던 1910년 7월 트라클은 에르하르트 부쉬벡에게 보낸 서한에서 당시 자신의 심리상태를 이렇게 기술했다.

> 우리는 얼마나 의미 없이 분열된 삶을 살고 있는가!
> Was für ein sinnlos zerrissenes Leben führt man doch! (HKA I, 479)

---

15 균터 발트만, 『독일 서정시 입문: 창작, 이해 그리고 수용』, 채연숙 옮김, 담론사, 1997, 199쪽.

2) 침묵과 공포

제2연의 첫 행(5행)은 4행의 숲의 이미지를 계승한다. 사람들이 떠난 고요한 숲 속 나무들이 검게 묘사된다. 해가 완전히 지고 '침묵의 암흑'이 숲을 점거했다는 의미이다. '침묵'(Schweigen)과 '검은'(schwarz)의 동일한 두운이 침묵과 어둠의 동질성을 음향미학적으로 강화시킨다. 또한 침묵의 거처인 우듬지(Wipfeln)와 산다(wohnen)의 두운이 일치되면서 단조로운 문장이 서정적 음악성을 획득한다.

이어지는 제6행에 등장하는 불빛의 이미지는 인적 없는 검은 숲과 시각적으로 강한 대조를 이룬다. 사람들의 온기를 상징하는 오두막 불빛을 '절망 속 희망'의 신호로 해석할 수 있겠지만[16], 이 불빛의 움직임이 너무 순간적이고 일시적이다. 이 불빛은 지속적으로 어둠을 밝힐 내구력을 갖고 있지 않다. '휙 스쳐가다'(huschen)는 동사가 암시하듯이, 불빛은 어둠에 파묻혀 재빨리 소멸한다. 이 동사는 앞의 5행의 동사(wohnen)와 대조를 이루며 생의 무상함을 효과적으로 표현한다. 요컨대 밤의 침묵은 오래 머물지만, 인간의 불빛은 잠깐 스쳐간다.

트라클이 묘사하는 겨울 풍경 속에 등장하는 유일한 사람은 귀가하는 사냥꾼들뿐이다. 그밖에 마을 사람들은 오두막이라는 협소한 공간에 들어가 있기 때문에 보이질 않거나, 멀리서 들려오는 썰매 타는 소리를 통해서만 감지된다("이따금 아주 멀리서 썰매의 종소리 울리고"). 그러나

16 제2차 세계대전에 징집되어 혹독한 전쟁을 체험한 후 힘겨운 투병 생활 끝에 26살에 요절한 전후 폐허문학의 기수 볼프강 보르헤르트(Wolfgang Borchert)의 시 「등불의 꿈」(*Laternentraum*)은 불빛이 '절망 속 희망'의 상징으로 형상화된 대표적인 작품이다. "죽는다 하더라도 나는/ 한 개의 등불이/ 되고 싶네./ 그리하여 내 문 앞에서/ 잿빛 저녁을/ 비춰 밝혀주리.// [……] 그렇다니까, 나는/ 죽더라도/ 한 개 등불이 되고 싶네./ 이 세상 모든 것들이 잠자는/ 밤이면 혼자서/ 달과 속삭이지/ 물론 그대라고 하면서."(볼프강 보르헤르트, 『이별 없는 세대』, 김주연 옮김, 문학과 지성사, 2005, 189~190쪽.)

이 소리마저 아주 먼 곳에서 간헐적("이따금")으로 울리기 때문에 작고 덧없다. 사람들의 은신처인 초막집이나 희미한 썰매종소리는 위로 대신 상실감을 강화시킨다.

이렇게 생명력이 느껴지지 않는 공허한 겨울 하늘 위로 달이 뜬다. 휘영청 밝은 달이 아니라 "잿빛" 달이 떠오른다. 트라클의 시에서 달은 낭만적 동경의 상징으로 기능하지 않는다. 괴테가 「달에게」에서 찬미한 "빛의 안개"[17]를 내뿜는 신비로운 달과는 거리가 멀다. "차가운 달"(HKA I, 115), "달빛 싸늘함"(HKA I, 167)과 같은 시구가 보여주듯이, 트라클의 달은 창백한 냉기를 분무(噴霧)한다. 또한 달은 폭력적이기도 하다. 「동쪽에서」에서 달은 인간의 생명을 겁탈하는 난폭한 사냥꾼으로 묘사된다.

달은 피 흘리는 계단에서
겁먹은 여인들을 쫓는다.
Von blutenden Stufen jagt der Mond
Die erschrockenen Frauen. (HKA I, 165).

이처럼 냉혹하고 위협적인 달의 이미지가 「겨울에」에서는 "잿빛"이라는 색채상징을 통해 표현된다. 폭력성을 내장한 달의 이미지는 4행의 사냥꾼(가해자) 모티브와 연계되고, 이어지는 9행의 피 흘리며 죽어가는 짐승(피해자)의 모습과도 연동된다. 한편, 5행과 8행은 마티아스 클라우디우스(Matthias Claudius)의 「저녁 노래」(*Abendlied*) 1연을 연상시킨다.

17 요한 볼프강 폰 괴테, 『괴테 시 전집』, 전영애 옮김, 민음사, 2009, 235쪽.

달이 떠올랐다,
황금빛 작은 별들이 하늘에서
밝고 맑게 반짝인다.
숲은 검게 서서 말이 없고
초원에선 하얀 안개가
경이롭게 피어오른다
Der Mond ist aufgegangen,
Die goldnen Sternlein prangen
Am Himmel hell und klar;
Der Wald steht schwarz und schweiget,
Und aus den Wiesen steigt
Der weiße Nebel wunderbar.[18]

요한 고트프리트 폰 헤르더(Johann Gottfried von Herder)가 1779년 편찬한 『민요집』(*Volkslieder*)에 수록된 이 시는 독일을 대표하는 자장가로 애송되는 작품이다. 트라클은 「저녁 노래」 1연의 1행과 4행을 패러프레이징한 후 「겨울에」 2연의 첫 번째 행과 마지막 행에 순서를 바꿔 배치했다.

Claudius: Der Wald steht schwarz und schweiget,
Trakl: Ein Schweigen in schwarzen Wipfeln wohnt.
Claudius: Der Mond ist aufgegangen,
Trakl: Und langsam steigt der graue Mond.

18 Karl Hotz(Hg.), *Gedichte aus sieben Jahrhunderten*, Bamberg 1993, p. 77.

클라우디우스의 침묵은 한낮의 번잡함과 분주함이 사라진 숲의 고요함을 설명하는 술어("schweiget")로 작동한다면, 트라클의 침묵은 숲의 어둠을 지배하는 주어("Ein Schweigen")로 기능한다. 클라우디우스의 달이 별들과 더불어 밤하늘을 "밝고 맑게" 만든다면, 트라클의 잿빛 달은 밤하늘을 전망부재의 암울함으로 채색한다. 이처럼 트라클은 기성의 텍스트를 자신의 시적 구상과 맥락 속으로 끌고 들어와 새로운 의미를 부여하는 데 능숙하다. 트라클의 시가 상호텍스트성의 관점에서 다양하게 해석될 여지가 많은 이유는 여기에 있다. 플로리안 일리스가 적시했듯이, "그의 시들은 들은 것, 읽은 것의 몽타주다."[19]

2연에서 세 가지 흥미로운 지점이 발견된다. 첫째, 청각적 이미지와 시각적 이미지가 교차 반복되면서(침묵 — 불빛 — 썰매소리 — 잿빛) 단조로운 4개의 구문이 시적 긴장감을 획득한다. 둘째, 겨울 풍경을 관찰하는 시적 화자의 시선이 1연과 마찬가지로 포옹각운의 도식을 따라 이동하지만, 1연과는 반대방향으로 움직인다. 1연에서 '아래(들판) — 위(하늘) — 위(공중) — 아래(숲)'로 이동하던 시선의 궤적이 '위(우듬지) — 아래(오두막) — 아래(빙판) — 위(달)'로 전환된다. 셋째, 인간의 온기(오두막 불빛)와 유희(썰매타기)가 감지되는 2연의 가운데 두 시행(6-7행)을 침묵의 암흑(5행)과 달의 잿빛(8행)이 앞뒤에서 포위하고 있는 형국이, 시의 압운체계인 포옹각운(a-b-b-a: wohnt/Hütten/Schlitten/Mond) 도식과 일치한다. 인간은 더 이상 자연과 조화를 이루는 존재가 아니라 자연의 공포와 위협에 에둘러 싸여 있는 존재라는 사실을 음성적 차원에서 환기하고 있는 것이다.

---

19 플로리안 일리스, 『1913년. 세기의 여름』, 318쪽.

3) 죽음과 방랑

1연과 2연에 잠복해 있던 상실, 위협, 죽음의 표징이 3연에서 구체적으로 현실화된다. "들짐승 한 마리 밭둑에서 가만히 피 흘리며 죽어가고 / 까마귀 떼가 피 어린 도랑에서 첨벙댄다." 무엇보다 강렬한 붉은색 이미지가 호전적이다. 트라클 시세계에서 붉은색은 폭력의 희생자와 집행자를 동시에 상징한다. 추측컨대, 사냥꾼의 창에 찔려 죽어가는 들짐승의 선혈(鮮血)과 이 핏물 속에서 미친 듯이 날뛰는 무자비한 까마귀(피를 낭자하게 뒤집어쓴 까마귀)의 살의는 모두 붉은색을 통해 선명하게 가시화된다. 한편 폭력의 희생자는 수동적 순응객체("가만히")로 묘사된 반면에 폭력의 가해자는 능동적 유희주체("첨벙댄다")로 형상화되었다. 이러한 극단적인 대비는 야수의 최후를 더욱 비극적인 사건으로 부각시킨다. 그렇다면 이 들짐승의 정체는 무엇인가? 덤불에서 피 흘리는 야수는 트라클의 시 도처에서 발견된다.

> 들짐승 한 마리 개암나무 덤불에서 피 흘리며 죽는다
> Ein Wild verblutet im Haselgesträuch (「어두운 골짜기」(*Das dunkle Tal*), HKA I, 275)

트라클은 야수를 인간이 타락하기 이전의 원초적 순수상태를 체현하는 암호로 보았다. 이러한 생각은 동물을 원죄 없는 절대 순수세계의 상징으로 이해한 표현주의 화가 프란츠 마르크의 입장과 맞닿아 있다. 말, 개, 사슴, 소, 호랑이 등 다양한 동물을 강렬한 원색으로 그린 마르크는 인간이 상실한 순수함을 동물에서 찾아낸 화가이다. 물질적 풍요에 대한 인간의 맹목적인 탐욕을 환멸하고 위선적이고 부패한 문명사회에 염증을 느낀 마르크는 동물에서 대안을 모색했던 것이다. "나는 일찍이 인간

이 증오의 존재라는 걸 알았어. 차라리 동물들이 순결하고 아름답다고 생각했지."[20] 원초 세계에 대한 갈망은 트라클과 마르크가 살던 시대에 싹트기 시작한 표현주의 이념과도 상통한다. 세기전환기 위기의식 속에서 자본주의와 기계문명을 부정하고 억눌린 인간성의 해방을 부르짖으며 존재의 시원으로 귀환하기를 갈망했던 표현주의의 기본정신이 '순결하고 아름다운' 동물상에 농축되어 있었던 것이다.

그런데 이런 동물이 피 흘리며 죽어가고 있다. 트라클과 마르크가 동경하는 순수세계가 잔인하게 유린당하는 비극적인 현실이 비유적으로 표현된 것이다. 마르크가 1913년 그린 <동물들의 운명>(*Tierschicksale*)은 트라클 텍스트의 동물 이미지를 연상케 한다. 동물들이 직면한 운명은 가혹하다. 벼락에 의해 점화된 불길이 날카로운 칼날처럼 두 마리 초록색 말을 공격한다. 이들의 몸에서 핏줄기가 솟구친다. 마르크는 이 그림 뒷면에 다음처럼 썼다. "모든 존재는 화염에 휩싸인 고통이다."[21] 제1차 세계대전이 발발하기 전인 1913년, 말하자면 물질문명이 전쟁이라는 야만적인 형태로 폭발하기 직전의 악몽전야에 이 그림이 그려졌다는 사실은 의미심장하다. 마르크는 동물들의 운명에서 곧 맞닥뜨릴 파국의 전조를 예감했던 것이다. 그림 22. 프란츠 마르크, 〈동물들의 운명〉, 1913년 참조 (p. 31)

여기서 1910년 쓰인 트라클의 「겨울에」에 등장하는 피 흘리는 야수를 도래할 전쟁의 징후로 읽는 것은 해석의 비약일지 모른다. 트라클의 피 흘리는 야수는 인간과 자연, 내면과 현상, 자아와 세계의 조화가 붕괴된 시대에 대한 시적 알레고리로 해석하는 편이 더 타당하다. 트라클은 <브렌너> 발행인 루트비히 폰 피커에게 이렇게 썼다.

20 Franz Marc, *Briefe aus dem Feld*, Berlin 1948, p. 65.

21 Andreas Hüneke, *Das ist der Weg der Läuterung. Franz Marc und der Erste Weltkrieg*, Wädenswil 2010, p. 121.

누군가에게 세상이 둘로 파열된다면 그것은 형언할 수 없는 불행이다.
Es ist ein so namenloses Unglück, wenn einem die Welt entzweibricht.
(HKA I, 530)

파열된 세계에서 몰락해 가는 고통스러운 실존이 차가운 겨울 풍경의 한 구석에서 피 흘리며 죽어가는 들짐승의 정체이다. 이런 맥락에서 보면, 야수는 지상에서 고통 받는 시인 트라클 자신이다. 누이동생 그레테를 향한 근친상간의 욕망으로 늘 죄의식에 사로잡혀 있던 청년 트라클, 자신을 '저주 받은 시인'으로 여기며 술과 약물에 빠져든 이방인 트라클[22], 1차 세계대전 발발 직후 90명이 넘는 부상병을 홀로 간호하다가 정신분열증을 일으켜 야전병원에서 자살로 생을 마감한 인스부르크 위생부대 소속 약사시보 트라클의 운명이 곧 야수의 운명인 것이다.

실존의 몰락은 세계 몰락의 서주(序奏)이다. "갈대는 곧추서서 노랗게 전율한다." 갈대는 파멸의 징후를 가장 먼저 포착한 지진계이다. 지축이 흔들리는 불길한 현상을 감지한 예민한 갈대가 치 떤다. 재앙이 전면화될 기세이다. 신성엽의 분석처럼 "무방비 상태로 노출된 갈대는 혹독한 추위와 외적 공포 앞에 대척할 힘이 없다. [……] 트라클 시에서 갈대는 가을의 흥취나 정경 묘사가 아닌 존재의 고통을 대변하는 메타포이다."[23] 한편 고통 앞에 흔들리는 존재의 전율을 노란색으로 채색한 트라클의 상상력이 도발적이다. 일반적으로 명도와 채도가 가장 높은 노란

22 트라클은 손위 누이 민나(Minna)에게 보낸 편지에서 근친상간의 욕망에서 벗어나지 못하는 자신을 이렇게 고발한다. "나는 나의 내부에 도사린 무서운 가능성을 느끼고, 냄새 맡고, 만져보았습니다. 육체를 광란하게 만드는 바늘을 가진 수많은 악마들과 마귀들이 피 속에서 울부짖는 소리를 듣고 있습니다. 이 얼마나 끔찍한 악몽입니까!"(HKA I, 761)

23 신성엽, 『게오르크 트라클의 절대화된 메타포와 시적 공간』, 연세대학교 박사학위논문, 2014, 192쪽.

색은 희망, 빛, 따뜻함, 신성, 진리, 지혜 등을 상징한다. 이텐에 의하면 "노란색은 여러 가지 색상 중에서 무엇보다 환한 빛을 발산한다. 일반적으로 '빛을 비추어 본다'라는 것은 지금까지 감추어져 있던 사실을 인식하도록 만드는 것을 의미한다."[24] 트라클의 노란색은 두려움에 요동치는 시적 자아의 내면의 비명을 가시화한다. 이처럼 "고도의 감각적 조형성"[25]을 창출하는 트라클의 색채은유는 기성의 관습적 의미체계로부터 대상을 해방시킨다. 공포 앞에 노랗게 질린 갈대의 이미지는 「12월 소네트」(*Dezembersonett*)에서도 발견된다.

> 개 한 마리 썩어가고, 관목 한 그루 피에 젖은 채 연기를 낸다.
> 노란 공포로부터 갈대는 흘러갔다
> Ein Hund verfault, ein Strauch raucht blutbegossen.
> Von gelben Schrecken ist das Rohr durchflossen. (HKA I, 298)

'죽은 동물 — 피 — 연기 — 노란색 갈대'의 이미지 연쇄가 「겨울에」 3연의 이미지 구성과 흡사하다. 이처럼 트라클 시는 구성주의적이다. 그가 사용하는 독창적인 어휘와 이미지들은 고도로 회귀적이기 때문에 작품 곳곳에서 맥락에 따라 변용되어 반복적으로 출몰한다. 따라서 트라클 텍스트의 의미는 다른 시와의 상호 연관성 속에서만 비로소 파악되는 경우가 많다. "트라클 시의 내적 상호텍스트성"[26]이란 이를 두고 하는

---

24 Johannes Itten, *Kunst der Farben. Subjektives Erleben und objektives Erkennen als Wege zur Kunst*, Ravensburg 1970, p. 77.

25 Hans-Georg Kemper, *Lyrik-Lyrische Komik. Über Verformungen einer formstrengen Gattung*, Tübingen 2009, p. 43.

26 Le Jacques Rider, *Zur Intermedialität von Text und Bild bei Trakl*. In: Csuri, Karoly(Hg.), *Georg Trakl und die literarische Moderne*, Tübingen 2009, p. 122.

말이다. 앞서 분석한 까마귀, 사냥꾼, 달, 피 흘리는 야수, 공포에 질린 노란색 갈대 등의 이미지가 내적 상호텍스성의 실례이다.

「겨울에」는 생략법으로 종결된다. 앞의 시행들과 달리 12행에만 술어가 없다. 두 개의 명사("서리", "연기")와 한 개의 명사구("텅 빈 숲 속 한걸음")로 구성되어 있다. 트라클 특유의 "단어-몽타주"(Wort-Montage)[27] 기법이 사용된 것이다. 흥미로운 지점은, 두 개의 명사가 각각 1연과 2연의 내용에 대한 요약이라는 사실이다. "서리"는 1연에서 묘사된 추위와 상응하고, "연기"는 2연에서 묘사된 "불빛"과 연동된다. 서리와 연기는 모두 대기와 연관 있다. 대기 중의 수증기가 지상의 표면에 얼어붙어 만들어진 "서리"는 냉혹한 세계를 상징한다면, 대기 중으로 흔적도 없이 사라지는 "연기"는 무상한 삶을 상징한다. 서리는 내리고 연기는 올라간다. 서리는 결빙되고 연기는 퍼진다. 서리는 냉각의 산물이라면 연기는 소각의 흔적이다. 트라클 시의 대표적인 구성 원칙인 하강과 상승, 응결과 확산, 물과 불의 대립이, 연관 없어 보이는 "서리"와 "연기" 사이를 팽팽하게 긴장하게 만든다. 단순한 두 개의 명사 사이에서 다양한 의미가 창출된다. "텅 빈 숲 속 한걸음"도 해석의 가능성을 열어 놓는다. 물론 "한걸음"을 숲에서 내려오는 사냥꾼의 발걸음으로 해석할 수 있겠으나, 꼭 그렇게 단정 짓기도 어렵다. 피 흘리는 야수가 숲 속에 남겨 두고 온 자취로 읽을 수도 있고, 방랑을 떠나는 고독한 시적 자아의 표식으로도 해독할 수 있기 때문이다. 이와 같이 결말을 개방하는 트라클의 시작법을 발터 킬리(Walther Killy)는 "트라클은 한 행 한 행씩 시를 쓰며 결구에 도달하게 되면 어떤 다른 결론을 찾기 위해 모든 것을 새로이 시작

27 Alfred Doppler, *Bemerkungen zur poetischen Verfahrensweise Georg Trakls*. In: *Sprache und Bekenntnis. Festschrift für Hermann Kunisch. Sonderband des literaturwissenschaftlichen Jahrbuchs*, 1971, p. 351.

하고 있다."[28]고 설명한다.

필자는 암호와 같은 "텅 빈 숲 속 한걸음"을 트라클을 대변하는 시적 자아의 방랑의 발걸음으로 읽고 싶다. 트라클에게 겨울은 색채의 부재(흰색-검은색), 소리의 부재(침묵), 온기의 결핍(혹한) 속에서 죽음을 가져오는 존재(사냥꾼)와 그 희생양(피 흘리는 짐승)으로 경험된다.[29] 트라클에게 겨울은 부정적 현실인식의 총화로 인식되고 있는 것이다. 서리(냉혹함과 황폐함)와 연기(상실감과 허무함)로 압축되는 겨울이란 현실을 경험한 시적 자아는 더 이상 이 풍경 속에 머물 수 없다. 그래서 시적 자아는 떠난다. 트라클의 시에서 방랑자는 시인의 분신으로 자주 등장한다. 시인은 안주하는 자가 아니다. 시인은 겨울로 상징되는 현실과 타협할 수도, 또 그것을 감내할 수도 없다. 사냥꾼들은 숲을 떠나 마을로 돌아온다면 시인은 오히려 그 텅 빈 숲 속으로 떠난다. 문명에 의해 타락하지 않은 존재의 시원으로 발걸음을 옮기는 것이다. 아마도 숲 속 깊은 곳에 야수들이 뛰어놀고 있을지 모른다. 그곳의 시간은 겨울이 아닐지 모른다. 「방랑자」의 의미심장한 시구가 이런 가정을 검증한다.

> 꽃피는 바람이 깨어난다, [……]
> 그리고 발걸음은 숲에서 말없이 초록이 된다
> Erwacht der blühende Wind, [……]
> Und die Schritte ergrünen leise im Wald (HKA I, 122)

---

28 Walther Killy, *Über Georg Trakl*, Göttingen 1967, p. 50f.

29 Vgl. Ursula Heukenkamp, *Die Sprache der schönen Natur. Studien zur Naturlyrik*, Berlin 1982, p. 90.

시인은 방랑자의 발걸음으로 인해 숲 전체가 푸르러진다고 상상한다. 방랑자의 영혼이 자연과 완전히 동화되는 과정을 신록(新綠)의 색채은유로 가시화한 것이다. 그러나 겨울의 한가운데로 들어가는 "텅 빈 숲 속 한걸음"이 "푸르러지는 발걸음으로"(HKA I, 337), 더 나아가 "빛나는 발자국"(HKA I, 79)으로 변화될지는 미지수이다. 시인의 불우한 미래의 초상인 피 흘리는 야수의 이미지가 시 전체에 화인(火因)처럼 각인되어 있기 때문이다. 시인이 들어가는 '숲'(Hain)과 사경을 헤매는 들짐승이 위치한 '두렁'(Rain)이 음향적인 차원에서 비슷하게 울린다는 점도 "한걸음"의 미래를 어둡게 만든다. 또한 1913년 발표한 트라클의 「하나의 오팔을 보는 세 시선」에 등장하는 "창백한 천사"의 이미지도 "한걸음"의 운명을 암울하게 채색한다.

> 고독한 자의 형상은 이렇게 내부로 돌아가고
> 창백한 천사는 텅 빈 숲을 지나간다.
> Des Einsamen Gestalt kehrt also sich nach innen
> Und geht, ein bleicher Engel, durch den leeren Hain. (HKA I, 66)

한편 3연에서 두 가지 흥미로운 규칙성이 발견된다. 첫째, 9행(피 흘리는 들짐승)과 12행(숲 속 눈 위에 찍힌 발자국)에서는 시각적 이미지가 지배적이라면 10행(첨벙거리는 까마귀)과 11행(전율하는 갈대)에서는 청각적 자극이 우세하다. 시각-청각-청각-시각의 배열은 포옹각운(a-b-b-a)의 리듬에 부합된다. 소리의 고저도 압운체계의 도식을 따라 배치되어 있다. 조용히 숨을 거두는 야수(9행)와 텅 빈 숲의 적막(12행)이 경거망동한 까마귀의 소란(10행)과 아연실색한 갈대의 요동(11행)을 에워싸고 있는 형국이다. 이러한 규칙성은 단조로운 병렬양식의 문장에 시적 긴장감을 부여한다.

4) 요약

지금까지 「겨울에」를 분석한 내용을 도표로 정리해 보자.

연	행	각운	시선	감각	색채	주도 이미지	가치*	대칭구조
1	1	a	↓		흰색	들판	-	잠재된 상실/위협/죽음
	2	b	↑			하늘	-	
	3	b	↑		검은색	까마귀	-	
	4	a	↓			사냥꾼	-	
2	5	a	↑	청각	검은색	우듬지	-	
	6	b	↓	시각	붉은색	불빛	+ -	중심축 (전환축)
	7	b	↓	청각		썰매 종소리	+ -	
	8	a	↑	시각	회색	달	-	현실화된 상실/위협/죽음
3	9	a		시각	붉은색	들짐승	-	
	10	b		청각	검은색/붉은색	핏물 도랑	-	
	11	b		청각	노란색	갈대	-	
	12	a		시각	흰색	서리/연기	-	

* +: 긍정성 –: 부정성

1) 시선의 방향성(위/아래)과 지배적 감각(시각/청각)이 포옹각운의 도식을 따르거나 교차 반복되면서 병렬양식의 단조로운 구문에 시적 긴장감을 불어넣는다.
2) 무채색 대비(검은색/흰색)가 주를 이루는 1연에 비해, 연이 진행될수록 다른 색이 추가되어 색채 이미지가 강화되고, 색의 대비효과(붉은색/검은색/노란색/흰색)도 점차적으로 강렬해진다.
3) 시에 등장하는 자연, 사람, 동물 이미지는 모두 부정적인 상징성을 가진다. 트라클 특유의 세계에 대한 전면적인 비관론이 반영된 것으로 읽힌다. 그러나 이 시의 정중앙에 위치한 6행과 7행에서는 일

말의 희망이 엿보인다. 오두막에서 새어나오는 불빛과 멀리서 간헐적으로 들려오는 썰매의 종소리가 트라클 겨울 풍경 속 유일한 희망의 거처이다(+). 그러나 불빛은 어둠 속에 곧 파묻히고 소리는 대기 중으로 가뭇없이 사라진다(-).

4) 시의 중심축(6~7행)을 경계로 암시적인 잠재태(의도)가 구체적인 현실태(실행)로 전환된다. 공중을 선회하던 까마귀가 핏빛 도랑에서 첨벙댄다.
5) 시 텍스트에 병립해 있는 이미지들은 암울한 '겨울동화'의 풍경을 만들어 낸다. 이 풍경화의 제목은 '겨울에'이고, 부제는 '상실과 위협, 침묵과 공포, 죽음과 방랑'이다.

3. 말없는 시: 브뤼겔의 그림 <눈 속의 사냥꾼들>

서민의 일상을 주로 그렸던 피테르 브뢰겔(1525～1569)은 북유럽 전통의 사실주의 기법과 이탈리아 르네상스의 엄격한 선 묘사 기법을 융합해 독자적인 화풍을 완성한 16세기 플랑드르 회화를 대표하는 화가이다. 계절의 변화에 지대한 관심을 보인 브뢰겔은 1565년 안트베르펜의 부유한 은행가의 후원으로 각 달(月)을 주제로 담은 월력도(月曆圖) 연작을 그렸다. 고대 로마에서 그려지기 시작한 월력도는 1년 12개월을 날씨, 동식물, 풍속, 종교행사, 노동, 놀이 등을 통해 월별로 형상화한 그림을 뜻한다. 브뢰겔은 두 달씩 동일한 크기의 패널에 묘사한 여섯 점의 월력도를 그렸는데, 30년 전쟁 당시 봄(4～5월)을 그린 작품이 소실되어 현재는 다섯 점만 남아 있다. 2～3월을 그린 <음산한 날>(*Der düstere Tag*), 6~7월을 그린 <건초 수확>(*Die Heuernte*), 8~9월을 그린 <밀 수확>(*Die Kornernte*), 10~11월을 그린 <소떼의 귀환>(*Die Heimkehr der Herde*) 그리고 12~1월을 그린 <눈 속의 사냥꾼들>이 현존하는 작품이다. 그림 23. 피테르 브뢰겔, 〈눈 속의 사냥꾼〉, 1565년 참조 (p. 32)

겨울을 보내는 사람들의 보편적인 삶을 시각적으로 기록하는 데 성공한 <눈 속의 사냥꾼들>은 계절 연작 가운데 가장 유명한 작품이다. 옛 플랑드르 시간관에 따르면 일 년 중 가장 추운 시간대는 12월과 1월이며, 이 두 달은 사냥 시즌이다. 드넓은 공간에 다양한 에피소드를 섬세하게 배치한 이 그림을 자세히 살펴보면 구성과 내용상 네 가지 대조의 미학이 발견된다.

첫째, '전경-중경-원경'으로 구성된 전체 화면에서, 전경(높은 언덕)과 후경(산악지대)의 '높은 지형'은 중경(사람들이 썰매를 타는 호수와 들판)의 '낮은 지형'과 대조를 이룬다. 중경은 전경과 후경에 에워싸여 움푹 들어간 골짜기 형세를 띠고 있는 것이다. 사실, 후경에 그려진 뾰족하게 솟은 산악지대는 브뢰겔이 활동하던 브뤼셀에서 볼 수 없는 풍경이다. 1552~53년 동안 알프스를 여행하면서 숭고한 산악 풍경에 매료되었던 브뢰겔은 여러 점의 알프스 풍경 드로잉을 그렸는데, 이 가운데 하나를 <눈 속의 사냥꾼들>에 삽입한 것이다. 고향 브뤼셀의 평탄한 지형과 알프스의 날카로운 산봉우리는 이렇게 한 화면에서 만나게 되었다.

둘째, 대칭적으로 교차하는 대각선 구조가 인상적이다. 세 명의 사냥꾼이 네 그루의 헐벗은 나무들을 따라 걸어 내려가는데, 여기서 골짜기를 향해 도열한 나무들은 그림의 왼쪽 아래에서 오른쪽 위로 가로지르는 대각선 구도를 형성한다. 이 대각선은 우측 하단에서 좌측 중앙으로 언덕의 가장자리를 따라 이어지는 또 하나의 대각선과 대칭을 이루며 역동적인 리듬과 깊이를 창출한다.[30]

셋째, 피곤과 활력이 대비를 이룬다. 화면 속에는 살을 에는 듯한 추운 겨울, 사냥을 마친 세 명의 농부가 지친 발걸음을 이끌고 마을로 들어서고 있다. 소득이 별로 없었다. 어깨에 멘 여우 한 마리가 전부다. 용맹스런 사냥개들도 눈밭을 헤치며 먹잇감을 찾는데 지쳤는지 주인의 뒤를 간신히 따른다. 흰 눈과 대비되게 어둡게 그려진 사냥꾼의 축 처진 뒷모습에서 농사를 지을 수 없는 겨울철 가족의 주린 배를 채우기 위해 사냥을 마다 않는 서민들의 고단한 삶에 대한 브뢰겔의 안타까운 연민의 시선으로 읽힌다.[31] 반면 언덕 아래 꽁꽁 얼어붙은 연못에서 아이들이 썰매와 스케이트를 타며 신나게 노는 모습은 작품에 생기를 불어넣는다. 또한 좌측 언덕 위 여관 앞에 비스듬히 걸린 간판도 사냥꾼들의 무거운 발걸음과 대조적으로 희망적이다. 간판에는 "Dit is inden Hert (Zum Goldenen Hirschen)", 즉 금록관(金鹿官)이라 쓰여 있고, 수렵의 수호성인 에우스타키우스(Eustachius)가 그려져 있다. 에우스타키우스는 사냥에 나갔다가 숲 속에서 뿔 사이에 책형상(磔刑像)을 가진 사슴을 만나 회심하고 세례를 받았기 때문에 사냥꾼의 성인이 된 인물이다.[32]

넷째, 흰색과 검은색의 색채 대비가 또렷하고 추위와 따뜻함의 온도차가 느껴진다. 대부분 어두운 계통의 색으로 채색된 사냥꾼, 썰매 타는 사람들, 사냥개, 나무, 새는 하얗게 쌓인 눈과 대조를 이룬다. 전경의 선명한 색채와 후경의 흐릿한 색조도 대비된다. 또한 싸늘한 냉기가 감도는 희미한 회색 빛 대기는, 돼지의 센털을 그을리기 위해 지핀 여관 앞 장작불의 열기와 집들의 굴뚝에서 희미하게 피어오르는 연기와 대비된

---

30 Christian Gräf, *Die Winterbilder Pieter Bruegels d. Ä.*, Saarbrücken 2009, p. 21.

31 Rainer Hagen, *Pieter Bruegel d. Ä. um 1525~1569. Bauern Narren und Dämonen*, Köln 1999, p. 63.

32 Ibid., p. 20f.

다. 한편 전경의 키 큰 나무(수직적)는 언덕 아래 자리 잡은 소박한 마을 정경(수평적)과 대비를 이룬다.

<눈 속의 사냥꾼들>은 1891년 개관한 오스트리아 빈 미술사 박물관에 전시되어 있다. 이 작품은 합스부르크 황제 루돌프 2세의 수집품들 가운데 하나로 개관 당시부터 오늘날까지 박물관을 대표하는 명작으로 사랑받고 있다. 트라클이 빈 미술사 박물관을 방문했다거나, 이 그림을 보았다는 기록은 남아 있지 않다. 그러나 이 그림을 관람했을 가능성은 높다. 「겨울에」는 1910년 초 집필되었는데, 당시 트라클은 빈의 슈티프트가세(Stiftgasse) 27번지에 거주하고 있었다. 그는 고향 잘츠부르크에서 1908년 약제사 시험에 합격한 후, 그해 9월 말 빈으로 이주해 1912년 말까지 대부분 빈에 거주했다. 4년 넘게 빈에 살면서 약학 학사학위를 받고 국방부 회계 공무원으로 일하던 트라클이 이 도시를 대표하는 예술사 박물관을 한 차례도 방문하지 않았으리라 단정하기는 쉽지 않다. 무엇보다도 빈 시절 쓰인 「겨울에」에 나타나는 브뢰겔의 <눈 속의 사냥꾼들>의 모티브를 단순한 우연의 산물로 간주하기에는 두 작품의 유사성이 적지 않기 때문이다.[33]

우선 구성적인 측면에서 비교해 보자. 두 작품에서 전망을 확보한 곳에서 풍경 전체를 개관할 수 있는 '발코니 시야'(Altanblick)가 사용되었다. 높은 언덕에서 아래의 지형을 내려다 볼 수 있는 사냥꾼처럼 「겨울에」의 숨겨진 시적 자아도 겨울 풍경을 조망한다. 또한 중경을 에워 싼 원경과 후경의 형국은 「겨울에」의 압운체계인 포옹각운의 도식과 유사하다. 그림에 입체감을 부여하는 두 개의 대각선 구도는 「겨울에」에서

33 Vgl. Hans-Georg Kemper, *Form-(De-)Konstruktion: Poetische Malerei im Reihungsstil*. In: Ders. (Hg.), *Interpretationen. Gedichte von Georg Trakl*, Stuttgart 1999, p. 48.

교차 반복되는 시선의 방향(위/아래)과 감각(시각/청각)의 구성 법칙을 떠올리게 만든다. 그밖에 색채 대비(흰색/검은색)와 온도 대비(냉기/온기)도 두 작품에서 공히 발견되는 현상이다. 또한 브뤼셀의 평탄한 지형과 알프스의 날카로운 산봉우리를 한 공간에 접목한 브뢰겔의 창작방식은 "서로 어긋나는 이미지의 임의적 병존"[34]을 실천하는 트라클의 병렬 양식과 흡사하다.

내용적인 차원에서 유사성은 더 많다. 특히 1행에서부터 7행까지 예외 없이 브뢰겔의 <눈 속의 사냥꾼들>의 모티브가 사용되었다. 눈 덮인 하얀 들판(1행), 고요한 하늘(2행), 연못 위를 선회하는 까마귀들(3행), 숲에서 내려오는 사냥꾼들(4행), 검은 나무(5행), 오두막 불빛(6행) 그리고 썰매타기(7행)는 모두 브뢰겔의 그림에서 볼 수 있는 장면들이다. 마지막 12행의 서리, 연기, 발자국 모티브도 브뢰겔의 그림 속에 있다. 「겨울에」를 <눈 속의 사냥꾼들>의 모티브를 전위(傳位)하고 압축하여 만든 언어-모자이크로 해석할 수 있는 이유는 여기에 있다.

그렇다고 트라클은 브뢰겔의 그림을 '있는 그대로' 언어로 묘사하지 않았다. 전위와 압축만으로 그림과 시의 상호매체적 전환이 완성되는 것은 아니다. 여기에는 일정한 '창조적 변형과정'이 수반돼야 한다.[35] 트라클 시 텍스트에는 브뢰겔 그림의 정황과는 차별되는 세 가지 지점

---

34 Dori Müller, *Gefährliche Farten: das Automobil in Literatur und Film um 1900*, Würzburg 2004, p. 89.

35 '상호텍스트성' 개념을 창안한 프랑스 구조주의자 줄리아 크리스테바는 『시적 언어의 혁명』(*Die Revolution der poetischen Sprache*)에서 기호체계의 전환과정을 이렇게 설명한다. "한 기호체계에서 다른 기호체계로의 전환과정을 완전하게 만들기 위해, 전위와 압축이 결합되지만, 이를 통해 전 과정이 설명되는 것은 아니다. 독창적인 변형과정이 첨가돼야 한다. 이는 이전의 것을 파괴하고 새로운 것을 형성하는 것을 의미한다."(Julia Kristeva, *Die Revolution der poetischen Sprache*, Frankfurt am Main 1978, p. 69.)

이 있다.

첫째, 브뢰겔 그림에는 부재한 태양과 달이 있다. 물론 태양이란 시어가 직접 등장하지 않지만 "들판은 희고 차갑게 빛난다"(1행)는 시구가 암시하듯이, 흰 눈에 반사된 태양빛이 1연의 겨울 풍경을 차갑게 지배한다. 2연에서는 해가 지고 "잿빛 달"(8행)이 떠올라 밤하늘을 암울하게 채색한다. 이와 같은 해와 달의 삽입을 통해 트라클은 겨울 풍경을 브뢰겔의 그림보다 훨씬 더 암울하게 만들었다.

둘째, 브뢰겔 그림에서 존재하는 마을 사람들이 눈에 띄질 않는다. 그림 속에는 귀가하는 세 명의 사냥꾼들 이외에 여인숙 앞에서 불을 지피는 여인, 식탁을 나르는 남자, 땔감으로 사용하기 위해 마른 나뭇가지를 한아름 모아가지고 다리를 건너는 아낙, 그리고 빙판에서 스케이트를 타거나 납작한 돌을 미끄러뜨리며 컬링을 즐기는 수많은 사람들이 실존하지만, 트라클의 시에 등장하는 유일한 인간은 사냥꾼뿐이다. 썰매를 타는 사람들은 소리를 통해서만 인지된다.("이따금 아주 멀리서 썰매의 종소리 울리고") 브뢰겔의 풍경은 비록 만물이 추위로 쇠락해 가는 겨울이지만 생계를 위해 열심히 일하고 여가를 즐기는 사람들로 살아 움직이지만, 트라클의 겨울 풍경은 삶의 활력을 전혀 느낄 수 없을 정도로 냉량하고 황량하다.

셋째, 브뢰겔 그림에 아예 묘사되어 있지 않은 장면이 추가되어 있다. 9~11행에 등장하는 피 흘리는 들짐승, 핏물에서 날뛰는 까마귀, 노랗게 솟아 요동치는 갈대는 트라클의 불안한 심리상태와 묵시록적인 상상력이 결합해 만들어진 살풍경이다. 「겨울에」의 제3연은 '실재풍경'(Reallandschaft)이라기보다는 파멸과 죽음의 공포 앞에 전율하는 시인의 내면세계가 비유적으로 가시화된 '영혼풍경'(Seelenlandschaft)으로 읽힌다. 물리적 세계로서의 자연이 아니라 작가의 해석을 거쳐 감각적인 형태로 전이된 표상적인 이미지의 세계인 것이다.[36] 자신의 존재 기반을 상실한 시적 자아는 더 이상 고향에서 안식처를 찾을 수 없다. 그래서 시적 자아는 자아의 본성을 찾아, 존재의 시원을 향해 발걸음을 띤다. 브뢰겔 그림에 찍힌 사냥꾼들의 발자국이 현실로의 귀환의 표식이라면, 「겨울에」의 "텅 빈 숲 속 한걸음"은 현실 너머 저편으로 떠나는 방랑의 첫 신호이다. 그러나 이 방랑의 끝이 구원으로 이어질 가능성은 희박하다. 트라클의 「서양」의 아래 시구는 이 방랑자의 험난한 운명을 비유적으로 암시한다.

> 어두운 이마를 지닌
> 고향 잃은 자가
> 그렇게 말없이 바람을,
> 언덕의 앙상한 나무들을 따라간다
> So sprachlos folgt
> Der Heimatlose
> Mit dunkler Stirne dem Wind,
> Kahlen Bäumen am Hügel. (HKA I, 140)

36 시인이나 화가가 관념적 형태의 해석적 의미보다 감각적 형태의 이미지에 집착하는 이유에 대해서는 에른스트 곰브리치의 다음과 같은 주장을 참고해 볼 만하다. "화가가 의문을 갖고 탐구하는 것은 물리적 세계로서의 자연이 아니라 우리들이 반응하는 것으로서의 자연이다. 화가는 원인에 대해 관심을 갖는 것이 아니라 어떤 효과의 메커니즘에 관심을 쏟는다. 그가 문제 삼는 것은 하나의 심리적 문제이다. 즉 우리가 '현실'이라고 부르는 것과 그림자 하나조차 일치하지 않는데도, 그 속에서 설득력 있는 이미지를 추측해내는 그런 문제이다."(에른스트 곰브리치, 『예술과 환영. 회화적 재현의 심리학적 연구』. 차미례 옮김, 열화당 1989, 69쪽.)

4. 시는 그림처럼

고대 그리스 시인 시모니데스(Simonides)는 언어 예술인 '시'와 색채(형상) 예술인 '그림'의 상호 연관성을 대구법을 사용해 이렇게 요약했다. "시는 말하는 그림이고 그림은 말없는 시다."(Poema pictura loquens pictura poema silens)[37] 트라클의 「겨울에」는 '말하는 그림'이다. 고도의 감각적 조형성을 구축하는 요소(색채은유, 회귀하는 이미지, 병렬양식)를 모두 내장한 「겨울에」는 굳이 브뢰겔의 <눈 속의 사냥꾼들>과의 연관성을 고려하지 않아도 이미 충분히 회화적이다. 「겨울에」는 언어로 이루어진 공간 속에서 회화성을 실현한다. '말하기'와 '보여주기'를 동시에 실천함으로써 시와 그림의 경계를 넘나든다. 이런 맥락에서 「겨울에」는, 모든 매체는 태생적으로 다른 매체와 네트워킹 되어 있다는 사유, 즉 "모든 매체는 혼합 매체"[38]라는 상호매체성을 구현한 문학적 실례로 평가될 수 있다.

고대 로마 시인 호라티우스는 『시학』(*Ars poetica*)에서 시와 그림의 관계를 이렇게 표현했다. "시는 그림처럼"(Ut pictura poesis)[39] 이 표어는 시와 그림, 문학과 회화의 평등한 상호 소통을 주장하는 말이 아니다. 미술을 문학보다 상위에 두는 고대 시학의 전통, 즉 조형예술의 대상이 될 수 있는 아름다운 것이라야만 훌륭한 문학의 대상이 될 수 있다는 견해를 피력한 슬로건이다. '시는 그림처럼'이란 모토에는 미술을 예술의 으뜸으로 여기는 미학적 전통이 압축되어 있다.[40] 여기서 시를 그림

37 Götz Pochat, *Geschichte der Ästhetik und Kunsttheorie*, Köln 1986, p. 32.

38 William J. Mitchell, *Picture Theory. Essays on Verbal and Visual Representation*, Chicago 1994, p. 5.

39 Götz Pochat, *Geschichte der Ästhetik und Kunsttheorie*, p. 32.

처럼 쓰기 위해 필요한 기술이 '에크프라시스'(Ekphrasis)였다. 에크프라시스란 고대 수사학에서 조각 및 회화에 대한 언어적 묘사, 즉 "언어로 그리는 그림, 혹은 청자나 독자에게 언어를 통해 구상적인 인상을 유발시키는 기술"[41]을 뜻한다. 이런 맥락에서 트라클의 「겨울에」는 브뢰겔의 <눈 속의 사냥꾼들>에 대한 에크프라시스로 볼 수 있다.

그러나 트라클은 브뢰겔의 그림을 충실히 언어로 모사(模寫)하는 초보적인 에크프라시스 단계에 머물지 않았다. 트라클은 브뢰겔의 그림을 밑그림으로 삼아, 분열된 세계 속에서 위협을 느끼는 인간의 내면세계를 자기만의 독창적인 화법으로 그렸다. 「겨울에」는 브뢰겔의 <눈 속의 사냥꾼들>과 같지만, 똑같지는 않다. 말하자면 트라클은 "시는 그림처럼" 이란 전통을 수용하되, 시와 그림의 평등한 상호매체성을 모색한 것이다. 트라클의 「겨울에」는 말과 형상, 언어와 그림, 문학과 회화가 길항하고 교호(交互)하는 상호매체성의 실험장이다. 브뢰겔의 그림은, 트라클의 언어 기호 체계로 전환되어 새로운 의미의 지평을 연다. 동시에 트라클의 시어는, 자신의 텍스트 속에 전시된 브뢰겔의 그림과 융합되어 새로운 시학의 길을 연다. 이것이 바로 상호매체 미학이 지닌 상생의 힘이다. 말하자면 트라클은 350년이 넘는 시차를 극복하며 브뢰겔과 심미적인 교감을 나눈 것이다. 이 내밀한 대화록의 축도(縮圖)가 「겨울에」이다.

회화적 성격이 강한 트라클의 시는 화가들에게 창작의 영감을 제공하기도 했다. 대표적인 실례로, 예리한 선으로 인간의 내면을 마성적이고 몽상적으로 표현한 오스트리아 삽화가 알프레드 쿠빈(Alfred Kubin)은

---

40 레싱은 『라오콘. 미술과 문학의 경계에 관하여』(*Laokoon. Über die Grenzen der Malerei und Poesie*)에서 이 전통에 문제를 제기하며 오히려 문학이 미술보다 가능성이 많은 상위의 예술 장르임을 논증했다.

41 Ulla Fix, *Hans Wellmann, Bild im Text-Text und Bild,* Heidelberg 2000, p. 105.

트라클의 산문시 「계시와 몰락」, 「꿈과 착란」, 「악의 변신」 등을 주제로 12점의 판화를 남겼다.[42] 한편 트라클의 시세계에는 표현주의 회화뿐만이 아니라 엘 그레코의 매너리즘 종교화나 마크 로스코(Mark Rothko)의 색면 추상화와도 연계될 수 있는 상호매체성의 접점이 적지 않다. 1754년부터 드레스덴 미술관에 전시된 라파엘로의 걸작 <시스티나의 마돈나>(*Die Sixtinische Madonna*)를 관람하고 소네트 형상시 「영화로운 성모」(*Die Madonna in der Herrlichkeit*)를 쓴 아우구스트 빌헬름 슐레겔(August Wilhelm Schlegel)은 이렇게 말했다. "우리는 여러 예술들을 서로 접근시키고 한 예술에서 다른 예술로의 이행을 추구해야 한다."[43]

42 조예서, 『트라클의 후기 산문시와 쿠빈의 삽화 비교연구』, 고려대학교 석사학위논문, 2014, 36쪽 참조.

43 August Wilhelm Schlegel, *Die Gemälde*. In: August Wilhelm Schlegel u. Friedrich Schlegel(Hg.), *Athenäum*. Bd. II, Darmstadt 1983, p. 49.

제2장

시와 철학: 트라클과 니체

제2장
시와 철학: 트라클과 니체

1. 트라클의 니체 수용

트라클은 열렬한 니체 숭배자였다. 1978년 출간된 역사비평본 전집 제2권에는 잘츠부르크 학창시절 트라클이 구매해 소장했던 도서목록을 발굴해 참고자료로 수록해 놓았는데, 여기에는 당시 트라클이 탐독했던 니체의 주요 저작 『비극의 탄생』(*Geburt der Tragödie*), 『선악의 저편』(*Jenseits von Gut und Böse*), 『차라투스트라는 이렇게 말했다』(*Also sprach Zarathustra*, 이하 『차라투스트라』로 표기) 등이 메모되어 있다(Vgl. HKA II, 727). 트라클은 니체를 읽는 것에만 만족하지 않았다. 그는 독서를 통해 습득한 니체 철학의 핵심 개념과 모티브를 자신의 시 텍스트와 접목시키고자 애썼다. 니체의 사상을 시작(試作)에 직접 응용한 시도는 트라클의 초기시집 『시모음집 1909』(*Sammlung 1909*) 도처에서 발견된다.

예컨대 트라클은 『차라투스트라』 제4부에 삽입된 「몽중보행자의 노래」(*Das Nachtwandler-Lied*)의 제4행 "나 깊은 꿈에서 깨어났노라"(Aus tiefem Traum bin ich erwacht)[1]를 "깊은 밤으로부터 나는 해방되었다."(Aus tiefer Nacht ward ich befreit. HKA I, 228)고 패러프레이징 한다. 유사한 단어로 바꿔 썼을 뿐 니체의 시구와 유사하다. 문장을 모방하는 초보적인 수준의 니체 수용으로 판단된다. 또한 트라클은 니체의 마지막 문학유산인 「디오니소스 송가」(*Dionysos-Dithyrambus*)의 시구인 "광대일 뿐! 시인일 뿐이다!"(Nur Narr! Nur Dichter!, Z 494)를 차용해 현실에서 시인으로서의 무용한 존재 가치를 이렇게 비하한다. "오 어릿광대여! 오 멍청이여!"(O Narr! O Tor!, HKA I, 176). 한편 『비극의 탄생』에서 니체가 그리스 예술의 특징으로 언급한 '아폴로성(조형성)'과 '디오니소스성(음악성)'을 대변하는 개념 '꿈'(Traum)과 '도취'(Rausch)를 "꿈을 조형하는 낙원의 부패"와 "좋은 향기와 와인의 도취"(HKA I, 242)로 변주하기도 한다. 이러한 모티브 차용과 변용은 니체 텍스트를 인용하고 모사하는 단계를 넘어선 수용 방식이나, 니체 미학을 온전히 소화하여 창조적으로 시화(詩化)하는 데까지는 이르지 못했다는 점에선 여전히 한계를 지닌다.

2. 몰락의 계단: 트라클의 시 「몰락」

니체 수용 방식의 전환은 1913년 초 발표된 「몰락」(*Untergang*)에서 감지된다. 「몰락」은 1913년 1월 집필되었고, 그해 3월 1일자 오스트리아 표현주의 문예지 <브렌너>에 게재되었다. 그리고 「몰락」은 트라클 사후

1 프리드리히 니체, 『차라투스트라는 이렇게 말했다』, 정동화 옮김, 니체전집 13, 책세상 2014, 533쪽. 이하 이 책은 약호 'Z'로 표시하고 약호 옆에 쪽수를 적어 본문에 삽입한다.

출간된 시집 『꿈속의 제바스치안』의 부분연작시 「죽음의 일곱 노래」를 구성하는 14편의 연작 가운데 네 번째 작품으로 수록되었다. 전문을 인용한다.

하얀 호수 너머로
들새들이 이주해 갔다.
저녁에 우리의 별들에서 얼음 바람이 불어온다.

우리의 묘지들 위로
밤의 깨진 이마가 머리를 숙인다.
떡갈나무 아래서 은빛 나룻배를 탄 우리는 흔들린다.

도시의 하얀 장벽들이 항상 소리를 낸다.
가시덤불 아치 아래
오 내 형제여 우리 눈먼 시곗바늘은 자정을 향해 기어오른다.
Über den weißen Weiher
Sind die wilden Vögel fortgezogen.
Am Abend weht von unseren Sternen ein eisiger Wind.

Über unsere Gräber
Beugt sich die zerbrochene Stirne der Nacht.
Unter Eichen schaukeln wir auf einem silbernen Kahn.

Immer klingen die weißen Mauern der Stadt.
Unter Dornenbogen
O mein Bruder klimmen wir blinde Zeiger gen Mitternacht. (HKA

I, 116)

「몰락」은, 제목이 또렷하게 환기시키듯이, 지난 세기전환기 서구 유럽에 팽배했던 세계 몰락의 묵시록적 분위기를 노래한다. 트라클이 살던 시대는, 동시대를 살았던 카프카가 적시했듯이, "지반, 공기, 그리고 계율이 결핍"[2]된 총체적인 위기의 시대였다. 19세기 중반 이후 급속히 추진된 산업화와 획일화된 기계문명 속에서 인간성이 상실되는 소외현상이 두드러졌으며, 이와 함께 가치관의 혼란이 만연했던 시기였다. 이러한 시대 분위기 속에서 사람들은 자신의 존재 기반을 상실한 채 방황하며 곧 직면할 종말을 감지했고, 이렇게 내면화된 공포는 급기야 1차 세계대전으로 현실화되었다. 트라클의 「몰락」은 이런 시대 체험의 고통스러운 기록이다. 여기서 흥미로운 지점은, 「몰락」의 핵심 주제가 시의 형식과 구조 속에도 스며있다는 사실이다.

첫째, 운율의 최소 단위인 운각의 체계에서 몰락의 정조가 발화된다. 「몰락」은 테르치네의 전형적 압운법인 교차각운이 지켜지지 않은 자유리듬시이다. 그러나 각 연의 음절수는 32개로 동일하며(1연: 7/10/15, 2연: 7/11/14, 3연: 11/6/15), 모든 행의 끝운이 악센트가 있는 남성음으로 이루어졌다는 점에서 모종의 규칙성이 발견된다. 여기서 주목해야 할 지점은, 각 연 마지막 행의 강세음 수가 단계적으로 늘어나고 있다는 사실이다.

2 Franz Kafka, *Nachgelassene Schriften und Fragmenten II*. Herausgegeben von Jost Schrillemeit, Frankfurt am Main 1992, p. 98.

X xx X x Xxx X x x Xxx X

Am Abend weht von unseren Sternen ein eisiger Wind. (3행: 강세음 6개)

X x X x X x **X X** x x X x x X

Unter Eichen schaukeln wir auf einem silbernen Kahn. (6행: 강세음 7개)

X x Xx X x **X X** x X x x X x X

O mein Bruder klimmen wir blinde Zeiger gen Mitternacht. (9행: 강세음 8개)

[강세음: X, 약세음: x]

이와 같은 강세음의 점진적인 증가는 몰락의 징후를 음성적 차원에서 고조시키는 역할을 수행한다. 시적 자아의 감정이 극도로 격화된 제9행 ("오 내 형제여 우리 눈먼 시곗바늘은 자정을 향해 기어오른다")에 가장 많은 강세음이 나타나는 것은 다분히 의도적인 시적 전략이다. 또한 강약격(Trochäus, Xx)과 강약약격(Daktylus, Xxx)이 반복되고, 두 개의 강세음이 나란히 배치됨으로써 뚜렷한 중간 휴지부(X/X)가 존재하는 6행과 9행은 펜타메터(Pentameter)와 유사하다.[3] 펜타메터가 그리스 비가의 전형적인 시구임을 상기하면, 6행과 9행은 다분히 세계 몰락의 징후를 비극적인 음색으로 애도하기 위한 형식적 고려의 결과로 볼 수 있다.

둘째, 시련의 차원에서 살펴보면, 트라클은 3행이 한 연을 이루는 이탈리아 3행시 테르치네와 흡사한 시련을 사용했는데, 이는 시의 주제인 소멸의 암울한 분위기를 효과적으로 표현하기 위한 트라클의 의도적인 선택으로 읽힌다. 왜냐하면 전통적으로 테르치네는 삶의 방향성 상실이 낳은 혼돈과 무상함, 그리고 생명력이 거세된 자연의 황량함을 담는 시

3 Vgl. Hanna Klessinger, *Krisis der Moderne, Georg Trakl im intertextuellen Dialog mit Nietzsche, Dostojewskij, Höolderlin und Novalis*, Würzburg 2007, p. 25.

련으로 애용되었기 때문이다.[4] 테르치네의 창시자인 단테의 『신곡』 지옥편 제1곡 1~6행의 근간을 이루는 기본 정조는 트라클의 「몰락」의 분위기를 연상시킨다.

> 우리 인생길의 한중간에서
> 나는 올바른 길을 잃어버렸기에
> 어두운 숲 속에서 헤매고 있었다.
> 아, 얼마나 거칠고 황량하고 험한
> 숲이었는지 말하기 힘든 일이니,
> 생각만 해도 두려움이 되살아난다.[5]

트라클의 「몰락」에서 묘사된 새들이 떠난 초겨울 냉량한 풍경은 단테가 헤매는 "거칠고 황량하고 험한 숲"의 이미지와 연결된다. 이런 전통에 기대어 트라클은 「몰락」 이외에도 「로사리오의 노래」(*Rosenkranzenlieder*)의 삼부작 「누이에게」, 「죽음 가까이」, 「아멘」(*Amen*)을 모두 테르치네 형식으로 썼는데, 이 작품의 공통적인 주제는 우울, 고독, 무상, 슬픔이다.[6]

셋째, 시련의 외형 역시 몰락의 경도를 가시화한다. 몰락은 공간적, 시

---

4 Vgl. Otto Knörrisch, *Lexikon lyrischer Formen*, Stuttgart 1992, p. 236.

5 단테 알리기에르, 『신곡』, 김운찬 옮김, 열린책들, 2008, 9쪽.

6 독일문학사에서 테르치네는 괴테 이후 한동안 관심권 밖에 있다가 오스트리아 빈 출신의 후고 폰 호프만스탈의 테르치네 연작시를 통해 다시 유행하기 시작했다. 호프만스탈은 덧없는 삶과 소멸의 정서를 결합시키기 위해 테르치네 형식을 선택했다. 첫 번째 연작시 「테르치네 1」(*Terzine I*)의 2연은 다음과 같다. "이것은 누구도 생각조차 못한 일이니,/ 모든 것이 미끄러지고 흘러가 버렸다고/ 한탄하기에는 너무나 끔찍한 일이라네."(후고 폰 호프만스탈, 『지나가는 사람에게』, 조두환 옮김, 혜원출판사, 1992, 37쪽.) 트라클이 당대 최고의 시인 호프만스탈의 작품을 탐독했다는 것이 사실인 이상, 「몰락」에 대한 트라클의 형식적 고려는 호프만스탈의 테르치네 연작시와 무관하지 않아 보인다. 트라클의 도서 목록에 호프만스탈의 『엘렉트라』와 『운문 속의 극장』도 포함되어 있었다.(Vgl HKA II, 727)

간적 차원에서 동시에 진행된다. 우선 몰락은, "우리의 묘지들 위로/ 밤의 깨진 이마가 고개 숙인다"는 시구가 암시하듯이, 하강의 궤적을 따라 움직인다. "밤의 깨진 이마"에 맺혀 있을 붉은 핏방울은 밤하늘에 박힌 별에 대한 은유이다. 트라클에게 별은 구원의 빛이 아니다. 루카치가 『소설의 이론』에서 언급했던 세계의 나침판으로서의 별도 아니다.

> 별이 빛나는 창공을 보고 갈 수가 있고 또 가야만 하는 길의 지도를 읽을 수 있었던 시대는 얼마나 행복했던가? 별빛이 그 길을 훤히 밝혀 주던 시대는 얼마나 행복했던가?[7]

트라클의 별은 길을 따뜻하게 밝혀 주지 않는다. 오히려 트라클의 별은 영혼("이마")의 생채기에 남은 혈흔이다. 이 죽음의 붉은 별빛이 지상의 묘지를 향해 추락한다. 종말이 박두했음을 알리는 불길한 계시로 읽힌다. 한편 시간적 차원에서 보면, 밤이 깊어질수록 종말의 계시는 자명해 진다. "저녁"(제1연), "밤"(제2연) 그리고 "자정"(제3연)으로 이어지는 시간의 흐름 속에서 몰락의 가속도가 붙는다. 어둠이 짙을수록 종말의 시간이 임박한다. 또한 하루의 끝이라는 자정 모티브는 한 해의 끝이라는 겨울 모티브와 결합된다. 꽁꽁 얼어붙은 (눈 덮인) "하얀 호수" 위로 차디찬 바람이 몰아치는 겨울은 소멸의 배경으로 적합하다. 여기서 주목해야 할 지점은, 지금까지 언급한 추락과 하강의 모티브가 시련의 외형, 특히 1연과 2연의 모습에서 선명하게 가시화된다는 사실이다. 1행에서부터 3행까지 단계별로 길어지는 시행은 계단의 모습과 흡사하다. 이런 맥락에서 보면, 1연과 2연은 이 작품에 내포된 몰락의 징후를 시각적으

7 게오르크 루카치, 『소설의 이론』, 반성완 옮김, 심설당, 1985, 29쪽.

로 형상화한 일종의 구체시(konkrete Poesie)의 변종으로 확대 해석할 수 있다.

3. 밤의 심연: 니체의 '차라투스트라' 모티브의 시적 변용

텍스트와 텍스트의 관계맺음의 동역학인 '상호텍스트성' 이론은 1960년대 말 줄리아 크리스테바가 러시아 문학이론가 미하일 바흐친(Mikhail Bakhtin)의 핵심용어인 '대화성'(Dialogizität)에서 힌트를 얻어 이론적으로 체계화시킨 개념이다. 바흐친은 대화성이 작동할 수 있는 가능성을 문학 텍스트에서 본다. 왜냐하면 바흐친이 볼 때 문학 언어는 단수가 아니라 복수, 홀로 완전한 단독자가 아니라 끝없이 담론의 상대자를 요구하는 '대화하는 언어'이기 때문이다. 크리스테바는 이 '대화하는 언어'를 자신의 이론에 접목시켜 '상호텍스트성'(텍스트와 텍스트가 서로 주고받는 대화)이라는 개념으로 확대 · 발전시킨다. 그녀에 의하면 하나의 문학 언어는 '발신자'(작가)와 '수신자'(독자)라는 '수평축'과 '텍스트'와 '컨텍스트'라는 '수직축' 사이에서 쌍방향적으로 끝없이 소통하는 입체적인 존재인데,[8] 여기서 텍스트와 컨텍스트의 수직적 소통관계를 다르게 부른 것이 '상호텍스트성'의 출발이다. 이 이론에 근거하면, 이 세상에 홀로 완전히 독창적인 텍스트는 없다. 텍스트는 통일된 의미를 생산하는 구조적 실체로 파악되지 않는다. 존재하는 것이 있다면, "태초에 컨텍스트가

8 Vgl. Dieter Borchmeyer, *Moderne Literatur in Grundbegriffen*, Tübingen 1994, p. 215.

있었다."[9] 그러므로 각각의 문학 텍스트는 텍스트들의 우주, 즉 텍스트들의 맥리(脈理) 안에서 존재의 근거를 갖는다. 마치 대화 속에서 개인과 타자의 관계가 규정되듯이, 문학 텍스트는 그와 관련된 다른 텍스트(컨텍스트)와의 대화, 그리고 그 대화로 인해 확인되는 차이와 틈새로 말미암아 생명을 부여받는 것이다.

트라클의 「몰락」의 컨텍스트는 『차라투스트라』이다. 「몰락」은 니체와의 생산적인 대화와 대립적인 저항의 산물이다. 작품 곳곳에 『차라투스트라』의 모티브가 스며있다. 10개의 모티브를 살펴보자.

1) 몰락

시 제목 '몰락'은 『차라투스트라』를 관통하는 핵심 개념 중 하나이다. 차라투스트라의 서사는 '몰락의 시작'에서 '몰락의 종결'로 마무리된다고 요약해도 과언은 아니다. 니체가 머리말에서 던진 "차라투스트라의 몰락은 이렇게 시작했다."(Z 36)는 단언은 "몰락하는 자가 그 자신을 축복할 때가 되었다. 이렇게 차라투스트라의 몰락은 끝난다."(Z 366)라는 최종 선언으로 이어진다. 니체에게 몰락은 무의미한 파멸을 의미하지 않는다. 차라투스트라의 몰락의 의지는 새로운 가치를 창조하는 초월의 의지(생성)로 이어진다. 요컨대 니체에게 몰락은 여기에서 저기로 넘어가는 교량이다. 몰락은 곧 과정이다. 차라투스트라가 몰락하는 자를 사랑한다고 설파하는 이유는 여기에 있다.

> 사람에게 위대한 것이 있다면 그것은 그가 목적이 아니라 하나의 교량이라는 것이다. 사람에게 사랑받을 만한 것이 있다면, 그것은 그가 하나의 과정이

---

9 김영민, 『컨텍스트로 패턴으로』, 문학과지성사, 1997, 11쪽.

요 **몰락**이라는 것이다. 나는 사랑하노라, **몰락**하는 자로서가 아니라면 달리 살 줄 모르는 사람들을. 그런 자들이야말로 저기 저편으로 건너가고 있는 자들이기 때문이다. [……] 나는 사랑하노라. 나는 사랑하노라. 자유로운 정신과 자유로운 심장을 지니고 있는 자를. 그런 자의 머리는 심장에 깃들여 있는 오장육부일 뿐이고, 그의 심장이 그를 **몰락**으로 내몰터니. (Z 20f)

차라투스트라는 모든 한계를 초극한 전지전능한 슈퍼맨이 아니다. 차라투스트라는 자신의 의미를 초월의 피안에서만 찾지 않으며 초월적 상승의 극점에서 지상으로 추락하는 것을 두려워하지 않는다. 몰락에 의한 해체는 재구성의 시발점이 될 수 있기 때문이다. 그는 자유를 향해 뛰는 상승의 맥박("자유로운 정신과 자유로운 심장")이 자기 해체적 몰락으로 경도됨을 인정하는 '위버멘쉬'(Übermensch)이다. 이와 같은 몰락의 의지가 트라클의 시에도 관철된다. 하지만 트라클이 묘사한 몰락의 풍경에서는 어떠한 비상의 가능성도 발견할 수 없다. 트라클이 니체처럼 몰락의 긍정성을 수용하지 않은 이유는 무엇일까? 잠시 대답을 유보한다.

2) 위-아래

「몰락」을 구성하는 총 6개의 문장 가운데 4개의 문장 첫머리에서 반복적으로 사용된 전치사구 두어첨용(Anaphora)에서 『차라투스트라』의 전형적인 수사학이 발견된다. 1연과 2연의 첫머리에 각각 배치된 "하얀 호수 위로"(1행)와 "우리 묘지들 위로"(3행)라는 전치사구는 2연 끝과 3연 가운데 첫머리에 각각 포진한 "떡갈나무 아래에서"(6행)와 "가시나무 아치 아래서"(8행)라는 전치사구와 상응하며 대구를 이룬다. 이러한 '위-아래'의 동역학은 작품의 주제인 '몰락'의 수직적 동선(動線)을 공간적으로 구조화하는 데 기여한다. 호수와 묘지 '위' 광대한 밤하늘의 우주가

'위'의 이상이라면, 숲 속 덤불 '아래' 협소한 지상의 땅이 '아래'의 현실이다. 이러한 위-아래 모티브는 '위버멘쉬', '극복'(Überwindung), '이행'(Übergang) 등과 같은 『차라투스트라』의 핵심 개념뿐만 아니라, 'über'와 'unten'이 때론 전치사로, 때론 (비/분리) 전철로 반복적으로 집요하게 사용된 아래와 같은 니체의 수사학을 얼른 떠올리게 한다.

> 내가 '<u>**위버**</u>멘쉬'라는 말을 습득한 것, 사람이란 <u>**극복**</u>되어야 할 그 무엇이라는 것, [……] 위대한 정오에 대한 차라투스트라의 가르침, 그리고 그밖에 제2의 자색 저녁놀처럼 내가 사람들의 머리 <u>**위에**</u> 걸어 놓은 것, 그런 것을 습득한 것 또한 그곳에서였다. 진정, 나는 저들에게 새로운 밤과 함께 새로운 별들까지 보여주었다. 그리고 나는 오색찬란한 천막을 치듯 구름과 밤 <u>**위에서**</u> 웃음을 둘러쳤다. [……] 나 또다시 사람들에게 가고자하기 때문이다. 나 저들 <u>**아래서**</u> <u>**몰락**</u>하기를 바라며 죽어가면서 저들에게 더 없이 풍요로운 선물을 주고 싶은 것이다.
>
> Dort war's auch, wo ich das Wort '<u>**Über**</u>mensch' vom Wege auflas, und dass der Mensch Etwas sei, [……] das <u>**über**</u>wunden werden müsse, das Zarathustra Wort vom grossen Mittage, und was sonst ich <u>**über**</u> den Menschen aufhängte, gleich purpurnen zweiten Abendröthen. Wahrlich, auch neue Sterne ließe ich sie sehn sammt neuen Nächten; und <u>**über**</u> Wolken und Nacht spannte ich noch das Lachen aus wie ein buntes Gezelt. [……] Denn noch einmal will ich zu den Menschen: <u>**unter**</u> ihnen will ich <u>**unter**</u>gehen, sterbend will ich ihnen meine reichste Gabe geben! (Z 327f) [강조 및 밑줄 필자]

3) 겨울

「몰락」의 계절적 배경인 겨울은 『차라투스트라』 제3부 「감람산 위에서」(*Auf dem Oelberge*)에서 묘사된 한겨울 풍경과 제휴한다. 예루살렘

동부 언덕에 위치한 감람산(올리브 산)은 신약의 4복음서에서 예수의 수난이 시작되는 장소이자 제자들에게 세상의 종말에 일어날 사태에 관해 경고한 곳으로 기술된다. 의도적으로 예수의 언행을 빗대어 말하고 행동하는 차라투스트라는 감람산에서 묵상하는데, 여기서 "고약한 손님 겨울"(Z 286)은 그의 영웅적 절대 고독을 극대화하는 배경으로 작동한다. 차라투스트라에게 "휘몰아치는 겨울 폭풍"(Z 289)은 「몰락」의 "얼음 바람"의 이미지와 포개진다면, 차라투스트라가 바라보는 "눈처럼 흰 턱수염을 늘어뜨린, 말없는 겨울 하늘"(Z 290)의 풍광은 서리(혹은 눈) 덮인 "하얀 호수"의 이미지와 오버랩 된다. 일반적으로 트라클의 시에서 흰색은 혹한의 겨울 풍경을 묘사하는 데 자주 동원된다. 흰색은 생의 의지를 상실한 시인의 황폐한 내면을 대변한다. 트라클 시의 색채 미학적 관점에서 보면, 한파로 인해 얼어붙은 "하얀 호수"는 세계 영락(零落)을 예감한 시적 자아의 불우한 영혼의 풍경으로 해석될 수 있다. 야성의 생명력을 상징하는 "들새"마저 떠난 호수는 무자비하다.

4) 별

차라투스트라에게 별은 자신의 한계를 극복함으로써 닿을 수 있는 생의 궁극적 좌표를 상징한다. "오 차라투스트라여, 그러나 너, 모든 사물의 바탕까지 보려고 했지. 그러니 너 자신을 뛰어넘어 오르지 않을 수 없는 것이지. 너의 별들을 발아래 둘 때까지 위로, 위로 향해! 그렇다! 나 자신과 나의 별들을 내려다 볼 수 있는 경지, 그것만이 나의 정상이렷다."(Z 255) 요컨대 별은 동경의 극점인 것이다. 그래서 차라투스트라는 이렇게 말했다. "하늘은 맑고 별들은 따듯하게 빛나고 있었다."(Z 255) 그러나 트라클은 이렇게 말했다. "우리들의 별들에서 얼음 바람이 불어온다." 트라클에게 별은 낭만적 동경의 지향점이 아니다. 별은 구원과 위로의 빛을 방사하는 항성이 아니다. 별은 인간과 자연과 세계를 결빙시키는 몰락의 시원이다. 트라클은 「심연에서」에서 낭만적 서정의 징표인 별을 이렇게 '탈낭만화'한다.

> 밤마다 나는 별들의 오물과 먼지로 가득 찬
> 황야에 가 있었다.
> Nachts fand ich mich auf einer Heide,
> Starrend von Unrat uns Staub der Sterne. (HKA I, 46)

트라클의 시에서 자연은 대부분 인간에게 적대적이다. 이러한 자연의 모습은 시인의 황폐한 영혼을 반영할 뿐만 아니라, 주체와 객체, 내면세계와 외부세계가 조화를 이루는 것이 불가능한 시대, 말하자면 몰락하는 유럽의 운명을 암시한다.

5) 나룻배

니체 텍스트에서 배의 알레고리는 양가적이다. 수면에서 위 아래로 반복하여 움직이는 배는 영원회귀 사유를 체현한다. 니체에게 영원회귀는 총체적 허무주의를 체현하기보다는 오히려 허무주의 극복의 프로그램이다. 영원회귀가 초래할 수 있는 허무적 상황으로 인해 더 이상 고통스러워하지 않고, 자신의 실존적 결단으로 자의식을 변화시키는 환희의 순간, 위버멘쉬가 탄생한다.

> 오 생명이여, 나 이즈막에 너의 눈을 들여다본 일이 있다. 나 너의 밤의 눈동자 속에 황금이 있어 반짝이는 것을 보았지. 나의 심장은 환희에 잠시 고동을 멈추었고. 나 밤의 수면 위에 황금 거룻배 한 척이 반짝이

는 것을, 가라앉아 물에 잠기는 듯하다가는 다시 올라와 아는 체 하는, 그렇게 오르락내리락 하는 황금빛 거룻배 한 척을 보았던 것이다! (Z 373)

반복적으로 "오르락내리락" 하는 "황금빛 거룻배"는 생을 긍정하는 디오니소스의 세계로 차라투스트라를 유도하는 신호이다.

다른 한편, 니체에게 배 모티브는 죽음의 요람으로 기능한다. 니체는 이탈리아 토로노 광장에서 쓰러진 뒤 정신착란에 빠지기 전해인 1899년 총 아홉 편으로 이루어진 「디오니소스 송가」를 완성하는데, 이 중 「해는 지다」(*Die Sonne sinkt*)의 마지막 부분에 죽음의 나룻배 모티브가 등장한다.

오라! 그대, 죽음의
가장 은밀하고 감미로운 미리 맛봄이여!
주위는 아직 파도의 유희
예전에 힘들었던 것은,
푸른 망각의 밑바닥에 가라앉았다.
지금 나의 작은 나룻배는 나른하게 흔들리고 있다.
소원과 희망은 물에 가라앉고,
영혼과 바다는 아름답게 누워있다.
은빛으로, 가볍게, 한 마리 물고기
이제 나의 작은 나룻배는 헤엄쳐 나간다…
Komm! du des Todes
heimlichster, süßester Vorgenuß!
Rings nur Welle und Spiel.
Was je schwer war,

sank in blaue Vergessenheit
müßig steht nun mein Kahn.
Wunsch und Hoffen ertrank,
glatt liegt Seele und Meer.
Silbern, leicht, ein Fisch
Schwimmt nun mein Nachen hinaus…[10]

잠의 요정을 호출하는 아늑한 요람처럼 "나른하게" 흔들리는 나룻배 안에서 평안한 죽음을 기다리는 시적 화자의 완전한 수동성에서 차라투스트라의 초극의 의지를 발견할 수 없다. 배는 시적 화자를 망자의 하계로 은밀하게 인도하는 '카론의 배'로 읽힌다. 이처럼 니체의 배는 생을 긍정하는 디오니소스의 바다로 닻을 올리기도 하고, 반대로 지상과 저승의 경계를 이루는 스틱스(Styx)강 쪽으로 방향타를 돌리기도 한다. 트라클의 「몰락」 2연에 등장하는 나룻배는 니체의 "죽음의 조각배"(Z 341)를 연상시킨다. 이 배가 묘사되기 이전 상황이 이미 불길하다. "밤의 깨진 이마"가 고개 숙이는 공간은 묘지이다. 이처럼 "우주의 추락"[11]은 지상의 무덤에서 종결된다. 하늘에도 땅에도 그 어디에도 희망은 없다. 이러한 전망부재의 어둠 속("떡갈나무 아래서")에서 시적 화자와 그의 동반자("우리")가 함께 탄 "나룻배"가 흔들거린다. 시나브로 죽음을 맞이하고 있는 것이다. 이 모습은 앞서 인용한 「해는 지다」에서 "파도의 유희"에 운명을 맡긴 나룻배와 닮았다. 니체의 나룻배가 "은빛으로" 죽음을 향해 항진(航進)했듯이 트라클은 배도 황금빛이 아니라 은빛으로 묘사되었다.[12] 죽음의 배 이미지는 트라클의 산문시 「계시와 몰락」의 여덟

10 Friedrich Nietzsche, *Kritische Studienausgabe in 15 Bänden*. Bd. VI, Berlin 1988, p. 396f.

11 Hanna Klessinger, *Krisis der Moderne*, p. 49.

번째 절에서도 나타난다.

내가 어둠에 잠기는 정원에 갔을 때, 악마의 검은 형상이 나에게 멀어져 갔고, 밤의 히아신스 같은 고요함이 나를 감싸주었다. 그리고 나는 잔잔한 호수 위를 구부러진 나룻배를 타고 갔다. 그리고 달콤한 평화는 돌처럼 굳어진 나의 이마를 어루만져 주었다. 말없이 나는 늙은 버드나무 아래 누웠고 내 위로 높이 드리워진 푸른 하늘에는 별들로 가득 차 있었다. 그리고 내가 그것을 바라보며 서서히 죽어갔을 때, 공포와 불안은 내 안의 더 깊은 곳에서 죽었다.

Da ich in den dämmernden Garten ging, und es war die schwarze Gestalt des Bösen von mir gewichen, umfing mich die hyazinthene Stille der Nacht; und ich fuhr auf gebogenem Kahn über den ruhenden Weiher und süßer Frieden rührte die versteinerte Stirne mir. Sprachlos lag ich unter den alten Weiden und es war der blaue Himmel hoch über mir und voll von Sternen; und da ich anschauend hinstarb, starben Angst und der Schmerzen tiefster in mir. (HKA I, 170)

여기서도 배는 몰락의 거처이자 죽음의 요람으로 기능한다. 시적 자아는 죽음에 취해 있다. 자기파멸적 무아경에 빠져 죽음의 공포마저 망각하고 있는 것이다. 여기서 '나무—호수—배—별—밤'의 이미지 연쇄는 「몰락」의 이미지 연쇄와 놀랍도록 유사하다.

12 트라클 색채미학에서 은색은 부정적인 의미를 갖는다. 「헬리안」에서 은빛 유령은 죽음을 호출한다. "그가 은빛 발걸음으로 안으로 들어섰을 때/ 그들은 죽어서 황량한 방에서 나온다."(HKA I, 71)

6) 도시

차라투스트라는 도시를 싫어한다. 그가 초록색 자연을 예찬하는 생태주의자라서가 아니다. 도시는 그가 경멸하는 "인간말종"(Z 24)의 서식지이기 때문이다. 인간말종이란 삶의 유일한 목표가 자기 보전인 자, 남들과 똑같은 것을 원하고 남들이 설정한 가치 기준에 순종하는 자를 가리킨다. 이들을 부추기는 것은 욕정이며 이들이 뒤쫓는 것은 금화이다. 자기 보전에 안주하는 이들은 자기 상승을 실천할 수 없다. 기성의 체계가 부여한 가치와 질서로부터 해방된 자기 입법적 존재가 될 수 없는 것이다. 요컨대 위버멘쉬가 될 자격이 없는 자들이다. 그래서 차라투스트라에게 도시는 지옥이다.

> 그런데 보라, 도중에 예기치도 않게 저 큰 도시의 성문 곁에 와 있는 것이었으니. 그때 어릿광대 하나가 입에 거품을 문 채 두 손을 벌리고 달려들어 길을 가로막았다. [……] 어릿광대가 차라투스트라에게 이렇게 말했다.
>
> "오, 차라투스트라여. 이곳은 큰 도시입니다. 그대는 이곳에서 뭔가를 찾아내기는커녕 도리어 모든 것을 잃게 될 것입니다. 어찌하여 그대는 이 진창을 가로질러 가려 하십니까? 불쌍한 발 생각도 좀 하셔야지요! 차라리 이 성문에 침을 뱉고 발길을 돌리십시오! 은자의 사상에게는 이곳이 지옥이랍니다. 위대한 사상은 이곳에서는 산 채로 삶아지고 잘게 조리되지요. 벌써 정신을 도륙하는 도살장과 도륙된 정신을 삶아대는 요릿집 냄새가 진동하고 있지 않습니까? 도시에 도륙된 정신이 내뿜는 증기로 자욱하지 않습니까? [……] 저들은 서로를 뒤쫓고 있지만 정작 어느 방향으로 뒤쫓아야 할지는 모른답니다. 서로 흥분시키면서도 왜 그래야 하는지도 모릅니다. 저들은 함석을 두드려 소리를 내며 금화로 짤랑짤랑 소리

를 내기도 하지요. [……] 이곳에는 온갖 욕정과 악덕이 우글거리고 있답니다." (Z 291f)

우울하고 비사교적인 성격과 돌출 행위로 인해 사회로부터 외면당했던 트라클은 성실한 시민으로 사는 것을 애초부터 포기했을 뿐만 아니라 비정한 대도시를 혐오했다. 피해 망상적 정신분열증에 시달렸던 그는 자신을 사회로부터 철저하게 고립된 단독자로 규정했고, 이런 트라클의 심중에 도시의 삶은 부정적인 이미지로 각인되었다. 트라클에게 도시는 영혼이 압살된 공간, 차라투스트라의 어법으로 말하자면 '정신이 도륙된' 공간으로 인식되었다. 발터 킬리의 지적처럼 트라클에게 도시는 "인간이 이룩한 절망과 부패를 간략하게 압축한 암호"[13]인 것이다.

트라클의 「몰락」에서 죽음의 암시와 종말의 계시는 자연(차가운 별, 얼어붙은 호수, 묘지, 깨진 이마, 숲)에서뿐만 아니라 도시에서도 발견된다. 1~2연의 '자연비극'에 이어 3연에서부터는 '문명비극'이 시작된다. 재앙의 전면화가 본격화되는 것이다. "도시의 하얀 장벽들이 항상 소리를 낸다." 여기서 "하얀 장벽"은 인간 해방의 의지를 원천 차단하는 소외의 담장을 상징한다. 이 장벽 속에 유폐된 도시인들은 소외된 자들이다. 이들의 과거는 폐기되고 미래는 보장받지 못한다. 그런데 하얀 장벽으로 둘러싸인 폐쇄된 도시에서 소리가 "언제나" 울린다. 그렇다면 이 소리의 정체는 무엇인가? 차라투스트라의 어법을 차용해 답해 보면, "도륙된 정신"의 비명일 것이다. 맹목적인 배금주의의 "짤랑짤랑"거리는 금화 소리일 것이다. "온갖 욕정과 악덕"이 아우성치는 소리일 것이다. 표현주의 시인 야콥 반 호디스의 「세계종말」의 시구로 표현하자면, "공중

13 Walther Killy, *Wandlungen des lyrischen Bildes*, Göttingen 1971, p. 120.

전체에서 울리는 절규와 같은 소리"[14]일 것이다. 요컨대 몰락이 임박했음을 경고하는 사이렌이 도시 한복판에서 울리고 있는 것이다. 하인츠 룉리케(Heinz Röllike)가 적시한 것처럼, 트라클 문학에서 "도시는 파멸의 영역을 현실화시킨다."[15]

7) 아치

차라투스트라에게 원형 아치는 긍정적인 대상으로 인식된다. 예컨대 무지개는 차라투스트라의 실존적 이상인 위버멘쉬에 이르는 아름다운 일곱 빛깔의 계단으로 비유된다. 「차라투스트라의 머리말」 10장에 잘 나타나 있다.

> 나 창조하는 자, 추수하는 자, 축제를 벌이는 자들과 벗하리라, 나 그들에게 무지개를, 말하자면 위버멘쉬에 이르는 층계 하나하나를 남김 없이 보여주리라. (Z 34)

중세 로마네스크 예배당의 창문, 팀파눔, 천장, 내부 아케이드 등은 모두 원형 아치 형태로 설계되었다. 원형 아치를 신의 나라로 들어가는 입구로 상상했기 때문이다. 신의 옥좌가 놓인 자리도 무지개 위였다. "나는 곧바로 성령께 사로잡히게 되었습니다. 하늘에는 또 어좌 하나가 놓여 있었고 그 어좌에는 어떤 분이 앉아 계셨습니다. 어좌 둘레에는 취옥같이 보이는 무지개가 있었습니다."(요한묵시록 4장 2~4절) 무지개에 대한 니체의 상상력도 이런 기독교의 도상학에 젖줄을 대고 있다. 그러

---

14 Kurt Pinthus, *Menschheitsdämmerung*, Hamburg 1959, p. 39.

15 Heinz Röllike, *Die Stadt bei Stadler, Heym und Trakl*, Berlin 1966, p. 242.

나 무지개의 역할은 다르다. 니체에게 무지개는 신의 영토로 들어가는 다리가 아니다. 무지개는 '신의 죽음 이후' 자기 가치를 실현하려는 능동적 주체가 자기 극복을 통해 자기 창조를 실현하기 위해 오르는 상승의 계단이다. 지상의 모든 인습과 한계로부터 자신을 해방시키는 위버멘쉬의 자유의지가 일곱 빛깔 무지개의 층계를 만드는 것이다.

그러나 트라클의 「몰락」에서 원형 아치는 주체의 자유의지를 속박하고 찌른다. 하늘에 걸린 해방의 무지개가 아니라 지상에 깔린 억압의 가시덤불이다. 이 전망부재의 아치 아래서 비전을 모색하는 일은 불가능해 보인다. 그러나 일말의 가능성도 남아 있다. 가시덤불의 이미지가 십자가 책형 전 가시면류관을 쓴 예수의 수난을 환기시키기 때문이다. 이 극한의 고통과 불굴의 인내 속에 부활승천의 서사가 암중비약하고 있기 때문이다. 트라클의 「엘리스」에 등장하는 피 흘리는 이 짐승은 과연 구원받을 수 있을까?

> 푸른 들짐승 한 마리
> 조용히 가시나무 덤불에서 피 흘린다.
> Ein blaues Wild
> Blutet leise im Dornengestrüpp. (HKA I, 86)

8) 오 내 형제여

"트라클의 형님, 니체!"[16] 오스트리아 빈 출신 문인 칼 보로메우스 하인리히(Karl Borromäus Heinrich)가 <브렌너> 편집장 루트비히 폰 피커

16 Richard Detsch, *Die Beziehung zwsichen Karl Borromäus Heinrich und Georg Trakl*. In: *Modern Austrian Literature 16*, H. 2, Salzburg 1983, p. 96.

에게 보낸 편지에서 트라클에 대해 언급한 이 대목은, 트라클이 니체를 얼마나 추종했는지를 간명하게 보여준다. 하인리히는 1910년 인스부르크에서 결성된 문학동인 '브렌너-서클'(Brenner-Kreis) 회원으로서 1912년부터 트라클과 긴밀히 교류했다. 당시 브렌너-서클에서 활동하는 젊은 문인들 사이에서는 니체를 숭배하는 풍토가 지배적이었다. 특히 이들은 니체의 디오니소스적 생의 철학에 열광했다. 왜일까?

20세기 초 오스트리아 합스부르크제국은 프로이센과의 주도권 쟁탈 전쟁에서 패한 이후 독일연방에서 물러나와 쇠퇴의 길을 가고 있었다. 겉으로는 러시아 다음으로 광대한 영토를 보유한 열강의 모습을 띠었지만, 실제로는 수세기 동안 신성로마제국의 중심으로서 누려왔던 주도권을 상실하면서 더 이상 게르만 세계의 헤게모니를 장악할 힘을 갖지 못했고, 이로 인해 오스트리아 지식인 사회와 예술계 전반에 무력감이 확산되었다. 이러한 쇠락의 분위기 속에서 브렌너-서클 회원들에게 니체의 위버멘쉬는 무기력한 현실을 돌파할 수 있는 새로운 해방구로 인식되었다. 특히 칼 달라고(Carl Dallago)가 대표적인 니체 신봉자였다. 하지만 하인리히는 서클 안에서 이러한 니체주의자들과 다른 생각을 가지고 있었다. 그는 영원회귀 사상에서는 동의했으나 그 영원회귀가 초래하는 허무주의를 돌파할 수 있는 디오니소스적 힘의 의지는 온전히 수용하지 않았다.[17] 차라투스트라가 설파하는 자기 극복의 파토스를 회의했던 것이다. 그래서 그는 늘 니체 독회에서 논란의 중심에 있었다. 여기서 트라클은 달라고보다는 하인리히의 입장에 동조했다.

「몰락」에는 '칼 보로메우스 하인리히에게'(An Karl Borromaeus Heinrich)라는 부제가 붙어있다. 요컨대 이 작품은 동료 문인 하인리히

17 Vgl. Hans Weichselbaum, *Georg Trakl. Eine Biographie*, Salzburg 2014, p. 124f.

에게 바치는 헌시이다. 하인리히가 트라클의 사상적 동지임을 확인할 수 있는 시구가 있다. 「몰락」의 마지막 9행은 이렇게 하인리히를 호명하며 시작한다. "오 내 형제여." 이러한 영탄법은 차라투스트라의 전형적인 수사학이다. 10년 간 산중 명상을 마친 차라투스트라는 자신이 터득한 새로운 복음을 전파하기 위해 하산한다. 그는 인간세계를 편답하며 그때그때 만나는 인물과 군중들을 향해 자신의 신인류(위버멘쉬) 사상을 거침없이 피력하는데, 그 어조가 고양된 감정에 들뜬 설교조이고, 늘 확신에 가득 차 선언적이다. 특히 제3부 「낡은 서판(書板)과 새로운 서판에 대하여」에서는 거의 매 단락마다 "오 내 형제여"라는 격앙된 호소로 연설의 포문을 연다. "오, 내 형제여, 나는 보다 훌륭한 연주자의 등장을 알리는 하나의 서곡이다! 나의 예를 따르라!"(Z 345) 「몰락」의 마지막 행 서두 "오 내 형제여"는 차라투스트라 어법의 직접 인용이다. "내 형제"의 정체는, 시의 부제를 고려하면, 비교적 자명하다. 요컨대 트라클은 동료 하인리히를 막역한 형제로 생각했다. "오 내 형제여"는 트라클과 하인리히가 호형호제하는 사상적 연대의 동지임을 증명한다.

비로소 "우리"의 정체가 밝혀졌다. '우리'는 말하는 이가 자신과 비슷한 사람을 상대하여 자기와 친밀한 관계임을 표현할 때 사용되는 일인칭 대명사이다. 이렇게 보면, "우리"는 트라클을 대변하는 시적 자아와 하인리히를 우호적으로 총칭하는 대명사이다. 트라클과 하인리히는 니체 수용에 있어서 연대의 동지이자 운명 공동체이다. 둘은 한 배를 타고 있는 것이다. 6행을 상기하자. "떡갈나무 아래서 은빛 나룻배를 탄 우리는 흔들린다." 그렇다면 이들은 "광대한 허무의 세계"(Z 341)로 나가는 몰락의 배, '죽음의 배'에 승선한 것일까? 이 물음에 답을, 트라클이 일차대전 발발 직후 약제시보로 종군하여 1914년 11월 3일 코카인 과다복용으로 사망하기 직전 야전병원 침대에서 마지막으로 쓴 두 편의 시

중 하나인 「탄식」의 마지막 3행에서 추론해 본다.

> 보라 불안에 떠는 조각배가 가라앉는 것을,
> 침묵하는 밤의 얼굴인
> 별들 아래에서.
> Sieh ein ängstlicher Kahn versinkt
> Unter Sternen,
> Dem schweigenden Antlitz der Nacht. (HKA I, 166)

9. 시곗바늘

『차라투스트라』 제2부 마지막 장 「더없이 고요한 시간」(*Die stillste Stunde*)에 등장하는 '시곗바늘'(Zeiger) 모티브는 의미심장하다. 차라투스트라는 꿈속에서 어떤 전언을 경청한다.

> 나 너희에게 이를 비유로 말하노라. 어제 더없이 고요한 시간에 내게 땅이 꺼졌다. 꿈이 시작된 것이다. 시곗바늘이 움직이고 있었다. 내 생명의 시계는 숨을 들이마시고 있었고, 나는 나를 감싸고 있는 그 같은 고요함을 일찍이 경험해본 적이 없다. 그때 소리 없이 내게 말하는 것이 있었다. "차라투스트라여, 너 그것을 알고 있지? [……] 폭풍을 일으키는 것, 그것은 더없이 잔잔한 말들이다. 비둘기 걸음으로 찾아오는 사상, 그것이 세계를 이끌고 가지. 오 차라투스트라여, 너는 앞으로 출현해야 할 자의 그림자로서 네게 주어진 길을 가야 한다." (Z 245~248)

더없이 고요한 시간(꿈속)에 차라투스트라의 '영혼의 시계판'에서 움직이는 시곗바늘은 생명의 리듬, 곧 도래할 위버멘쉬("앞으로 출현해야 할 자")의 시간을 지시한다. 이 시곗바늘은 차라투스트라가 설파하는 새로운 세계를 개시(開始)하는 것이다. 그러나 「몰락」의 시곗바늘은 단속적(斷續)적이고 맹목적이다. 현재의 순간순간을 무의미하게 반복적으로 가리키며 회전할 뿐, 결코 미래지향적이지 못하다. 이런 시곗바늘에서 위버멘쉬의 박동을 듣는다는 것은 언감생심이다. 이 시곗바늘은 태엽의 체제에 꼼짝없이 종속된 채 공허한 영원회귀의 궤적을 온몸으로 체현할 뿐이다. 트라클의 시침은 앞을 보지 못한다. "우리"는 "눈먼 시곗바늘"과 일심동체이다. 트라클의 시계는 생명의 시계가 아니라 죽음의 시계이다. 몰락을 향해 재깍재깍 초침이 종종걸음을 친다. 이렇게 의무를 충실히 이행한 후 언젠가는 찰칵 멈춰 설 것이다. 세계 몰락의 표징을 형상화한 트라클의 또 다른 작품 「소멸」에 이런 시구가 있다.

> 그리고 시간의 바늘이 더 이상 움직이지 않음을 느낀다.
> 그때 몰락의 숨결이 나를 치떨게 만든다.
> Und fühl der Stunden Weiser kaum mehr rücken.
> Da macht ein Hauch mich von Verfall erzittern. (HKA I, 59)

앞서 언급한 배 모티브(배 ― 나무 ― 별 ― 밤 이미지의 조합)와 시곗바늘 모티브가 보여주듯이, 트라클 시는 '구성주의적'이다. 그가 사용하는 독창적인 어휘와 이미지는 고도로 회귀적이기 때문에 작품 곳곳에서 조금씩 변형되어 반복적으로 출현한다. 따라서 트라클의 특정 시구는 다른 작품과의 상호 연관성 속에서만 파악되는 경우가 많다. 이처럼 트라클의 「몰락」은 '밖'으로는 니체 텍스트와 교류하고, '안'에서는 기성의 자기 텍스트와 부단히 회통을 시도한다. 이와 같은 '두 겹의 상호텍스트성'이 트라클의 시를 난해하고, 동시에 매혹적으로 만든다.

10. 자정

자정 모티브는 『차라투스트라』에서 반복적으로 등장한다. 자정은 실존이 봉착한 한계상황에 대한 시간의 은유이지만, 그렇다고 차라투스트라가 밤의 심연을 두려워하는 것은 아니다. 오히려 그는 자정을 환대한다. "오라! 오라! 자정이 가까워오고 있구나!"(Z 523) 깊은 한밤중으로의 진입은 허무의 세계로 완전히 흡수되는 것을 의미하지 않는다. 자정은 하루의 끝이자 새로운 하루의 시작이다. 차라투스트라가 지상의 굴레로부터 벗어나 자유롭게 비상하는 순간인 "위대한 정오"(Z 131)는 '깊은 자정'의 고독과 비애 속에서 수태된다. 차라투스트라는 이렇게 노래한다.

> 오, 사람이여! 귀담아 들어보아라!
> 깊은 자정이 무슨 말을 하고 있는 것이지? (Z 532)

차라투스트라는 '깊은 자정' 속 침잠에서 '위대한 정오'를 향한 비상을 품는다. 결국 자정이 지나고 정오가 도래하자 차라투스트라는 태양을 향해 몸을 던진다. 차라투스트라가 자기 극복의 비상을 설계하는 부심(腐心)의 시간이 자정이라면, 그 비상을 시도하는 실천의 시간은 정오이다. 태양이 작열하는 한낮은 신(기성의 진리, 중심)은 죽었다고 선언하는 위버멘쉬가 도래하는 시간의 은유이다. 위대한 정오는 기성의 질서가 전복되고 새로운 가치의 패러다임이 구축되는 전환기를 뜻하는 것이다. 이 위대한 정오를 우러르며 차라투스트라는 이렇게 말한다.

> 오, 내 머리 위에 펼쳐진 하늘이여, 너 티없이 맑은 자여! 그윽한 자여! 너, 빛의 심연이여! 너를 바라보는 나는 신성한 욕망에 몸을 떤다.

(Z 272)

그리고 차라투스트라는 "빛의 심연"을 향해 새처럼 날아오른다.

> 어쨌든 새의 위장임에 틀림없다. 때 묻지 않은 것을, 그것도 조금만 먹고 하늘을 날, 날아가 버릴 채비를 하고 초초해 하고 있는, 나의 천성이 이러한데, 그 가운데 어떤 것, 어찌 새의 천성이 아니겠는가! 나 무엇보다도 저 중력의 악령에 적의를 품고 있는데, 그것이야말로 새의 천성이렷다. (Z 317)

중력의 구속, 구체적으로 말하자면 현실의 속박으로부터 해방되기 위해서는 가벼워져야 한다. 요컨대 새의 자유를 온몸으로 실천해야 한다. 그러므로 차라투스트라의 심장은 새의 피로 약동한다.

「몰락」에서 시곗바늘은 "자정"을 향해 움직인다. "우리"가 도달하고자 하는 정상은 자정인 것이다. 그러나 『차라투스트라』의 경우처럼 깊은 자정이 위대한 정오로 이어질 지는 미지수이다. 몰락이 상승의 발판으로 작동할지 불확실하다. 무엇보다도 트라클은 밤의 잠재력을 긍정하지 않기 때문이다. 실례로 「밤의 노래」(*Gesang zur Nacht*)에서 한밤중을 "적대적인 어둠의 세력", "악마의 마지막 아가리"(HKA I, 223f.)에 비유한 바 있다. 또한 이런 회의론의 단서는 마지막 행에 사용된 "기어오른다"는 동사에서도 규지(窺知)할 수 있다. 험준한 산을 등정하는 "우리 눈먼 시곗바늘"의 행보에서 자정을 환대하며, 자정 속으로 산보를 떠나는 차라투스트라의 기쁨과 환희를 감지할 수 없다. "오라! 오라! 오라! 함께 거닐자! 때가 되었으니. 밤 속으로 거닐어 들어가자."(Z 524) 나아가, 가파른 오르막을 힘겹게 올라가는 "우리"의 모습에서 자정을 통과해 정오를 향해 몸을 던지는 차라투스트라 특유의 '새의 천성'을 기대하기도 어렵다. "우리"의 시곗바늘을 작동시키는 동력은 차라투스트라에 내재한 '힘에의 의지'(Wille zur Macht)가 아니다. 현 상태 '그 이상'을 지향하는 상승의 의지가 아니다. "우리"의 운명의 방향은 태엽이 결정한다. "우리"는 꼭두각시일 뿐이다.

에두아르트 라흐만(Eduard Lachmann)은 이 시의 핵심 모티브인 '자정으로의 상승'을 죽음 이후 비로소 열리는 생의 희망에 대한 역설의 암호로 해석한다면,[18] 에릭 윌리엄스(Eric Williams)는 선험적 고향을 상실한 암흑의 시대에 초극의 해방을 꿈꾸는 현대인의 최후의 탈출 시도로 해석한다.[19] 필자의 생각은 조금 다르다. '자정으로의 힘겨운 등정'에서 희망의 정오를 맞이하기 어렵다고 판단하기 때문이다. 이미 "우리"는 주체성을 상실한 부품, 한갓 눈먼 시곗바늘이 아닌가. 신을 좇는 거인의 파우스트적 파토스를 기대하기 어렵다. 해방을 갈망하는 주체의 자유의지도 감지되지 않는다. 자연과 도시문명 공히 양편에서 철저하게 소외된 인간의 암울한 표정만 느껴지기 때문이다. "우리"가 탄 배는 죽음의 배가 아닌가. 우리가 기어오르려는 자정, 공간적 은유에 비유하자면 암흑의 산 그 정상에서 과연 구원의 빛을 볼 수 있겠는가. 이 회의적인 물음에 대한 응답을 트라클의 후기시 「밤」에서 찾아본다. 그가 사망하기 5개월 전인 1914년 6월 <브렌너>에 발표한 「밤」의 제1~3행은 아래와 같은 강렬한 묵시록적 계시로 포문을 연다.

---

18 Vgl. Eduard Lachmann, *Kreuz und Abend. Eine Interpretation der Dichtungen Georg Trakls*, Salzburg 1954, p. 182.

19 Vgl. Eric Williams, *Untergang der Spiegelbildwelt*. In: Hans-Georg Kemper(Hg.), *Interpretationen. Gedichte von Georg Trakl*, Stuttgart 1999, p. 154.

그대를 나는 사나운 파열이라고 노래하노라.
밤 폭풍우 속에
우뚝 솟은 산이여.
Dich singe ich wilde Zerklüftung,
Im Nachtsturm
Aufgetürmtes Gebirge. (HKA I, 160)

이 시구를 토대로 이렇게 결론을 맺을 수 있을 것이다. 「몰락」에서 "우리"가 기어오를 수밖에 없는(우리는 태엽에 예속된 시곗바늘이다) 밤의 정상, 시간적 은유로 다시 치환하자면 '자정'은 세계의 "사나운 파열"이 전면화 되는 몰락의 진앙이다. 우리는 올라가면서 추락하는 것이다. "쓰라린 몰락의 시간"(HKA I, 119)이 임박했다.

4. 숭배에서 대화로

트라클의 니체 수용 방식은 초기 맹목적 '숭배'에서 비판적 '대화'로 전환되었다. 니체의 문구를 그대로 인용하거나 소재를 단순히 차용하는 미숙함을 넘어서, 니체 텍스트를 자신의 시적 구상과 맥락 속으로 끌고 들어와 새롭게 해석하고 변주하는 창의적인 수용 방식으로 발전하게 된 것이다. 이 과정에서 때론 니체의 철학을 추종하고 때론 니체의 사상을 전복하며, 때론 차라투스트라의 손을 잡고 때론 차라투스트라에 등을 돌린다. 상호텍스트성을 옹호했던 롤랑 바르트(Roland Barthes)의 비유를 인용하자면 "사랑하는 사람과 함께 있으면서 그 사람과는 다른 생각을 하는 태도"[20]가 「몰락」에서 드러난 트라클의 니체 수용방식인 것이다.

이런 맥락에서 트라클의 시는 해독 불가능한 '절대 암호'라는 통념은 수정돼야 한다는 의견에 동의한다. 트라클은 "순전히 직관에 의해 즉흥적으로 시를 쓰는"[21] 몽상가가 아니다. 「몰락」의 형식과 내용 분석에서 드러났듯이, 트라클이 얼마나 집요하고 치밀하게 니체 텍스트와 대결하며 시창작에 몰두했는지를 상기하면, 트라클을 무기력하게 자신의 환영에 몸을 내맡기는 신비주의자로 간주하는 우는 범하지 않을 것이다. 한스 게오르크 켐퍼(Hans-Georg Kemper)는 포착된 착상을 분별력 있는 편집 과정을 통해 고도의 시적 이미지로 형상화하는 '기교적인'(artistisch) 시인이 트라클임을 간파했다. "트라클은 황홀한 상태에서 자신도 이해할 수 없는 시를 쓰는 독자성 없는 환상가가 아니다. 그는 연상적이긴 하나 의식적이고 합리적으로 편집하며, 동일한 원칙에 따라 여러 번 시를 가다듬는 작가이다."[22] 이를테면 트라클은 「몰락」을 다섯 번이나 개작했다.[23] 요컨대 트라클은 "목표를 의식하고 자기 비평적으로 글을 쓰는"[24] 시인이다. 고도로 회귀적인 이미지의 연쇄가 증명하듯이. 그의 시에는 의중이 있다.

---

20 Roland Barthes, *Die Lust am Text*, Frankfurt am Main 1996, p. 38.

21 Walther Killy, *Über Georg Trakl*, Göttingen 1967, p. 21.

22 Hans-Georg Kemper, *Georg Trakls Entwürfe. Aspekte zu ihrem Verständnis*, Tübingen 1970, p. 161.

23 이 글에서 인용한 「몰락」은 마지막 다섯 번째 원고이다. 개작과정과 초고와 수정본들 차이에 대한 연구는 차후 과제로 남긴다.

24 Gunilla Bergsten, *Georg Trakls traumatischer Kode*. In: *Studia Neophilologica*. A Journal of Germanic and Romance Philologz. 18, 1971, p. 334.

제3장

시와 소설: 트라클과 도스토예프스키

제3장
시와 소설: 트라클과 도스토예프스키

1. 트라클의 도스토예프스키 수용

트라클은 러시아 소설가 표도르 도스토예프스키의 열렬한 독자였다. 이를 증명하는 몇 가지 자료를 소개하면 다음과 같다. 우선, 1978년 출간된 역사비평본 전집 제2권에는 잘츠부르크 학창시절 트라클이 개인적으로 구매해 소장했던 도서 목록을 발굴해 참고자료로 수록해 놓았는데, 여기에는 당시 트라클이 탐독했던 니체의 『차라투스트라는 이렇게 말했다』, 후고 폰 호프만스탈의 비극 『엘렉트라』, 아르투어 슈니츨러의 드라마 『윤무』(*Reigen*), 오스트리아 빈 출신 사상가 오토 바이닝거(Otto Weininger)의 『성과 성격』(*Geschlecht und Charakter*)과 함께 도스토예프스키의 소설 『백치』, 『카라마조프가의 형제들』, 『죄와 벌』 등이 메모되어 있다.(Vgl. HKA II, 727) 또한 러시아 문학 전반에 대한 지대한 관심은 1908년 8월 22일자 <잘츠부르거 폴크스블라트>(*Salzburger Volksblatt*)에 기고한 트라클의 비평문에 잘 나타난다. 여기서 그는 러시아 문학을 "가장 강력한 정신혁명의 원천"(HKA I, 209)으로 평가하고 있다. 한편 김나지움 동창으로서 트라클과 평생 동안 긴밀한 연대의 우정을 나눠 왔던 에르하르트 부쉬벡의 회고에 따르면, 트라클은 도스토예프스키를 "아주 일찍부터 그리고 완전히 몰입해 읽기 시작했고 곧 그의 전부를 알았다."[1]고 한다.

트라클은 도스토예프스키가 창조한 인물 중 특히 『죄와 벌』의 여주인공 소냐(Sonja)에게 깊은 감동을 받은 것으로 보인다. 트라클이 활동한 오스트리아 표현주의 문예지 <브렌너>의 동인이자 스위스 출신 작가인 한스 림바흐(Hans Limbach)의 일기가 이 사실을 입증한다. 림바흐는 트라클이 사망한 1914년 바로 전해인 1913년 세밑, 오스트리아 인스부르크를 여행하던 중, 당시 인스부르크에 체류하던 트라클의 집을 자주 방문해 세기전환기 문학과 예술 전반에 관해 진지한 대화를 나눌 기회를 가질 수 있었다. 「게오르크 트라클과의 만남」(*Begegnung mit Georg Trakl*)이란 제목으로 쓴 그의 일기의 한 대목은 트라클이 당시 소냐라는 인물에 얼마나 열광했는지를 단적으로 보여준다.

> 그[트라클]는 특별히 도스토예프스키를 좋아했다. 그는 알렉세이 카라마조프와 『죄와 벌』에 등장하는 소냐 같은 소설 속 인물에 대해서 깊은 감동을 억누르지 못하고 얘기했다. 내가 기억하는 한, 그는 소냐를 계기로 가장 아름다운 낱말을 표현했는데, 당시 그의 눈동자는 다시 격렬히 빛나고 있었다. "이 여인이 육체의 쾌락만을 좇았다고 주장하는 자들은 맞아 죽어 마땅해요. 소냐는 자신의 정의를 추구했어요."[2]

---

1 Otto Basil, *Georg Trakl in Selbstzeugnissen und Bilddokumenten*, Hamburg 1965, p. 14.

2 Hans Limbach, *Begegnung mit Georg Trakl. In: Erinnerung an Georg Trakl. Zeugnisse und Briefe*, Salzburg 1959, p. 119.

트라클은 소냐에 대한 감동에서만 멈추지 않았다. 그는 소냐를 시적 모티브로 삼아 모두 세 작품을 썼다. 그는 1913년 5월에 총 9연 36행으로 구성된 서정시 「저주받은 자들」을, 그해 8월에는 인물시(Figurengedicht) 「소냐」(*Sonja*)를, 그리고 10월에는 산문시 「악의 변신」을 연달아 발표했다. 림바흐와 대화를 나눈 시점이 1913년 연말이란 점을 상기하면, 트라클은 그와 해후하기 전부터 소냐를 시적 화두로 붙잡고 씨름하고 있었던 셈이다. 「저주받은 자들」에서 소냐 모티브는 시 전체를 관통하는 주제라고 보기 어렵다. 소냐는 시의 마지막 결구, 즉 총 36행 중 마지막 행에 선문답처럼 단 한 번 등장한다.

> 소냐는 부드럽고 아름답게 웃는다.
> Sonja lächelt sanft und schön. (HKA I, 103)

물론 소냐가 창녀라는 직업으로 인해 감수해야만 하는 비참한 상황으로 해석될 수 있는 사건들이 「저주받은 자들」에 묘사되어 있지만, 그렇다고 해서 온전히 소냐를 위해 헌정한 시로 보기는 쉽지 않은 부분이 많다. 총 다섯 개의 문단으로 구성된 산문시 「악의 변신」에서도 소냐는 세 번째 문단에 다음처럼 단 한 차례만 불쑥 출현한다.

> 푸른 저녁에 소냐의 모습이 나지막이 울린다.
> Leise läutet im blauen Abend Sonjas Gestalt. (HKA I, 169~173)

이 시에서 소냐 모티브는 인간의 원초적 순수성이 인간에 내재한 악마적 본성에 의해 유린당한 문학적 사례로 사용되고 있다. 트라클은 1914년 10월 15일자 <브렌너>에 발표된 이 시를 후에 시집 『꿈속의 제바스치안』에 수록하면서 일부 개작했는데, 이 과정에서 소냐라는 고유대명사는 '죽은 이'라는 일반명사로 대체되었다.

> 푸른 저녁에 죽은 이의 모습이 나지막이 울린다.
> Leise läutet im blauen Abend der Toten Gestalt. (HKA II, 98)

이렇게 소냐의 흔적 자체가 완전히 사라져 시집본 「악의 변신」에서는 소냐 모티브를 찾아내기가 여의치 않아졌다. 그러나 앞서 언급한 두 편의 시와 달리 「소냐」는 제목이 직접적으로 지시하는 것처럼 '소냐의, 소냐에 의한, 소냐를 위한' 작품이란 점에서 각별한 주목을 요한다.

2. 반복과 압축의 미학: 트라클의 시 「소냐」

인물시 「소냐」는 1913년 8월에 집필되었고, 그해 11월 오스트리아 시선집 『문. 빈 서정시 시선집』(*Die Pforte. Eine Anthologie Wiener Lyrik*)에 실렸으며, 같은 해 12월 1일자 <브렌너>에 게재되었다. 그리고 최종적으로 「소냐」는 트라클 사후 1915년에 출판된 시집 『꿈속의 제바스치안』의 부분연작시(Teil-Zyklus) 「고독한 자의 가을」을 구성하는 8편의 연작 가운데 네 번째 작품으로 수록되었다. 작품의 전문은 다음과 같다.

> 저녁은 옛 정원으로 귀환하네;
> 소냐의 삶, 푸른 정적.
> 거친 새들의 장거리 여행;

가을에 헐벗은 나무 그리고 정적.

해바라기, 부드럽게 고개 숙인
소냐의 하얀 삶 위로.
빨갛고, 보이지 않는 상처는
어두운 방들에서 살라하네

푸른 종소리 울리는 곳;
소냐의 발걸음 그리고 부드러운 정적
동물은 죽어가며 사라짐 속에서 인사하네.
가을에 헐벗은 나무 그리고 정적.

지나 간 날의 태양이 빛나네
소냐의 하얀 눈썹 위로,
그녀의 뺨을 적시는 눈,
그리고 그녀의 눈썹의 황야.
Abend kehrt in alten Garten;
Sonjas Leben, blaue Stille.
Wilder Vögel Wanderfahrten;
Kahler Baum in Herbst und Stille.

Sonnenblume, sanftgeneigte
Über Sonjas weißes Leben.
Wunde, rote, niegezeigte
Läßt in dunklen Zimmern leben,

Wo die blauen Glocken läuten;
Sonjas Schritt und sanfte Stille.
Sterbend Tier grüßt im Entgleiten,
Kahler Baum in Herbst und Stille.

Sonne alter Tage leuchtet
Über Sonjas weiße Brauen,
Schnee, der ihre Wangen feuchtet,
Und die Wildnis ihrer Brauen. (HKA I, 105)

시의 형식적인 측면에서 보면 두 가지 특징이 발견된다. 첫째, 반복(교차)의 미학이 돋보인다. 시련의 측면에서 보면, 「소냐」는 4행시가 4회 반복되는 민요(Lied)와 흡사하다. 또한 운율 체계에서 보면, 매 행마다 4음절 강약격(Trochäus, XxXxXxXx)의 운각이 규칙적으로 반복되어 나타나며, 모든 행의 끝운은 모두 악센트가 없는 여성음(x)으로 이루어져 있다. 한편 매 연마다 교차각운(a-b-a-b: Garten-Stille-fahrten-Stille)을 엄격히 지켰다. 이 교차각운의 도식에서 흥미로운 대목은, 매 연 2행과 4행의 마지막 단어가 동일하다는 사실이다.(1연: Stille, 2연: Leben, 3연: Stille, 4연: Brauen) 여기서 다시 1연과 3연에서는 "정적"이라는 단어가 반복해서 등장한다. 이러한 반복의 미학은 시행 차원에서도 이루어진다. 1연의 제4행 전체("가을에 헐벗은 나무 그리고 정적")가 민요의 후렴구처럼 3연의 제4행에서 그대로 반복된다. 가을이 촉발하는 우울함과 간난(艱難)함이라는 내적 심리 상태를 강조하려는 시인의 의도로 읽힌다. 이런 맥락에서 "트라클의 고요는 정물이나 한 폭의 풍경화가 던지는 정적이고 평화로운 상태가 아니다. 그의 고요는 소멸로 인한 존재의 침울한 표현이자 하강에 이르는 조용한 발걸음이다"[3]라는 신성엽의 언급은 설득력이 있다.

시인이 강조하고 싶은 대상이 또 있다. 바로 이 시의 제목이자 주제인 '소냐'라는 인물이다. 소냐는 4번 반복적으로 출현한다. 부연하자면 매 연 두 번째 행의 서두가 소냐에게 헌정되어 있다. 또한 소냐가 등장하는 행 안에서도 일정한 통사론적 규칙성이 발견된다. 말하자면, 소냐라는 이름은 모두 2격 명사형으로 사용되었으며, 1연과 3연의 제2행에서는 소냐는 명사구를 구성하고("Sonjas Leben, blaue Stille.", "Sonjas Schritt und sanfte Stille"), 2연과 4연의 제2행에서는 전치사구를 이룬다.("Über Sonjas weißes Leben", "Über Sonjas weiße Brauen") 또한 소유격으로 사용된 소냐는 – 교차각운의 리듬처럼 – 1연과 3연에서는 "하얀 삶"이라는 추상적인 이미지와 연결된 부가어로 기능한다면, 2연과 4연에서는 "발걸음"과 "눈썹"이라는 신체의 구체적인 부분을 가리키는 부가어로 기능한다.

소냐라는 인물을 돋음 새김하기 위한 시인의 의도는 유사한 소리 이미지의 반복이 만들어내는 '동질연속음'(Klangfigur)에서도 발견된다. 한나 클레스인거(Hanna Klessinger)는 소냐를 음성적인 차원에서 연상시키는 [s]음과 [ʃ]음이 시의 핵심 인물인 소냐 주변을 에둘러 싸고 있다고 분석하고 있다.

> Sonjas Leben, blaue <u>St</u>ille.
> [……]
> <u>Son</u>nenblume, <u>san</u>ftgeneigte / Über <u>Son</u>jas wei<u>ß</u>es Leben

---

3 신성엽, 『게오르크 트라클의 절대화된 메타포와 시적 공간』, 연세대학교 박사학위논문, 2014, 186쪽.

[……]

Sonjas Schritt und sanfte Stille. / Sterbend [……]

[……]

Sonne alter Tage leuchtet / Über Sonjas weiße Brauen, / Schnee [……]

클레스인거에 의하면 "해바라기"(Son-nenblume), "태양"(Son-ne), "부드러운"(san-ft)의 첫음절 [s]음과 "정적"(St-ille), "하얀"(wei-ß), "발걸음"(Sch-ritt), "눈"(Sch-nee)의 첫(끝)음절 [ʃ]음이 "소냐"(Son-ja)의 첫음절과 때론 동일하고 때론 유사하게 울린다는 것이다. 이와 같은 동질연속음은 민요풍의 서정시에 내재한 음악성을 제고하기 위한 장치일 뿐만 아니라, 도스토예프스키의 『죄와 벌』에서 묘사된 소냐의 내면적 특성, 조용함("정적"), 따뜻함("해바라기", "태양"), 온순함("부드러운 발걸음"), 순수함("하얀", "눈")을 환기하는 시적 기제로 기능한다.

둘째, 압축의 미학이 인상적이다. 무엇보다도 시인이 말하고자 하는 바가 완전한 문장이 아니라 간결한 명사구에 고도로 압축되어 있다. 총 16개의 시행 가운데 10개의 시행(제2, 3, 4, 5, 6, 7, 9, 11, 14, 16행)이 동사 없는 명사구로만 쓰였고, 부정관사는 아예 사용되지 않았으며 정관사는 3회만("die blauen Glocken", "im Entgleiten", "die Wildnis") 사용되었다. 여기서 흥미로운 지점은, 지시 대상이 뚜렷하게 나타나지 않는 모호한 맥락 속에 단정적으로 던져진 명사구가 다양한 해석의 가능성을 열어 놓고 있다는 사실이다. 트라클 시어의 특징을 연구한 알베르트 베르거(Albert Berger)의 표현대로 "이미지 농축"[4]은 난해성을 동반한 다양한 해석의 가능성을 촉발한다. 실례로 두 개의 명사구로 이루어진 1연

4 Albert Berger, *Lyrisches Ich und Sprachform in Trakls Gedichten*. In: Kurt Bartsch(Hg.), *Die andere Welt*, Bern/München 1979, p. 244.

제2행의 “소냐의 삶, 푸른 정적”(Sonjas Leben, blaue Stille)을 살펴보자. 여기서 두 명사구 사이에 찍힌 ‘콤마’로 인해 둘 사이에서 세 가지 관계 맺음이 가능해진다.

1) 콤마는 두 명사구가 상호 연관성 없이 병렬적으로 나열되어 있음을 지시할 수 있다. 이때 “소냐의 삶”과 “푸른 정적”은 서로 무관한 독립적인 현상일 수 있다. 여기서 콤마는 접속사 ‘그리고’와 유사한 기능을 수행할 수 있다. “소냐의 삶 [그리고] 푸른 정적”(Sonjas Leben [und] blaue Stille)
2) 콤마는 앞 명사구의 2격 부가어가 두 번째 명사구까지 연결되어 있음을 암시할 수 있다. 이럴 때 이 시구는 다음처럼 해석될 수 있다. “소냐의 삶 [소냐의] 푸른 정적”(Sonjas Leben [Sonjas] blaue Stille)
3) 콤마는 두 명사구의 관계를 논리적으로 종속시키는 동사 역할을 수행할 수 있다. 이때 두 번째 명사구는 첫 번째 명사구의 주격 보어로 작동할 수 있다. 이럴 때 이 시구는 다음처럼 읽힌다. “소냐의 삶[은] 푸른 정적[이다]”(Sonjas Leben [ist] blaue Stille)

정리하자면 푸른 정적은 소냐의 인생 옆에 병존할 수도 있고, 소냐의 인생에 귀속될 수도 있으며, 소냐의 인생 자체와 아예 동일시 될 수도 있다. 이처럼 트라클의 명사구는 다각도로 해석될 수 있는 단초를 분광하는 프리즘이다. 한편 명사구와 명사구가 만날 때뿐만이 아니라 명사구와 동사가 포함된 문장이 만날 때도 이중 해석이 가능한 시구가 있다. 4연의 마지막 두 행 “그녀의 뺨을 적시는 눈,/ 그리고 그녀의 눈썹의 황야.”(Schnee, der ihre Wangen feuchtet,/ Und die Wildnis ihrer Brauen)를 다음과 같이 재해석할 여지는 충분하다.

> 그녀의 뺨과 그녀의 눈썹의 황야를 적시는 눈.
> Schnee, der ihre Wangen und die Wildnis ihrer Brauen feuchtet.

하늘에서 내리는 눈송이가 소냐의 뺨만을 적실 수는 없는 일이다. 이렇게 보면 후자의 번역이 더 타당해 보인다. 또한 "눈썹의 황야"라는 비유에도 해독의 가능성이 열릴 수 있다. 눈을 맞아 새하얗게 된 눈썹의 모습이 트라클의 상상력에 의해서 온통 하얀 눈으로 뒤덮인 불모의 허허벌판 이미지로 치환되었다고 추정해 볼 수 있기 때문이다. 후렴구처럼 사용된 "가을에 헐벗은 나무 그리고 정적"(Kahler Baum in Herbst und Stille)도 이중 해석을 열어 놓는다. 전치사 'in'에 명사 "가을"과 "정적"이 모두 귀속되어 있다고 가정하면, "가을과 정적 속 헐벗은 나무"로도 해석될 수 있기 때문이다. 이처럼 트라클의 시구는 모호함을 배가시키면서 동시에 의미의 자장을 증폭시킨다. 트라클의 「소냐」를 실례로 들어, 트라클의 문학을 번역할 때 직면하게 되는 문제점을 분석한 장 지로드(Jean Giraud)가 트라클의 시학을 "표현의 경제학"[5]으로 명명한 근거는 여기서 찾을 수 있다.

시의 형식적 특징으로 언급한 교차반복의 미학은 내용적 차원에서도 일관된다. 각 연을 구성하는 4개의 시행 중 1행과 2행(전반부)에서는 소냐의 삶의 긍정적인 측면이 암시적으로 나타난다면, 각 연의 3행과 4행(후반부)에서는 부정적인 측면이 비유적으로 묘사된다.

---

5 Jean Giraud, *Über einige Schwierigkeiten beim Übersetzen Trakls. Am Beispiel des Gedichts Sonja.* In: Walter Methlagl (Hg.), *Untersuchungen zum Brenner*. Festschrift für Ignaz Zangerle, Salzburg 1981, p. 411.

1연: 자신의 삶을 깊이 있게 성찰하는 소냐의 진정성을 밤의 귀환이라는 상징적 이미지를 통해 표현한 전반부는, 어느 곳에도 정착할 수 없는 소냐의 긴 방랑을 새의 험난한 여정으로 형상화한 후반부와 대치된다.

2연: 연약하고 순수하며 따뜻한 소냐의 인간성을 다소곳이 고개 숙인 해바라기의 겸손의 미덕으로 비유한 전반부는, 창녀로서 생계를 유지할 수밖에 없는 소냐의 실존적 고통을 사회로부터 소외된 좁고 답답한 공간에 유폐된 채 흘리는 피의 이미지로 비유한 후반부와 서로 대조된다. 여기서 소냐의 순결한 영혼을 가시화하는 흰색은 남성의 성적 욕망에 의해 유린된 소냐의 신체를 상징하는 붉은색과 선명한 색채 대비를 이룬다.

3연: 신의 구원, 즉 성스러운 신의 부름("푸른 종소리")에 응답하여 그곳을 향해 한발 한발 걸어가는 경건한 소냐의 이미지("소냐의 발걸음")와 현실에서 존재의 이유를 찾지 못한 채 무의미하게 소멸되는 동물의 이미지가 서로 대립된다.

4연: 소냐가 통과해 온 긴 세월의 지혜, 부연하자면 기독교적 사랑을 온몸으로 실천해 온 소냐의 인생을 "하얀 눈썹"이라는 이미지로 응축한 전반부와, 더 이상 유효하지 않은 사랑의 이상(황폐해진 사랑)을 "눈썹의 황무지"란 절대적 메타포에 담은 후반부가 대조된다. 과거의 태양은 축복처럼 따뜻하게 빛났다면 현재의 눈발은 소냐의 얼굴(뺨과 눈썹)을 차갑게 적신다.

지금까지 언급한 내용을 표로 간략하게 정리해 보면 다음과 같다.

연	행	각운	주제 및 내용	상징적 표현 기제	가치*
1	1	a	묵상과 성찰	귀환/정착	+
	2	b			
	3	a	고통 받는 실존	떠남/고행	-
	4	b			
2	1	a	연약함과 순수함	밝음/밖	+
	2	b			
	3	a	찢어짐과 치욕	어둠/안	-
	4	b			
3	1	a	구원의 종소리	울림/확장	+
	2	b			
	3	a	죽음의 몸짓	미끄러짐/소멸	-
	4	b			
4	1	a	사랑의 이상과 지혜	따뜻함/빛나다	+
	2	b			
	3	a	좌절된 사랑	차가움/적시다	-
	4	b			

* +: 긍정성, −: 부정성

시의 형식적 특징으로 언급한 압축의 미학은 시의 내용을 설명하는 데도 유용하다. 장편 소설 『죄와 벌』에서 묘사된 여주인공 소냐의 삶의 지난한 궤적을 16개의 시행에 모두 담아내는 일은 사실상 불가능한 일이다. 따라서 「소냐」에서 묘사된 소냐는 일상의 구체적인 사실성의 맥락이 거의 휘발된 추상적인 존재이다. 우선 굴곡 많은 소냐의 삶은 "푸른 정적", "하얀 삶"과 같은 고도의 추상적인 색채 이미지 속에 농축되어 나타난다. 또한 창녀라는 사회적 약자로서 소외된 삶을 살아가는 소냐의 삶은 "어두운 방"이라는 공간의 메타포로 표현되어 있으며, 남성의 성적 욕망에 의해 희생된 소냐의 육체는 "빨갛고, 보이지 않는 상처"라는 선혈 이미지와 죽음에 임박한 동물 이미지로 치환된다.

3. 좌절된 사랑의 유토피아: 도스토예프스키의 『죄와 벌』의 '소냐' 모티브의 시적 변용

세계적인 작가로서의 명성을 확고하게 만든 도스토예프스키의 장편 소설 『죄와 벌』은 1866년 1월부터 12월까지 1년 동안 <러시아 통보>(*Russkii vestnik*)에 연재된 뒤, 이듬해인 1867년 약간의 수정을 거쳐 단행본으로 출간되었다. 이 소설은 외형적으로는 살인사건을 추적하는 탐정소설의 형식을 취하고 있으나 사실상은 가난한 대학생 라스콜리니코프의 범죄 행위와 창녀 소냐의 사랑을 통한 라스콜리니코프의 회개와 구원이란 주제를 형상화함으로써 인간 본성에 대한 철학적인 문제들(이성과 감성, 선과 악, 욕망과 양심 등)에 천착한 작품으로 평가 받는다. 이 소설에서 트라클의 심중에 각인된 이미지는 "러시아적 구원의 여성상인 소냐"[6]이다. 알코올 중독자 마르멜라도프의 열여덟 살 된 딸인 소냐는 술주정뱅이 아버지와 병든 동생을 부양하기 위해 매춘을 선택할 수밖에 없었다. 소냐는 비록 냉혹한 현실 속에서 가장 비참한 삶을 견디는 소외된 약자이지만, 묵묵히 자신의 길을 걸으며 인종(忍從)과 믿음으로 신의 섭리를 받아들이고, 타인에 대한 배려와 자기희생을 통하여 타락한 라스콜리니코프로 하여금 죄를 고백하고 회개하도록 인도하는 전형적인 구원의 여성상으로 등장한다.

트라클은 소설 속 소냐 모티브를 시적 이미지로 변용한다. 소설을 읽으면서 소냐에게서 받은 감동적인 인상을 시적 이미지로 형상화하는 데 주력한 것이다. 소설 속에서 라스콜리니코프는 소냐에 대한 인상을 다음

6 조유선, 『도스또예프스끼 읽기 사전』, 열린책들, 2007, 245쪽.

처럼 고백한다.

> 소냐! 불쌍한 것들, 온순한 것들, 온순한 눈을 하고……. 사랑스러운 것들……! 대체 왜 그들은 울지 않을까? 왜 신음하지도 않는 걸까……? 모든 것을 내주고…… 온순하고 조용한 눈으로 바라만 볼 뿐……. 소냐, 소냐! 조용한 소냐……![7]

> 이 온순한 푸른 눈[8]

이와 같은 소냐의 온순하고 차분하며, 조용하고 순종적인 성격은 소냐의 신체적 특징인 푸른 눈의 이미지와 결합되어 "푸른 정적"이라는 공감적 이미지(시각과 청각의 결합)로 변용되기도 하고, "소냐의 발걸음 그리고 부드러운 정적"과 같은 몸짓 이미지로 전환되기도 하며, "부드럽게 고개 숙인" 꽃의 모습으로 전이되기도 한다. 한편 자신이 처한 비정한 상황 속에서도 타자를 이해하고 배려하려는 소냐의 헌신적인 사랑과 자기희생적인 자세는 죽어가는 동물이 마지막으로 보내는 "인사"의 제스처로 다음처럼 재현된다. "동물은 죽어가며 사라짐 속에서 인사하네."

소설에서 소냐는 생계를 유지할 수 있는 최후의 방편으로 비록 창부의 삶을 선택할 수밖에 없었지만, 그렇다고 해서 남성의 성적 욕망을 만족시켜 주는 관능적인 육체적 존재로 묘사되지 않는다. 소냐는 "나는 그와의 성적 유희에서 커다란 즐거움을 느꼈어요."[9]라고 서슴없이 말하는

7 표도르 도스토예프스키, 『죄와 벌 1』, 김연경 옮김, 민음사, 2014, 497~498쪽.

8 표도르 도스토예프스키, 『죄와 벌 2』, 김연경 옮김, 민음사, 2014, 91쪽.

9 Georg Büchner, Sämtliche Werke, Briefe und Dokumente in zwei Bänden. Bd. 1, Frankfurt am Main 1992, p. 27.

게오르크 뷔히너(Georg Büchner)의 『당통의 죽음』(*Dantons Tod*) 1막 5장에 등장하는 당통의 애첩 마리옹과 차별된다. 오히려 소냐는 신의 말씀을 전도하는 신성한 창녀에 가깝다. 예컨대 타락한 라스콜리니코프를 참회하도록 유도하는 소냐의 다음과 같은 말을 들어보자.

> 소냐가 손뼉을 탁 치며 소리쳤다. "당신은 하느님에게서 멀어졌어요. 하느님의 저주를 받아 악마에게 넘겨진 사람이에요……!" "말이 나왔으니 말인데, 소냐, 내가 어둠 속에 드러누워 줄곧 뭔가에 골몰했을 때 그거야말로 악마가 나를 홀린 것은 아니었을까?"[10]

이러한 소냐의 성심(聖心)은 트라클의 공감적 상상력을 통해 "푸른 종소리" 이미지로 응축되어 표현된다. 트라클이 개인적으로 애호하는 푸른색은 시 텍스트에서도 주도적인 상징적 기능을 수행하는 색채로 꼽힌다. 트라클의 가족들과 친구들은 "모든 것을 푸른색으로 채색해 버리겠다."[11]는 시인의 성벽에 놀라움을 금치 못했다고 한다. 트라클의 서정시에 가장 많이 등장하는 푸른색은 무엇보다도 신성함을 상징한다.[12] 트라클의 시에 심취했던 하이데거는 트라클이 애용한 푸른색의 기저에 서려 있는 성스러움의 심오한 아우라를 다음처럼 간파한 바 있다. "푸른색은 성스러운 것의 의미를 지칭하기 위한 형상이 아니다. 모아들이면서도 감춤 속에서 비로소 빛나는 자신의 깊이로 인해 푸름은 그 자체가 성스러

---

10 표도르 도스토예프스키, 『죄와 벌 2』, 261쪽.

11 Otto Basil, *Georg Trakl in Selbstzeugnissen und Bilddokumenten*, p. 49.

12 붉은색, 흰색, 검은색의 3색 체계에서 그리 주목받지 못했던 푸른색은 12세기 중세의 성화나 스테인드글라스에서 성모 마리아의 옷을 표현하는 색으로 사용되면서부터 성모의 무염시태와 원죄 없는 순결을 상징하는 신성한 색으로 수용되었다.(미셸 파스투로, 『블루 색의 역사』, 고봉만, 김연실 옮김, 한길아트, 2002, 65~70쪽 참조.)

운 것이다."[13] 실례로 "어스름 지는 모든 교회들의 제단/ 그리고 하늘처럼 넓은 그 푸른 둥근 지붕에 대한 [기도]"(「기도」(*Andacht*), HKA I, 221)에서처럼 푸른색 속에 신성의 지향이 간접적으로 표현되기도 하고, 아예 푸른색과 신성이 직접 결합해 다음과 같은 아름다운 시구를 낳기도 한다.

> 성스러운 푸름 가운데서 빛나는 발자국 소리가 잇달아 울려 퍼진다.
> Und in heiliger Bläue läuten leuchtende Schritte fort. (「어린 시절」, HKA I, 79)

이 시구는 「소냐」의 3연 1-2행과 아주 흡사하다. 트라클의 텍스트는 구성주의적이다. 트라클이 사용하는 독창적인 어휘와 색채 이미지들은 고도로 회귀적이기 때문에 작품 곳곳에서 반복적으로 출현한다. '푸른색—종소리—발걸음'의 연쇄 이미지도 예외는 아니다. 「소냐」에서는 이렇게 변주된다.

> 푸른 종소리 울리는 곳;
> 소냐의 발걸음 그리고 부드러운 정적

푸른 종소리가 메아리치는 곳으로 소냐의 발걸음이 이어진다. 반대로 말하자면, 신성의 진앙(震央)인 '성스러움 푸름'이 소냐를 자기 쪽으로 끌어들인다. 이 시구는 괴테가 『색채론』에서 언급한 푸른색의 본질적 성향과 일맥상통한다. "그것[푸른색]이 우리 쪽으로 밀쳐오는 것이 아니라

---

13 마르틴 하이데거, 『언어로의 도상에서』, 신상희 옮김, 나남, 2012, 65쪽.

우리를 자기 쪽으로 끌어당긴다."[14]

한편 소설 속에서 소냐는 "천사 같은 순결한 영혼"을 지닌 존재로 묘사된다. 육체적 순결이 상실된 자리에 가장 순수한 영혼이 기거한다. 요컨대 소냐는 거룩한 창녀이다. 여기서 흥미로운 지점은 이런 영혼의 순수함을 가시화하기 위해 자주 흰색 이미지가 동원된다는 사실이다. 실례로 라스콜리니코프는 이런 꿈을 꾼다. "소녀는 온통 꽃으로 둘러싸인 채 하얀 실크 드레스를 입고 있다."[15] 일반적으로 영혼의 순수함은 흰색의 색채상징에 부합된다. 이와 같은 소냐의 모습은 트라클의 「소냐」에서는 "소냐의 하얀 삶"으로 추상화되어 암호화된다.

한편, 괴테가 『색채론』에서 언급했듯이 하얀색은 순백의 눈과 자연스럽게 직결된다. 「소냐」의 마지막 연에 등장하는 눈 이미지는 『죄와 벌』의 「에필로그」와 긴밀하게 연결되어 있다. 이 소설의 내용을 알지 못하면 마지막 연의 해독은 녹록치 않다. 라스콜리니코프는 소냐의 사랑과 설득으로 광장에 엎드려 입 맞추고 속죄의 의미로 사람들에게 절을 한다.[16] 소냐는 라스콜리니코프에게 자신의 십자가를 주며 경찰서까지 동행하면서 죄를 자백할 용기를 불어넣어 준다. 마침내 시베리아 유형을 선고받게 되자 소냐는 시베리아까지 라스콜리니코프를 따라간다. 그러나 시베리아 수용소에서 1년을 보낸 라스콜리니코프는 여전히 소외감과

14 요한 볼프강 폰 괴테, 『색채론』, 장희창 옮김, 민음사, 2003, 253쪽.

15 표도르 도스토예프스키, 『죄와 벌 1』, 243쪽.

16 "갑자기 소냐의 말이 떠올랐다. '교차로로 가서 사람들 앞에 절을 하고 땅에 입을 맞춰, 그 땅에 죄를 지었으니까, 그리고 온 세상을 향해 큰 소리로 '나는 살인자다!'라고 말해.' 이 말이 떠오르자 온몸이 떨려왔다. [……] 그의 내부에 있던 모든 것이 한꺼번에 누그러지고 눈물이 왈칵 솟구쳤다. 그는 서 있던 자세 그대로 땅바닥에 쓰러졌다. 그는 광장 한복판에 무릎을 꿇고 땅바닥까지 몸을 숙여 절을 하고 쾌감과 행복을 맛보며 그 더러운 땅에 입을 맞추었다."(표도르 도스토예프스키, 『죄와 벌 2』, 456~457쪽.)

좌절을 느끼며, 자신의 죄를 진심으로 뉘우치지 못한다. 하지만 자신을 따라온 소냐의 진정한 사랑과 무한한 헌신으로 인해 결국 라스콜리니코프는 지금껏 자신을 옥죄던 고통에서 벗어나 새로운 인간으로 부활하게 된다. 「에필로그」의 시간적 배경이 부활절 기간이라는 사실과 공간적 배경이 갑갑한 공기와 참을 수 없는 악취, 지저분한 먼지와 들끓는 소음으로 휩싸인 대도시 뻬쩨르부르크가 아니라 사방이 설원으로 둘러싸인 광활한 시베리아라는 사실은 라스콜리니코프의 갱생을 더욱 부각시킨다. 눈으로 뒤덮인 시베리아의 대자연을 배경으로 『죄와 벌』은 다음과 같은 감동적인 장면으로 대단원의 막을 내린다.

> 그들은 말을 하고 싶었지만 그럴 수가 없었다. 눈에는 눈물이 고였다. 둘 다 창백하고 여위었다. 하지만 병색이 완연한 이 창백한 얼굴에서 이미 새로워진 미래의 아침놀이, 새로운 삶을 향한 완전한 부활의 아침놀이 빛나고 있었다. 사랑이 그들을 부활시켰고, 한 사람의 마음이 다른 사람을 위해 무한한 생명의 원천이 되어 주었다.[17]

사랑의 힘을 통해 죄지은 인간이 구원될 수 있다는 도스토예프스키의 사랑의 철학이 드러나는 결정적인 대목이다. 소설의 마지막 장면을 고려하여 트라클의 「소냐」의 마지막 2행을 다시 보면, 앞서 분석한 바와 달리, 소냐의 뺨과 눈썹을 적시는 눈은 라스콜리니코프의 부활을 축복하는 상징적 기호로 재해석할 수도 있다. 그러나 시의 전체 맥락을 통합적으로 고려해 다시 마지막 장면을 분석해 보면, 과연 트라클이 도스토예프스키가 기획한 '사랑의 유토피아'를 확신하고 있는지 자못 의심스러워진

---

17 표도르 도스토예프스키, 『죄와 벌 2』, 496쪽.

다. 이러한 회의론의 단초를 3연 제3행의 "사라짐"이라는 시어에서 찾아볼 수 있다. 그리고 이 해체와 융해의 과정은 4연에 이르러 가속화된다. 4연에서 소냐는 온전한 얼굴이 없는 존재, 뺨과 눈썹으로 파편화된 존재, 비유하자면 자기 정체성을 상실한 피상적인 존재로 묘사된다. 이 사라짐은 하얀 눈이 내리는 풍경과 하얀 뺨과 하얀 눈썹 사이의 경계가 불투명해지면서 절정에 이른다. 이렇게 보면, 이 시의 마지막 장면은 사랑의 유토피아를 몸소 실천하고 체현하는 소냐라는 인물의 주체성이 완전히 소멸되는 과정을 시적으로 형상화한 것으로 해석될 수 있다. 클레스인거가 4연의 젖은 눈의 모티브를 "인간 상호간 내지 성(性) 상호간 만남의 비극적인 좌절에 대한 신호"[18]로 분석하는 이유는 여기에 있다.[19] 이런 해석의 관점을 지지한다면, 제4연의 풍경은 오히려 도스토예프스키의 초기 문제작 『지하로부터의 수기』의 마지막 상황을 떠올리게 한다. 20년 동안 구린내 나고 추악한 지하에 틀어박혀 자신을 환멸하고 세상을 증오하며 살고 있는 어떤 남자가 들려주는 실패한 사랑 이야기의 결론 부분이다.

> 그러니까 정작 난 그녀가 나를 찾아온 목적이 결코 동정 어린 말을 듣기 위해서가 아니라 나를 사랑하기 위해서였다는 것을 통 깨닫지 못한 것이니, 실상 여자에게는 이 사랑 속 부활, 그 종류를 막론하고 온갖

18 Hanna Klessinger, *Krisis der Moderne*, p. 107f.

19 트라클은 '젖은 눈'의 모티브를 『죄와 벌』 2부 6장의 다음 대목에서 가져와 변용한 것으로 추정된다. 라스콜리니코프는 센나아 광장을 산책하다가 어떤 젊은 거리의 악사가 연주하는 감상적인 노래를 듣고 있는 행인에게 이런 말을 건넨다. "스산하고 어둡고 눅눅한 가을 저녁에, 반드시 눅눅한 저녁이어야 하고, 모든 행인들이 환자처럼 창백하고 푸르스름한 얼굴을 하고 있을 때, 손풍금 반주에 맞추어 부르는 노래가 좋습니다. 아니면 바람 한 점 없는 가운데 축축한 눈이 그야말로 툭툭 떨어질 때면 더 좋지요? 눈발 사이로 가스등이 빛나고……"(표도르 도스토예프스키, 『죄와 벌 1』, 282~283쪽.)

> 파멸로부터의 구원, 갱생이 모두 담겨 있으며, 그 밖의 다른 방식으론 나타날 수도 없잖은가. [……] 그녀는 떠났다. 나는 생각에 잠긴 채 방으로 돌아왔다. 너무 힘겨워 미칠 것만 같았다. [……] 잠시 뒤, 나는 미친 사람처럼 설쳐 대며 손에 잡히는 대로 후다닥 옷을 챙겨 입곤 쏜살같이 그녀의 뒤를 쫓아 달려 나갔다. 내가 거리로 나왔을 때, 그녀는 아직 이백 보도 채 가지 않은 상태였으리라. 적막한 가운데, 펑펑 쏟아지는 눈이 거의 수직으로 떨어져 포도(鋪道)와 황량한 거리를 덮어 주었다. 인적 하나 없이 쥐죽은 듯 고요했다. 쓸쓸한 가로등들만 부질없이, 희미하게 반짝이고 있었다.[20]

유곽에서 만난 매춘부 리자는 온갖 저주와 악의에 찬 말을 쏟아내는 지하 인간을 오히려 동정하고 진정으로 사랑한다. 리자 역시 도스토예프스키 소설에 자주 등장하는 전형적인 러시아적 구원의 여성상 중 하나인 것이다. 그러나 집으로 찾아온 리자와 두 번째로 관계를 맺은 후 그녀에게 화대를 지불하자, 리자는 그 돈을 몰래 책상에 남겨 두고 떠난다. "사랑 속 부활"을 확신했던 거룩한 창녀 리자의 믿음이 성적 욕망의 대가로 환산되는 치욕을 경험한 순간, 리자는 그 남자를 떠나 폭설 속으로 홀연히 사라지고 만다. "적막한 가운데, 펑펑 쏟아지는 눈이 거의 수직으로" 쏟아지는 풍경 속으로 사라진 리자의 모습은 「소냐」의 4연을 연상시키기 충분하다. 이런 맥락에서 보면 「소냐」는 도스토예프스키의 사랑의 유토피아에 대한 트라클의 불신과 회의가 반영되어 있는 작품으로 재해석할 수 있다.

여기서 좀처럼 해독을 불허하는 비의적인 이미지로 남았던 시의 마지

---

20 표도르 도스토예프스키, 『지하로부터의 수기』, 김연경 옮김, 민음사, 2014, 193~196쪽.

막 행이 비로소 의미의 지평을 연다. 소냐의 하얗던 눈썹이 돌연 생명이 고갈된 황무지로 변한 이유는 무엇일까? '이름은 운명이다'(nomen est omen)라는 로마의 격언을 기억하자. 소냐의 정식 이름 소피아(Sophia)는, 콘스탄티노플의 대성당 하기아 소피아(Hagia Sophia)에서도 나타나듯이, 어원적으로 비잔틴 정교 전통의 '신적 지혜'(The Divine Wisdom)와 밀접한 연관성이 있다. 말하자면 소냐는 기독교의 신적 지혜를 대표하는 '천상의 여신'이다.[21] 이러한 어원적 시각에서 보면, 소냐의 하얀 눈썹은 지혜를 상징한다. 부연하자면 사랑을 통한 구원이라는 신적 지혜의 상징으로 해석할 수 있다. 그러나 종국에는 소냐의 하얀 눈썹은 황무지가 된다. 기독교적 지혜의 정수인 사랑의 유토피아가 혼돈의 무질서(독일어 'Wildnis'의 또 다른 뜻은 혼돈이다.)로 점철된 사랑의 디스토피아로 전락한 것이다. 추측컨대, 이 시에서 몇 번 사용되지 않은 정관사가 "황야" 앞에 붙은 이유는 여기에 있다. 여기서 이런 질문을 던져 본다. 그렇다면 트라클은 왜 사랑의 힘을 부정하는가? 여동생 그레테에 대한 트라클의 사랑은 애초부터 축복받기 힘든 사랑이었다. 근친상간의 죄의식 속에서 트라클은 자신을 저주받은 시인으로 모멸했다. 이 좌초된 사랑의 경험이 「소냐」의 마지막 장면에 투사되어 있다. 요컨대 소냐의 실제적 정체는 곧 그레테였던 것이다.[22]

그렇다고 해서 트라클이 사랑을 통한 부활의 가능성을 완전히 포기한 것으로 이해해서는 곤란하다. 트라클은 루트비히 폰 피커에게 보낸 1913년 6월 26일자 편지에 이렇게 썼다.

---

21 이형구, 「『죄와 벌』 그리고 위대한 여신의 반향들」, 『노어노문학』, 제19권. 제2호, 2007, 371쪽 참조.

22 트라클의 시에서 흰색은 누이동생을 상징하는 색채로 자주 쓰인다. "추운 밤 누이의 하얀 뺨"(「헬리안」, HKA I, 70), "누이의 하얀 얼굴"(「계시와 몰락」, HKA I, 170).

신이여, 단지 순수한 기쁨의 불씨 하나만을 주소서, 그러면 인간은 구원될 것입니다. 사랑, 그러면 인간은 구원될 것입니다.

Gott, nur einen kleinen Funken reiner Freude - und man wäre gerettet; Liebe - und man wäre erlöst. (HKA I, 519)

트라클은 사랑이 초래하는 비극을 환멸하면서 동시에 사랑의 힘에 대한 일말의 가능성을 믿었던 것으로 보인다. 사랑의 유토피아에 대한 불신과 동경 사이에서 트라클은 심각하게 갈등했던 것으로 보인다. 이렇게 보면 「소냐」의 4연에 내리는 하얀 눈은 사랑의 구원을 계시하는 축복의 눈이자 동시에 사랑의 환멸을 암시하는 몰락의 눈으로 읽힌다.

4. 소냐는 사라졌다

다시 근본적인 질문을 던져보는 것으로 글을 마무리한다. 트라클은 왜 도스토예프스키의 『죄와 벌』에 열광하고 몰두했는가? 단순화의 위험을 무릅쓰고 말하자면, 소설 『죄와 벌』의 주제와 트라클이 추구하는 시학이 대동소이하기 때문일 것이다. 넓고 크게 보면, 둘 사이에 공통점이 발견된다. 알다시피 『죄와 벌』의 핵심 주제는 이성의 광기 속으로 침잠하는 자폐적인 인간의 속죄, 고뇌하는 청춘의 참회이다. 에두아르트 라흐만이 적시했듯이, 트라클 시학의 주요 내용도 "참회의 행위"[23]이다. 트라클은 자신을 철저하게 세상으로부터 버림받은 '저주 받은 시인'으

23 Eduard Lachmann, *Kreuz und Abend. Eine Interpretation der Dichtungen Georg Trakls*, Salzburg 1954, p. 100.

로 여겼고, 이러한 원죄의식(여동생과의 근친상간)이 트라클의 영혼에 화인처럼 찍혀 있었다. 그러나 깊고 좁게 보면, 둘 사이에 엄연한 차이가 존재한다. 도스토예프스키는 근대의 미망이라 할 수 있는 이성의 광기를 '영성'으로 극복하려는 자기 신념을 결코 포기하지 않았다, 소냐의 사랑이 빚은 라스콜리니코프의 구원이 이를 상징적으로 대변한다. 하지만 트라클의 시에서 속죄와 참회는 곧바로 구원으로 연결되지 않는다. 구원이 트라클 시의 마지막 종착점이라면 그의 문학은 종교적 고백의 단계에 머물지 모른다. 그의 시에서 구원은 간절히 모색되지만 그 시도는 번번이 실패한다. 말하자면 좌절된 구원, 불완전한 참회가 트라클 시학의 핵심이다. 트라클은 시작(詩作)을 통해 자신의 죄를 참회하고 부단히 구원을 갈구하지만 그 부르짖음은 좌절된다. 그래서 그에게 시는 '불완전한 속죄'이다. 이것이 트라클의 시혼이 감내해야 할 고통의 총화였다. 소냐는 사라졌다.

맺음말

영혼은 지상에서 낯선 나그네이다

맺음말
영혼은 지상에서 낯선 나그네이다

끝으로 책을 기획하면서 가슴에 품었던 세 가지 질문에 답하면서 '색의 제국' 탐사 여행을 결산해 본다.

1) 트라클 시에서 색은 무엇인가?
2) 트라클은 과연 표현주의자인가?
3) 트라클은 결국 몰락했는가?

1) 트라클의 시세계에서 사용된 색은 외부 현상에 대한 감각적 인상의 표현을 넘어, 특정 개념으로 형언하기 힘든 시인의 내면세계(정조, 감정, 체험, 판단, 자기인식, 가치관, 현실인식 등)가 외화(外化)된 시각적 기호이다. 따라서 트라클의 색에서는 자아와 세계가 서로 스며든다. 색은 언어로 온전히 표현할 수 없는 트라클의 시혼이다. 마치 표현주의 화가들이 감추고 있던 내면세계를 색채 이미지를 통해 폭발적으로 표출하듯이, 말로 형언할 수 없는 시인의 복잡한 내면 상태가 고농도로 응축된 것이 색이다. 색은 이미지로 결정화된 트라클의 영혼인 것이다. 에두아

르트 라흐만이 언급한 것처럼 "트라클의 모든 언어형상은 '사물'과 연관된 것이 아니라 '나'와 관계를 맺고 있다."[1] 트라클은 색을 내면화하고 주관화한다. 따라서 색은 구체적이기보다 추상적이고 물질적이기보다 정신적이다. 트라클 시 특유의 난해함은 이와 같은 독창적인 색채 사용법에 기인한다. 앙리 마티스, 카지미르 말레비치, 마크 로스코가 '색채화가'라면, 트라클은 '색채 시인'이다.

시는 온전히 이해되지 않고서도 전달될 수 있다. 시는 완전히 해명되지 않고서도 독자를 시의 본질로 가까이 끌어당긴다. 시의 모호함은 독자를 혼란시키는 만큼이나 미지의 영역으로 초대하고, 시의 불가해함은 독자를 고문하는 만큼이나 상상의 왕국으로 진입하게 해준다. 이것은 현대시의 권리이자 트라클 색채미학의 특권이다. 후고 프리드리히는 이렇게 말했다. "시는 이성이 도달할 수 없는 영역에 암시적으로 작용하면서 개념의 신비로운 영역을 떨림 속에서 드러나게 하는 절대적인 힘들의 긴장으로 구성되어 있으며, 다채로운 의미의 빛을 내는 자족한 형상체가 되고자 한다."[2] 트라클 시의 다의성은 색채 이미지가 보장한다. 색과 색이 서로 길항하고 교호하는 변증법적 자장(磁場) 속에서 트라클 시의 주제가 발현된다. 트라클의 색에서는 모종의 떨림이 감지된다. 트라클의 색은 독자의 영혼을 치는 건반이다. 트라클의 색을 응시하면 소리가 난다. 칸딘스키는 이렇게 말했다.

> 색은 영혼에 직접적인 영향을 미치는 수단이다.
> 색은 피아노 건반이요, 눈은 줄을 때리는 망치요, 영혼은 여러 개의

1 Eduard Lachmann, *Kreuz und Abend. Eine Interpretation Georg Trakls*, Salzburg 1954, p. 200.

2 후고 프리드리히, 『현대시의 구조. 보들레르에서 20세기까지』, 장희창 옮김, 한길사, 1995, 29쪽.

선율을 가진 피아노인 것이다.[3]

2) 트라클 시에서 표현주의의 정신이 박동하는가? 회의적인 시각도 있다. "트라클의 감정탐닉에는 도발적인 것, 부르짖음 같은 것이 부족하고, 반항과 절규가 부족하기 때문에 표현주의의 본령으로 끌어들일 수 있는지 의심스럽다."[4] 이와 같은 비판적 견해는 일견 설득력이 있다. 트라클의 시에서 당대 표현주의자들의 맹렬한 문명비판, 연대의식, 과격한 정치적 행동주의, 새로운 인간에 대한 비전을 얼른 발견하기는 쉽지 않기 때문이다. 그러나 자이들러의 의혹을 온전히 수긍하기도 어렵다. 다른 어떤 표현주의 시인들 못지않게 트라클의 영혼은 격분했고 절규했기 때문이다. 다만 트라클은 내면의 고통과 비명을 직접 표출하기보다는 자신의 내면에서 서정적으로 압축시켜 외부 세계로 비밀스럽게 투사했다. 여기서 색채가 중요한 역할을 했다. 예컨대 황금색의 시적 변용을 보라.

베를린 표현주의 잡지 <폭풍>(*Sturm*)을 창간한 헤르바르트 발덴(Herwarth Walden)이 '가장 표현주의적인 시인'으로 명명한 아우구스트 슈트람은 1차 세계대전에 참전해 이렇게 육성으로 경악했다. 그의 대표작 「돌격」(*Sturmangriff*) 전문이다.

사방에서 공포의 파도 비명 소리
날카로운 소리가
채찍질하여
생을

---

3 바실리 칸딘스키, 『예술에서의 정신적인 것에 대하여』, 권영필 옮김, 열화당, 2010, 61~62쪽.

4 Herbert Seidler, *Expressionismus in Österreich?* In: Zoran Konstnatiovic(Hg.), *Expressionismus im Europäischen Zwischenfeld*, Innsbruck 1976, p. 30.

자기 앞으로
불러낸다
헐떡이는 죽음을
하늘이 갈기갈기 찢는다.
물불가리지 않는 병사들을 사납게 살육하는 경악.[5]

슈트람은 1915년 러시아 군의 총탄에 맞아 전사했다. 트라클은 1914년 8월, 현재 우크라이나지역인 그로덱 전선에서 대살육의 현장을 목도한 후 정신분열증 증세가 악화되어 크라카우 정신병동으로 호송되었다. 그가 침상에서 유언장처럼 쓴 마지막 작품 「그로덱」은 이렇게 시작된다.

저녁에 가을 숲은 살인적인 무기들 소리로
울린다, 황금빛 평원
그리고 푸른 호수들, 그 위로 태양은
더욱 암울하게 구른다. 밤은
죽어가는 병사들을, 산산이 깨진 그들의 입에서 터져 나오는
거친 탄식을 감싸 안는다. (HKA I, 167)

풍요로움과 평화로움을 상징하는 "황금빛 평원"의 이미지는 순수함을 상징하는 푸른 호수들의 이미지와 더불어, 죽은 병사들의 피로 물든 살육의 전쟁터와 극단적인 대비를 이루며 전쟁의 처참함을 고발한다. 오스트리아 빈 출신의 표현주의 시인 알베르트 에렌슈타인은 대도시 문명에 대한 적개심을 이렇게 가감 없이 표출했다. "내가 너희들에게 청하건대 도시들을 파괴하라/ 내가 너희들에게 바라건대, 기계를 부서 버려라."[6] 하지

5 August Stramm, *Alles ist Gedicht. Briefe, Gedichte, Bilder, Dokumente*, Zürich 1990, p. 107.

만 트라클은 타락한 문명에 대한 공격성을 이런 서정적 풍경 속에 숨겨 놓았다. "한낮의 황금빛은 흘러갔다,/ [……]/ 목동의 부드러운 피리 소리는 죽었다."(「론델」) 유대인으로서 1942년 폴란드 강제 수용소에서 살해당한 표현주의 운동의 기수 야콥 반 호디스는 세계 종말의 전조를 이렇게 포착했다. "공중에서 절규와 같은 소리가 울리며,/ 기와장이들은 떨어져 두 동강이 나고,/ 해변에서 - 신문에 나기를 - 해일이 일어났다."[7] 하지만 세계 몰락에 대한 트라클의 예감은 서정적이다.

> 오 죽음의 어두운 불안이여,
> 그렇게 황금빛은
> 잿빛 구름 속에서 죽었다.
> O dunkle Angst
> Des Todes, so das Gold
> In grauer Wolke starb. (「마음」, HKA I, 154)

시인 요하네스 베혀(Johannes R. Becher)는 타락한 세계의 폐허 위에서 "자 이제 시간이 됐다./ 인간이여 인간이여 인간이여 일어나라 분기하라!"[8]고 부르짖으며 '신인류'의 출현을 호소했다면, 트라클은 부패한 "검은 이슬" 속에서 인류 구원의 일말의 가능성인 "마지막 황금빛"(「소년 엘리스에게」)을 목도할 뿐이다. 이것이 트라클의 시작법이고 트라클의 표현주의이다.

트라클은 표현주의가 어떤 집단적인 예술의 강령이나 구호로 정착되기

---

6 Albert Ehrenstein, *Mein Lied*, Berlin 1931, p. 198.

7 Kurt Pinthus, *Menschheitsdämmerung*, Hamburg 1959, p. 39.

8 Kurt Pinthus, *Menschheitsdämmerung*, p. 258.

도 전에 사망했다. 자신이 추구하는 시학을 완성하기에는 그에게 주어진 창작의 시간은 짧았고, 그의 생은 가혹했다. 그는 스스로를 표현주의자로 부르거나 표현주의에 대한 어떤 입장을 밝힌 적도 없다. 그러나 트라클의 영혼은 초기 표현주의의 본령을 품어 독창적인 시텍스트를 분만했다. 트라클은 시대의 모순과 내면의 고통을 토로하기보다는 그것을 자신의 내면 깊숙이 끌어들여 밀도 높은 서정적 언어로 농축하는 길을 선택했다. 그의 시는 시대를 증언했고 자기 자신을 입증했다. 외부세계는 그의 내면세계로 변용되었고, 그의 개인적 운명은 시대의 운명이 되었다. 트라클은 누구보다도 가장 치열한 표현주의 시인이었다. 1912년 4월 트라클이 친구 에르하르트 부쉬벡에게 쓴 서한 중에 이런 구절이 있다.

> 어떤 식으로든 내 마음속에 쌓인 뇌우가 폭발할 것만 같아.
>
> Irgendwie wird sich das Gewitter, das sich in mir ansammelt, schon entladen. (HKA I, 488)

3) 트라클은 몰락을 노래하며 스스로 몰락했다. 유복한 사업가의 가정의 아들로 태어났지 시민적 삶의 질서에 일찍부터 적응하지 못했다. 잘츠부르크 대학 부속 김나지움에 입학했지만 낙제를 거듭하다가 자퇴했다. 약사보조로 여러 약국을 전전했던 그의 일상은 신산했다. 술과 마취제 클로로포름에 중독된 그의 영혼은 환각과 환멸의 악순환 속에서 소진되어 갔다. 트라클의 사랑도 이루어질 수 없는 사랑이었다. 여동생에 대한 사랑은 시인이 감내해야만 했던 천형, 즉 죄의식의 근원이었다. 1차 세계대전 최전선에서 위생병으로 90명이 넘는 부상병을 혼자 간호하던 그의 가운은 붉은 피로 물들어 섬뜩했다. 정신분열증을 일으켜 야전병원에 감금된 채 신음하며 짧은 생을 마감한 그의 최후는 비참했다. 트

라클의 삶은 실패로 점철되었고 죽음으로 경도되었다. 1914년 그는 <브렌너> 편집장 루트비히 폰 피커에게 편지를 썼다.

> 오 신이여, 대체 얼마만한 죄와 암흑을 통과해야 합니까? 최후에 이렇게 쓰러지고 싶진 않습니다.
>
> O Gott, durch welche Schuld und Finsterniß müssen wir doch gehn. Möchten wir am Ende nicht unterliegen. (HKA I, 532)

이렇게 그는 절규하며 죄와 암흑의 심연으로 추락했다. 그는 파멸을 살았던 것이다. 요컨대 트라클은 "몰락하는 자로서가 아니라면 달리 살 줄 모르는"[9] 시인이다. 하지만 그는 스스로 몰락하면서 이 세계의 완강한 일각을 더불어 침몰시켰다. 더없이 불행했던 트라클의 암울한 생이 세상에서 가장 윤리적인 물음을 우리에게 던진다. 어떤 삶이 진실하고 어떤 세상이 아름다운가?

트라클은 27살에 요절했다. 길지 않은 시간 동안 그는 시를 쓰기 위해 필사적으로 악전고투하며 시혼을 모두 불살랐다. 이 불우한 운명이 트라클 문학의 비극이자 명예이다. 독일어권 문학사에서 트라클을 "클라이스트의 후예"이자 "첼란의 선구자"[10]로 평가하는 까닭은 여기에 있다. 고전주의의 이상을 거부하고 비극적 인간의 숙명과 감정의 착란에 천착한 클라이스트, 생활고에 시달리다가 서른넷의 나이에 베를린 교외 호반에서 권총 자살한 이 비운의 천재가 남긴 희곡 작품은 청년 트라클이

9 프리드리히 니체, 『차라투스트라는 이렇게 말했다』, 21쪽.

10 Rolf Schneider, *Sein Letztes Gedicht*. In: Marcel Reich-Ranicki(Hg.), *1000 Deutsche Gedichte und ihre Interpretationen. Von Georg Trakl bis Gottfried Benn*. Sechster Band, Leipzig 1996, p. 358.

반복해 읽었던 애독서였다. 홀로코스트에서 살아남은 스물일곱 청년 첼란은 2차 세계대전이 끝난 뒤 자신과 같은 나이에 삶을 마감한 트라클의 외진 무덤을 찾아와 버드나무로 엮은 꽃다발을 놓고 갔다.

트라클은 몰락했지만 그의 시는 구원받았다. 트라클이 죽은 다음해인 1915년, 트라클이 생전에 교류했던 소수의 시인들 중 유일한 여류 시인 엘제 라스커 쉴러는 조시(弔詩) 「게오르크 트라클」(*Georg Trakl*)을 그의 무덤에 바쳤다.

> 그의 두 눈망울이 아주 멀리 떠 있네.
> 그는 어린애가 되어 벌써 하늘나라에 있네.
>
> 그 둘레에 그의 말들이 떠돌고 있네.
> 푸르고 흰 구름들 위로
>
> 시인의 가슴, 굳은 성(城)이었네.
> 그의 시, 노래하는 현(絃)이었네.
>
> 하지만 이제 그는 죽었고
>
> 그의 그림자는 내 방의 저녁 위로
> 알 수 없이 서성거리고 있네.[11]

트라클은 이 세상을 떠났지만 그의 시혼은 여전히 지상을 맴돌고 있

---

11 Else Lasker-Schüler, *Gesammelte Werke in drei Bänden*. Bd. 1, Gedichte 1902∼1943, Frankfurt am Main 1996, p. 256.

다. '검은 바람 속 방랑자' 트라클의 그림자가 오늘 저녁에도 흑석동 연구실을 서성거리고 있다. 내가 가장 좋아하는 트라클의 시구로 이 정처 없는 가객을 따뜻하게 환대하고 싶다.

> 영혼은 지상에서 낯선 나그네이다. (HKA I, 141)

참고 문헌

1차 문헌

Trakl, Georg, *Dichtungen und Briefe*. Historisch-Kritische Ausgabe. Herausgegeben von Walther Killy und Hans Szklenar. 2 Bänden, Salzburg 1987.

트라클, 게오르크, 『꿈속의 제바스치안』, 신철식 옮김, 울력, 2014.

2차 문헌

Adel, Kurt, *Georg Trakl und seine Bedeutung für die Entwicklung der deutschen Literatur*. In: *Österreich in Geschichte und Literatur*, Stuttgart 1967.

Adorno, Theodor W., *Ästhetische Theorie*, Frankfurt am Main 1981.

Anz, Thomas und Stark, Michael(Hg.), *Manifeste und Dokumente. Zur deutschen Literatur 1910～1920: Expressionismus*, Stuttgart 1982.

Barthes, Roland, *Die Lust am Text*, Frankfurt am Main 1996.

Basil, Otto, *Georg Trakl in Selbstzeugnissen und Bilddokumenten*, Hamburg 1978.

Baudelaire, Charles, *Ausgewählte Werke*. Ins Deutsche Übertragung von Terese Robinson, München 1970.

Benjamin, Walter, *Gesammelte Schriften*. Bd. VI, Frankfurt am Main 1989.

Berger, Albert, *Lyrisches Ich und Sprachform in Trakls Gedichten*. In: Kurt Bartsch(Hg.), *Die andere Welt. Aspekte der österreichischen Literatur des 19. und 20. Jahrhunderts*, Bern 1979.

Bergsten, Gunilla, *Georg Trakls traumatischer Kode*. In: *Studia Neophilologica*. A Journal of Germanic and Romance Philologz. 18, 1971.

Blass, Regine, *Die Dichtung Georg Trakls. Von der Trivial Sprache zum Kunstwerk*, Berlin 1968.

Bolli, Erich, *Georg Trakls 'dunkler Wohllaut'. Ein Beitrag zum Verständinis seines dichterischen Sprechens*, Zürich 1978.

Borchmeyer, Dieter, *Moderne Literatur in Grundbegriffen*, Tübingen 1994.

Büchner, Georg, *Sämtliche Werke, Briefe und Dokumente in zwei Bänden*. Bd. 1, Frankfurt am Main 1992.

Buck, Theo, *Negative Utopie. Zu Georg Trakls Gedicht Grodek*. In: Remy Colombat u. Gerald Sieg(Hg.), *Frühling der Seele*. Pariser Trakl Symposium, Innsbruck 1995.

Brecht, Bertolt, *Gesammelte Werke in 20 Bänden*. Gedichte 1, Bd. 8, Frankfurt am Main 1967.

Bruns, Margarete, *Das Rätsel Farbe. Materie und Mythos*, Stuttgart 2006.

Celan, Paul, *Gedichte in zwei Bänden*. Bd. 1, Frankfurt am Main 1981.

Csuri, Karoly(Hg.), *Georg Trakl und die literarische Moderne*, Tübingen 2009.

Daemmrich, Horst u. Daemmrich, Ingrid, *Themen und Motive in der Literatur. Ein Handbuch*, Tübingen 1995.

Denneler, Iris, *Konstruktion und Expression. Zur Strategie und Wirkung der Lyrik Georg Trakls*, Salzburg 1984.

Doppler, Alfred, *Bemerkungen zur poetischen Verfahrensweise Georg Trakls*. In: *Sprache und Bekenntnis*. Sonderband des literaturwissenschaftlichen Jahrbuchs, Wien 1971.

_____, *Poetisches Bild als historisches Abbild. Der Wandlungsprozeß in der Lyrik Georg Trakls*. In: *Wirklichkeit im Spiegel der Sprache*. Ansätze zur Literatur des 20. Jahrhunderts in Österreich, Wien 1975.

Düchting, Hajo, *Farbrausch. Die Farbe in der Malerei*, Stuttgart 2009.

Dusini, Arno, *Variante, Invariante. Georg Trakls Kasper Hauser Lied*. In: Karoly Csuri(Hg.), *Georg Trakl und die literarische Moderne*, Tübingen 2009.

Edschmid, Kasimir, *Lebendiger Expressionismus. Auseinandersetzungen, Gestalten, Erinnerungen*, München 1964.

Ehrenstein, Albert, *Mein Lied*, Berlin 1931.

Eibl, Karl, *Expressionismus*. In: Walter Hinderer(Hg.), *Geschichte der deutschen Lyrik vom Mittelalter bis zur Gegenwart*, Stuttgart 1983.

Eichendorff, Joseph von, *Sämtliche Gedichte*. Herausgegeben von Wolfdietrich Rasch,

Stuttgart 1970.

Esselborn, Hans, *Georg Trakl. Die Krise der Erlebenslyrik*, Köln 1981.

Falk, Walter, *Leid und Verwandlung. Rilke, Kafka, Trakl und Epochenstil des Impressionismus und Expressionismus*, Salzburg 1961.

Fix, Ulla u. Wellmann, *Hans, Bild im Text-Text und Bild*, Heidelberg 2000.

Focke, Alfred, *Georg Trakl-Liebe und Tod*, Wien 1955.

Freidrich, Hugo, *Die Struktur der modernen Lyrik. Von der Mitte des neunzehnten bis zur Mitte des zwanzigsten Jahrhunderts*, Hamburg 1996.

Freud, Sigmund, *Trauer und Melancholie. Melancholie oder vom Glück, unglücklich zu sein*, München 1977.

Freund, Winfried, *Deutsche Lyrik. Interpretationen vom Barock bis zur Gegenwart*, München 1990.

Fühmann, Franz, *Vor Feuerschlünden. Erfahrungen mit Georg Trakls Gedicht*, Rostock 2000.

Fussenegger, Gertrud, *Farbiges Licht*. In: Marcel Reich-Ranicki(Hg.), *1000 Deutsche Gedichte und ihre Interpretationen. Von Georg Trakl bis Gottfried Benn. Sechster Band*, Leipzig 1996.

Giraud, Jean, *Über einige Schwierigkeiten beim Übersetzen Trakls. Am Beispiel des Gedichts Sonja*. In: Walter Methlagl(Hg.), *Untersuchungen zum Brenner*. Festschrift für Ignaz Zangerle, Salzburg 1981.

Goldmann, Heinrich, *Katabasis. Eine Tiefenpsychologische Studie zur Symbolik der Dichtungen Georg Trakls*, Salzburg 1957.

Gräf, Christian, *Die Winterbilder Pieter Bruegels d. Ä.*, Saarbrücken 2009.

Gryphius, Andreas, *Gedichte. Eine Auswahl. Text nach der Ausgabe letzter Hand von 1663*, Stuttgart 1968.

Hagen, Rainer, *Pieter Bruegel d. Ä. um 1525～1569. Bauern Narren und Dämonen*, Köln 1999.

Hauser, Arnold, *Sozialgeschichte der Kunst und Literatur*, München 1990.

Heine, Heinrich, *Sämtliche Schriften*. Herausgegeben von Klaus Briegleb, Bd. 1, München 1997.

_____, *Sämtliche Schriften*. Herausgegeben von Klaus Briegleb, Bd. 4, München 1997.

_____, *Sämtliche Schriften*. Herausgegeben von Klaus Briegleb, Bd. 6-I, München 1997.

Heller, Eva, *Wie Farben auf Gefühl und Verstand*, Munich 2000.

_____, Wie *Farben wirken. Farbpsychologie, Farbsymbolik, Kreative Farbgestaltung*, Hamburg 2004.

Heselhaus, Clemens, *Das metaphorische Gedicht von Georg Trakl*. In: Ders., *Deutsche Lyrik der Moderne von Nietzsche bis Yvan Goll. Die Rückkehr zur Bildlichkeit der Sprache*, Düsseldorf 1961.

Heukenkamp, Ursula, *Die Sprache der schönen Natur. Studien zur Naturlyrik*, Berlin 1982.

Hinze, Diana Orendi, *Trakl, Kokoschka und Kubin. Zur Interdepedenz von Wort- und Bildkunst*, Tübingen 1971.

Hoffacker, Helmut, *Die literarische Revolte des Expressionismus*. In: Wolfgang Beutin, u. Klaus Ehlert, *Deutsche Literaturgeschichte. Von den Anfängen bis zur Gegenwart*, Stuttgart 1992.

Hofmannsthal, Hugo von, *Briefe 1890-1901*, Berlin 1953.

_____, *Aufzeichnungen*. Herausgegeben von Herbert Steiner, Frankfurt am Main 1973.

Hölderlin, Friedrich, *Sämtliche Gedichte*. Studienausgabe in zwei Bänden. Herausgegeben und kommentiert von Detlev Lüders, Wiesbaden 1989.

Hotz, Karl(Hg.), *Gedichte aus sieben Jahrhunderten*, Bamberg 1993.

Hüneke, Andreas, *Das ist der Weg der Läuterung. Franz Marc und der Erste Weltkrieg*, Wädenswil 2010.

Itten, Johannes, *Kunst der Farben. Subjektives Erleben und objektives Erkennen als Wege zur Kunst*, Ravensburg 1970.

Jünger, Friedrich Georg, *Trakls Gedichte*. In: Heinz Ludwig Arnold(Hg.), *Georg Trakl*, Text+Kritik, Heft 4/4a, Sttutgart 1969.

Kafka, Franz, *Nachgelassene Schriften und Fragmenten II*. Herausgegeben von Jost Schrillemeit. Frankfurt am Main 1992.

Kaiser, Gerhard, *Geschichte der deutschen Lyrik von Heine bis zur Gegenwart*. Bd. 2, Frankfurt am Main 1991.

Kandinsky, Wassily/Marc, Franz, *Der Blaue Reiter*, München 1984.

Kandinsky, Wassily, Über das Geistige in der Kunst, Bern 2004.

Kemper, Hans-Georg, *Georg Trakls Entwürfe. Aspekte zu ihrem Verständnis*, Tübingen 1970.

_____, *Form-(De-)Konstruktion: Poetische Malerei im Reihungsstil*. In: Ders.(Hg.),

Interpretationen. Gedichte von Georg Trakl, Stuttgart 1999.

_____, *Lyrik-Lyrische Komik. Über Verformungen einer formstrengen Gattung*, Tübingen 2009.

Killy, Walther, *Über Georg Trakl*, Göttingen 1967.

_____, *Wandlungen des lyrischen Bildes*, Göttingen 1971.

Kleine, Gisela, *Gabriele Münter und Wassily Kandinsky. Biographie eines Paares*, Frankfurt am Main 1994.

Klessinger, Hanna, *Krisis der Moderne. Georg Trakl im intertextuellen Dialog mit Nietzsche, Dostojewskij, Höolderlin und Novalis*, Würzburg 2007.

Knörrich, Otto, *Lexikon lyrischer Formen*, Stuttgart 1992.

Kokoschka, Oskar, *Mein Leben*, Wien 2008.

Kranz, Gisbert, *Das Bildgedicht in Europa. Zur Theorie und Geschichte einer literarischen Gattung*, Paderborn 1973.

Kristeva, Julia, *Die Revolution der poetischen Sprache*, Frankfurt am Main 1978.

Lachmann, Eduard, *Kreuz und Abend. Eine Interpretation der Dichtungen Georg Trakls*, Salzburg 1954.

Lamping, Dieter, *Das lyrische Gedicht. Definitionen zu Theorie und Geschichte der Gattung*, Göttingen 1993.

Lasker-Schüler, Else, *Gesammelte Werke in drei Bänden*. Bd. 1, Gedichte 1902～1943, Frankfurt am Main 1996.

Leitgeb, Josef, *Die Trakl-Welt. Zum Sprachbestand der Dichtungen Georg Trakls*, Innnsburck 1951.

Leonhard, Jörn, *Die Büchse der Pandora. Geschichte des Ersten Weltkriegs*, München 2014.

Limbach, Hans, *Begegnung mit Georg Trakl*. In: *Erinnerung an Georg Trakl. Zeugnisse und Briefe*, Salzburg 1959.

Lühl-Wiese, Brigitte, Georg Trakl - Der Blaue Reiter. Form- und Farbstrukturen in Dichtung und Malerei des Expressionismus, München 1963.

Marc, Franz, *Briefe aus dem Feld*, Berlin 1948.

Marc, Franz, *Brief an A. Macke*. In: Werner Haftmann: *Die Malerei im 20. Jahrhunder*t, München 1965.

Matzkowski, Bernd, *Textanalyse und Interpretaion zu Georg Trakl. Das lyrische Schaffen*, Hollfeld 2011.

Metzeler, Werner, *Ursprung und Krise von Hofmannsthals Myst*ik, München 1988.

Milton, John, *Comus*. Illustrated by Arthur Rackham, South Carolina 2010.

Mitchell, William J., *Picture Theory. Essays on Verbal and Visual Representation*, Chicago 1994.

Mönig, Rolan, *Franz Marc und Georg Trakl. Ein Beitrag zum Vergleich von Malerei und Dichtung des Expressionismus*, Münster 1996.

Mörike, Eduard, *Werke und Briefe*. Historisch-Kritische Gesamtausgabe. Herausgegeben von Hubert Arbogast u.a. Bd. I: Gedichte. Ausgabe von 1867, Stuttgart 2003.

Müller, Dori, *Gefährliche Farten: das Automobil in Literatur und Film um 1900*, Würzburg 2004.

Nietzsche, Friedrich, *Die fröhliche Wissenschaft*. In: *Sämtliche Werke*. Kritische Studienausgabe in 15 Bänden. Bd. 3, München 1988.

_____, *Sämtliche Werke*. Kritische Studienausgabe in 15 Bänden. Bd. 4, München 1980.

_____, *Sämtliche Werke*. Kritische Studienausgabe in 15 Bänden. Bd. 6, München 1980.

_____, *Sämtliche Werke*. Kritische Studienausgabe in 15 Bänden. Bd. 7, München 1980.

Ovid, *Ars amatoria*. Ins Deutsche Übertragung von Michael von Albrecht, Stuttgart 1992.

Overath, Angelika, *Trakls blaue Kindheit. Altmodische Lektüre eines modernen Gedichts*. In: *Akzente*, Bd. 34, Jahrgang 1987.

Paul, Jean, *Sämtliche Werke*. Herausgegeben von Norbert Milier, Bd. I. 2, München 1989.

Pindar, *The Odes of Pindar*. Including the Principal Fragments, Cambridge University Press 1927.

Pinthus, Kurt, *Menschheitsdämmerung*, Hamburg 1959.

Pochat, Götz, *Geschichte der Ästhetik und Kunsttheorie*, Köln 1986.

Preisendanz, Wolfgang, *Auflösung und Verdinglichung in den Gedichten Georg Trakls*. In: Wolfgang Iser (Hg.), *Immanente Ästhetik-Ästhetische Reflexion: Lyrik als Paradigma der Moderne*, München 1966.

Rey, William, *Georg Trakl: Die Nacht. In: Poesie der Antipoesie. Moderne deutsche Lyrik. Genesis, Theorie, Sturktur*, Heidelberg 1978.

Rider, Le Jacques, *Zur Intermedialität von Text und Bild bei Trakl*. In: Csuri, Karoly(Hg.), *Georg Trakl und die literarische Moderne*, Tübingen 2009.

Rilke, Rainer Maria, *Briefe aus den Jahren 1914~1921*, Leipzig 1977.

_____, *Sämtliche Werke*. Herausgegeben vom Rilke-Archiv in Verbindung mit Ruth Sieber-Rilke. Bd. I, Frankfurt am Main 1987.

Röllike, Heinz, *Die Stadt bei Stadler, Heym und Trakl*. Berlin 1966.

Saas, Christa, *Georg Trakl*, Stuttgart 1974.

Schaefer, Joerg, *Georg Trakl. Der Herbst des Einsamen*. In: *Gedichte der Menschheitsdämmerung. Interpretationen expressionistischer Lyrik*, München 1971.

Schiller, Friedrich, *Die Verschwörung des Fiesco zu Genua*, Stuttgart 1985.

Schlegel, August Wilhelm, *Die Gemälde*. In: August Wilhelm Schlegel u. Friedrich Schlegel(Hg.), *Athenäum*, Bd. II, Darmstadt 1983.

Schneditz, Wolfgang, *Georg Trakl-Nachlass und Biographie. Gedichte, Briefe, Bilder, Essays*, Frankfurt am Main 1949.

Schneider, Karl Ludwig, *Der bildhafte Ausdruck in den Dichtungen Georg Heyms. Georg Trakls und Ernst Stadlers*, Heidelberg 1961.

Schneider, Rolf, *Sein Letztes Gedicht*. In: Marcel Reich-Ranicki(Hg.), *1000 Deutsche Gedichte und ihre Interpretationen. Von Georg Trakl bis Gottfried Benn. Sechster Band*, Leipzig 1996.

Schweckendiek, Adolf, *Dichter und Krankheit. Zum Leben und Werk Georg Trakls*. In: *Psychologie. Korrespondenz der Psychologischen Gesellschaft*. Nr. 15, 1967.

Schweikle, Günther und Irmgard(Hg.), *Metzler Literatur Lexikon. Begriffe und Definitionen*, Stuttgart 1990.

Seidler, Herbert, *Expressionismus in Österreich?* In: Zoran Konstnatiovic(Hg.), *Expressionismus im Europäischen Zwischenfeld*, Innsbruck 1976.

Stegmann, Christoph(Hg.), *Seniorenliederbuch. Bekannte Texte aus dem evangelischen Gesangbuch*, Hamburg 2011.

Steiner, Jacob, *Die Farben in der Lyrik von George bis Trakl*. In: Joseph P. Strelka (Hg.), *Internationales Georg Trakl Symposium: 1983 Albany*, New York, Frankfurt am Main 1984.

Stramm, August, *Alles ist Gedicht. Briefe, Gedichte, Bilder, Dokumente*, Zürich 1990.

Strohschneider-Kohrs, Ingrid, *Die Entwicklung der lyrischen Sprache in der Dichtung Georg Trakls*, München 1960.

Szklenar, Hans, *Georg Trakl. Ein biographischer Abriß*. In: Heinz Ludwig Arnold(Hg.), *Georg Trakl*, Text+Kritik, Heft 4/4a, Sttutgart 1969.

Valk, Thorsten, *Melancholie im Werk Goethe: Genese-Symtomatik-Theapie*, Berlin 2002.

Wang, Rong, *Bunte Welt im Verfall. Farben in der Lyrik Georg Trakls*, Frankfurt am Main

2012.

Wedewer, Rolf, *Zur Sprachlichkeit von Bildern. Ein Beitrag zur Analogie von Sprache und Kunst*, Ostfildern 1988.

Weichselbaum, Hans, *Georg Trakl. Eine Biographie*, Salzburg 2014.

Wetzel, Heinz, *Konkordanz zu den Dichtungen Georg Trakls*, Salzburg 1971.

Williams, Eric, *Untergang der Spiegelbildwelt*. In: Hans-Georg Kemper(Hg.), *Interpretationen. Gedichte von Georg Trakl*, Stuttgart 1999.

Zangerle, Ignaz(Hg.), *Erinnerung an Georg Trakl: Zeugnisse und Briefe*, Salzburg 1966.

고위공, 『게오르크 트라클 연구』, 정음사, 1984.

곰브리치, 에른스트, 『예술과 환영. 회화적 재현의 심리학적 연구』, 차미례 옮김, 열화당, 1989.

괴테, 요한 볼프강 폰, 『색채론』, 장희창 옮김, 민음사, 2003.

_____, 『파우스트 2』, 정서웅 옮김, 민음사, 2003.

_____, 『시 전집』, 전영애 옮김, 민음사, 2009.

권병준, 「게오르크 트라클 문학에 나타난 은유의 색채상징」, 『독일언어문학』, 제31집, 2006.

그리말, 피에르, 『그리스 로마 신화사전』, 최애리 외 옮김, 열린책들, 2003.

김동규, 『멜랑콜리아. 서양문화의 근원적 파토스』, 문학동네, 2014.

김홍섭, 『미술로 읽는 독일문화』, 전남대학교출판부, 2012.

낭시, 장-뤽 외, 『숭고에 대하여』, 김예령 옮김, 문학과지성사, 2005.

노발리스, 『푸른 꽃』, 김재혁 옮김, 민음사, 2005.

니체, 프리드리히, 『차라투스트라는 이렇게 말했다』, 정동화 옮김, 니체전집 13, 책세상, 2014.

도스토예프스키, 표도르, 『죄와 벌 1/2』, 김연경 옮김, 민음사, 2014.

_____, 『지하로부터의 수기』, 김연경 옮김, 민음사, 2014.

들뢰즈, 질, 『니체와 철학』, 이경신 옮김, 민음사, 2001.

바타유, 조르주, 『에로티즘』, 조한경 옮김, 민음사 1996.

랭보, 아르튀르, 『나의 방랑. 랭보 시집』, 한대균 옮김, 문학과지성사, 2014.

레비나스, 에마뉘엘, 『존재와 다르게. 본질의 저편』, 김연숙, 박한표 옮김, 인간사랑, 2010.

레비스트로스, 클로드, 『야생의 사고』, 안정남 옮김, 한길사, 1996.

레싱, 고트홀트 에프라임, 『라오콘. 문학과 예술의 경계에 관하여』, 윤도중 옮김, 나남, 2008.

루카치, 게오르크, 『소설의 이론』, 반성완 옮김, 심설당 1985.

바리숑, 안느, 『세계를 물들인 색』, 채인아 옮김, 도서출판 이종, 2012.
바우만, 지그문트, 『유동하는 공포』, 함규진 옮김, 산책자, 2006.
발트만, 귄터, 『독일 서정시 입문: 창작, 이해 그리고 수용』, 채연숙 옮김, 담론사, 1997.
베를렌, 폴, 『예지』, 곽광수 옮김, 민음사 1995.
_____, 『베를렌 시선』, 윤세홍 옮김, 지식을 만드는 지식, 2013.
벤야민, 발터, 『1900년경 베를린의 유년시절. 베를린 연대기』, 윤미애 옮김, 도서출판 길, 2007.
_____, 『일방통행로. 사유이미지』, 김영옥, 윤미애, 최성만 옮김, 도서출판 길, 2007.
보르헤르트, 볼프강, 『이별없는 세대』, 김주연 옮김, 문학과지성사, 2005.
브란트슈태테, 크리스티안 외, 『비엔나 1900년. 삶과 예술 그리고 문화』, 박수철 옮김, 애경, 2013.
브램, 하랄드, 『색의 힘. 컬러의 의미와 상징』, 이재만 옮김, 일진사, 2010.
브로스, 자크, 『나무의 신화』, 주향은 옮김, 2000, 이학사.
비렌, 파버, 『색채의 영향』, 김진한 옮김, 시공사, 1996.
셰익스피어, 윌리엄, 『오셀로』, 권오숙 옮김, 열린책들, 2011.
손택, 수전, 『우울한 열정』, 홍한별 옮김, 도서출판 시울, 2006.
슈타이너, 루돌프, 『색채의 본질』, 양역관 옮김, 물병자리, 2014.
슈타인벡, 존, 『분노의 포도 2』, 김승욱 옮김, 민음사, 2008.
스튜어트, 주드, 『무지개에는 왜 갈색이 없을까? 색에 관한 세상의 모든 지식』, 배은경 옮김, 아트북스, 2013.
신성엽, 『게오르크 트라클의 절대화된 메타포와 시적 공간』, 연세대학교 박사학위논문, 2014.
신항식, 『색채와 문화 그리고 상상력』, 프로네시스, 2007.
아리스토텔레스, 호라티우스, 플라톤, 『시학』, 천병희 옮김, 문예출판사, 1995.
예이츠, 윌리엄 버틀러, 『첫사랑』, 정현종 옮김, 민음사, 1997.
오비디우스, 『변신이야기』, 이윤기 옮김, 민음사, 1997.
이상, 『이상 전집 4. 수필: 권태 외』, 권영민 엮음, 태학사, 2013.
이택광, 『세계를 뒤흔든 미래주의 선언』, 그린비, 2008.
이형구, 「『죄와 벌』 그리고 위대한 여신의 반향들」, 『노어노문학』, 제19권, 제2호, 2007.
일리스, 플로리안, 『1913년. 세기의 여름』, 한경희 옮김, 문학동네, 2013.
자그너, 카린, 『고딕』, 안상원 옮김, 미술문화, 2007.
제발트, 빈프리트 게오르크, 『토성의 고리』, 이재영 옮김, 창비, 2011.

존스턴, 윌리엄, 『제국의 종말 지성의 탄생. 합스부르크 제국의 정신사와 문화사의 재발견』, 변학수, 오용록 옮김, 글항아리, 2008.
조두환, 『게오르크 트라클. 검은 바람 속의 방랑자』, 건국대학교출판부, 1996.
조예서, 『트라클의 후기 산문시와 쿠빈의 삽화 비교연구』, 고려대학교 석사학위논문, 2013.
조유선 편저, 『도스또예프스키 읽기 사전』, 열린책들, 2007.
진중권, 『서양미술사. 모더니즘 편. 미학의 눈으로 보는 아방가르드 시대의 예술』, 휴머니스트, 2011.
칸딘스키, 바실리, 『예술과 느낌』, 조정옥 옮김, 서광사, 1994.
_____, 『예술에서의 정신적인 것에 대하여』, 권영필 옮김, 열화당, 2010.
크리스테바, 줄리아, 『사랑의 역사』, 김영 옮김, 민음사, 1995.
파묵, 오르한, 『내 이름은 빨강 1』, 이난아 옮김, 민음사, 2009.
파스투로, 미셸, 『블루 색의 역사』, 고봉만, 김연실 옮김, 한길아트, 2002.
파운드, 에즈라, 『현대시학입문』, 이덕형 옮김, 문예출판사, 1984.
프리드리히, 후고, 『현대시의 구조. 보들레르에서 20세기까지』, 장희창 옮김, 한길사, 1995.
하딩, 에스터, 『사랑의 이해. 달 신화와 여성의 신비』, 김정란 옮김, 문학동네, 1996.
하우스호퍼, 마를렌, 『벽』, 박광자 옮김, 문학동네, 2009.
하이네, 하인리히 『낭만파』, 정용환 옮김, 한길사, 2004.
하이데거, 마르틴, 『예술 작품의 근원』, 오병남, 민형원 옮김, 예전사, 1996.
_____, 『언어로의 도상에서』, 신상희 옮김, 나남, 2012.
한성자, 『트라클 시에 있어서의 소년 '엘리스' 상의 변화과정에 관한 연구』, 이화여자대학교 박사학위논문, 1984.
헤겔, 게오르크 빌헬름 프리드리히, 『법철학』, 임석진 옮김, 한길사, 2008.
헬러, 에바, 『색의 유혹. 재미있는 열세 가지 색깔 이야기 2』, 이영희 옮김, 예담, 2002.
호프만스탈, 후고 폰, 『지나가는 사람에게』, 조두환 옮김, 혜원출판사, 1992.

찾아보기

인명

ㄱ · ㄴ

ㄷ

ㄹ

ㅎ

주제어

ㄱ·ㄴ

ㄷ

ㄹ

ㅁ

ㅂ

ㅅ

시 작품

ㄴ

ㄷ·ㄹ

ㅁ

ㅈ

ㅊ · ㅋ · ㅌ · ㅍ

ㅎ

저작물

ㄱ·ㄴ·ㄷ·ㄹ

ㅁ·ㅂ

ㅅ